荣 获

新闻出版总署优秀畅销书奖
全国优秀古籍图书普及读物奖
第十七届山西省优秀图书一等奖
第二届山西出版政府奖
山西出版集团2008年度十种好书

全套藏书累计销售500万册

诸子百家卷

《诗经》《尚书》《礼记》《楚辞》《论语·大学·中庸》《孟子》《老子》《庄子》《荀子》《韩非子》《孙子兵法·尉缭子·鬼谷子》《墨子》《周易》《山海经》《吕氏春秋》《三十六计》

名家选集卷

《三曹诗集》《陶渊明集》《王勃集》《王维集》《孟浩然集》
《高适集》《岑参集》《李白集》《杜甫集》《白居易集》
《刘禹锡集》《元稹集》《李商隐集》《李贺集》《杜牧集》
《韩愈集》《柳宗元集》《李煜集》《欧阳修集》《王安石集》
《苏轼集》《黄庭坚集》《柳永集》《秦观集》《周邦彦集》
《李清照集》《辛弃疾集》《陆游集》《范成大集》《杨万里集》
《姜夔集》《文天祥集》《元好问集》《唐寅集》《张岱集》
《三袁集》《李贽集》《傅山集》《纳兰性德集》《袁枚集》
《郑板桥集》《龚自珍集》

史著选集卷

《左传》《国语》《战国策》《史记》《汉书》《后汉书》《三国志》《资治通鉴》

综合选集卷

《唐诗三百首》《宋词三百首》《元曲三百首》《千家诗》《古文观止》《汉魏六朝小赋骈文选》《唐宋八大家文选》《明清小品文选》

笔记杂著卷

《蒙学六种——三字经·百家姓·千字文·增广贤文·幼学琼林·格言联璧》《颜氏家训·朱子家训》《世说新语》《金刚经·坛经·心经·地藏经》《曾国藩家书》《菜根谭·小窗幽记·幽梦影》《浮生六记》《闲情偶寄》《近思录》《徐霞客游记》《古代书信精选》

戏曲小说卷

《元杂剧精选》《西厢记》《牡丹亭》《长生殿》《桃花扇》《今古奇观》《三国演义》《水浒传》《西游记》《红楼梦》《聊斋志异》《儒林外史》《封神演义》《话本小说选》《文言小说选》

中国家庭基本藏书 史著选集卷

左传

—春秋— 左丘明 —著 马玉山 —译注

山西出版集团
三晋出版社

博学工作室

· 中国史学会会长、中国人民大学教授李文海先生为《中国家庭基本藏书》题词

前言

《左传》又称《春秋左氏传》或《左氏春秋》，儒家经典之一，是中国古代一部史学和文学名著。

《春秋》是鲁国的一部自隐公元年至哀公十四年(后人又续至十六年)共244年间的不完备而可信的编年史，相传是孔子在史官所编基础上，加以整理修订而成，是后代编年史之滥觞。《春秋》文字简短，相传寓有褒贬之意，即后世所称的"春秋笔法"。解释《春秋》的主要有左丘明的《左传》、公羊高的《公羊传》和穀梁赤的《穀梁传》。《左传》成书于战国时代，而《公羊传》和《穀梁传》则成书于汉代。

《左传》之所以受到历代的重视，是因为以下几方面的原因。其一，《左传》是今天研究春秋时代的一部最为重要而必读之书。其中的原始史料，弥足珍贵。它在历史散文的地位上是上承《尚书》《春秋》，下启《国策》《史记》的桥梁，是战国时代最优秀的历史散文作品。如关于当时的战争，《晋人及姜戎败秦师于殽》《晋侯及楚人战于城濮》《晋荀林父帅师及楚子战于邲》《鞌之战》等篇，就从不同侧面和角度做了详细的记载和描绘。其二，《左传》的文笔特别优美,在记言记事方面,都表现出极高的艺术成就,特别是其中已含有对人的外表描写、心理刻画以及设置悬念、前后照应等后世小说所具有的因素。如《晋侯使吕相绝秦》《烛之武退秦师》《臧哀伯谏纳郜鼎》《臧僖伯谏观鱼》《王孙满对楚子》等,将当时复杂的史事,多样的人物,巧妙的辞令,展现在我们的面前。其三,《左传》通过对各国历史事实之记述,揭露了当时社会中的种种矛盾与斗争,这里有大国对小国的吞并与征伐;有宫廷内部血腥的政变,父子相残、嫡庶之争屡见不鲜;有不同人物为了各自的理想而奋争的历程——晋公子重耳在外流亡十九年后,终成大事,烛之武凭三寸不烂之舌智退秦师,申包胥为求救兵在秦廷号哭七日七夜,介之推不言禄——各色人物,无不栩栩如生,感人至深。

刘知幾在《史通杂说》中关于《左传》的一段评价,高度概括了它的特点:"左氏之叙事也:述行师则簿领盈视,嚵眙沸腾。论备火则区分在目,修饰峻整。言胜捷则收获都尽,记奔败则披靡横前,申盟誓则慷慨有余,称谲诈则欺诬可见,谈恩惠则煦如春日,纪严切则凛若秋霜,叙兴邦则滋味无量,陈亡国则凄凉可悯。或腴辞润简牍,或美句入咏歌。跌宕而不群,纵横而自得。若斯才者,殆将工侔造化,思涉鬼神,著述罕闻,古今卓绝。"

本书是为普通读者提供的一个《左传》选本,所选篇章或长或短,基本上囊括了《左传》的精华。鉴于《左传》文辞古奥,一般读者凭注释难以完全理解原文,所以在简注的同时,用白话文将原文译出。为方便读者进一步了解这部名著,书末附有"《左传》所记大事记""《左传》重要研究著作""《左传》名言警句"(在正文中用着重号标出)。

由于水平所限,疏漏及不当之处在所难免,诚望专家学者不吝赐教。

马玉山
2008年8月

《春秋》三传（代序）

朱自清

史著选集卷 左传·代序

"春秋"是古代记事史书的通称。古代朝廷大事，多在春、秋二季举行，所以记事的书用这个名字。各国有各国的春秋，但是后世都不传了。传下的只有一部《鲁春秋》，《春秋》成了它的专名，便是《春秋经》了。传说这部《春秋》是孔子作的，至少是他编的。鲁哀公十四年，鲁西有猎户打着一只从没有见过的独角怪兽，想着定是个不祥的东西，将它扔了。这个新闻传到了孔子那里，他便去看。他一看，就说："这是麟啊。为谁来的呢！干什么来的呢！唉唉！我的道不行了！"说着流下泪来，赶忙将袖子去擦，泪点儿却已滴到衣襟上。原来麟是个仁兽，是个祥瑞的东西，圣帝、明王在位，天下太平，它才会来，不然是不会来的。可是那时代哪有圣帝、明王？天下正乱纷纷的，麟来的真不是时候，所以让猎户打死；它算是倒了运了。

孔子这时已经年老，也常常觉着生的不是时候，不能行道；他为周朝伤心，也为自己伤心。看了这只死麟，一面同情它，一面也引起自己的无限感慨。他觉着生平说了许多教；当世的人君总不信他，可见空话不能打动人。他发愿修一部《春秋》，要让人从具体的事例里，得到善恶的教训，他相信这样得来的教训，比抽象的议论深切著明得多。他觉得修成了这部《春秋》，虽然不能行道，也算不白活一辈子。这便动起手来，九个月书就成功了。书起于鲁隐公，终于获麟；因获麟有感而作，所以叙到获麟绝笔，是纪念的意思。但是《左传》里所载的《春秋经》，获麟后还有，而且在记了"孔子卒"的哀公十六年后还有：据说那却是他的弟子们续修的了。

这个故事虽然够感伤的，但我们从种种方面知道，它却不是真的。《春秋》只是鲁国史官的旧文，孔子不曾掺进手去。《春秋》可是一部信史，里面所记的鲁国日食，有三十次和西方科学家所推算的相合，这绝不是偶然的。不过书中残缺、零乱和后人增改的地方，都很不少。书起于隐公元年，到哀公十四年止，共二百四十二年（公元前七二二—公元前四八一）；后世称这二百四十二年为春秋时代。书中纪事按年月日，这叫做编年。编年在史学上是个大发明；这教历史系统化，并增加了它的确实性。《春秋》是我国现存的第一部编年史。书中虽用鲁国纪元，所记的却是各国的事，所以也是我们第一部通史。所记的齐桓公、晋文公的霸迹最多；后来说"尊王攘夷"是《春秋》大义，便是从这里着眼。

古代史官记事，有两种目的：一是征实，二是劝惩。像晋国董狐不怕权势，记"赵盾弑其君"，齐国太史记"崔杼弑其君"，虽杀身不悔，都为的是征实和惩恶，作后世的鉴戒。但是史文简略，劝惩的意思有时不容易看出来，因此便需要解说的人。《国语》记楚国申叔时论教太子的科目，有"春秋"一项，说"春秋"有奖善、惩恶的作用，可以戒劝太子的心。孔子是第一个开门授徒，拿经典教给平民的人，《鲁春秋》也该是他的一种科目。关于劝惩的所在，他大约有许多口义传给弟子们。他死后，弟子们散在四方，就所能记忆的又教授开去。《左传》、《公羊传》、《穀梁传》，所谓《春秋》三传里，所引孔子解释和评论的话，大概就是拣的这一些。

三传特别注重《春秋》的劝惩作用；征实与否，倒在其次。按三传的看法，《春秋》大义可以从两方面说：明辨是非，分别善恶，提倡德义，从成败里见教训，这是一；夸扬霸业，推尊周室，亲爱中国，排斥夷狄，实现民族大一统的理想，这是二。前者是人君的明鉴，后者是拨乱反正的程序。这都是王道。而敬天事鬼，也包括在王道里。《春秋》里记灾，表示天罚，记鬼，表示恩仇，也还是劝惩的意思。古代记事的书常夹杂着好多的迷信和理想，《春秋》也不免如此；三传的看法，大体上是对的。

但在解释经文的时候,却往往一个字一个字地咬嚼;这一咬嚼,便不顾上下文穿凿附会起来了。《公羊》、《穀梁》,尤其如此。

这些咬嚼出来的意义就是所谓"书法",所谓"褒贬",也就是所谓"微言"。后世最看重这个。他们说孔子修《春秋》,"笔则笔,削则削","笔"是书,"削"是不书,都有大道理在内。又说一字之褒,比教你做王公还荣耀,一字之贬,比将你作罪人杀了还耻辱。本来孟子说过,"孔子成《春秋》而乱臣贼子惧",那似乎只指概括的劝惩作用而言。等到褒贬说发展,孟子这句话倒像更坐实了。而孔子和《春秋》的权威也就更大了。后世史家推尊孔子,也推尊《春秋》,承认这种书法是天经地义;但实际上他们却并不照三传所咬嚼出来的那么穿凿附会地办。这正和后世诗人尽管推尊《毛诗》笺、传里比兴的解释,实际上却不那样穿凿附会地作诗一样。三传,特别是《公羊传》和《穀梁传》,和《毛诗》笺、传,在穿凿解经这件事上是一致的。

三传之中,公羊、穀梁两家全以解经为主,左氏却以叙事为主。公、穀以解经为主,所以咬嚼得更厉害些。战国末期,专门解释《春秋》的有许多家,公、穀较晚出而仅存。这两家固然有许多彼此相异之处,但渊源似乎是相同的;他们所引别家的解说也有些是一样的。这两种《春秋经传》经过秦火,多有残缺的地方;到汉景帝、武帝时候,才有经师重加整理,传授给人。公羊、穀梁只是家派的名称,仅存姓氏,名字已不可知。至于他们解经的宗旨,已见上文;《春秋》本是儒家传授的经典,解说的人,自然也离不了儒家,在这一点上,三传是大同小异的。

《左传》这部书,汉代传为鲁国左丘明所作。这个左丘明,有的说是"鲁君子",有的说是孔子的朋友;后世又有说是鲁国的史官的。这部书历来讨论得最多。汉时有"五经"博士。凡解说"五经"自成一家之学的,都可立为博士。立了博士,便是官学;那派经师便可做官受禄。当时《春秋》立了公、穀二传的博士。《左传》流传得晚些,古文派经师也给它争立博士。今文派却说这部书不得孔子《春秋》的真传,不如公、穀两家。后来虽一度立了博士,可是不久还是废了。倒是民间传习渐多,终于大行!原来公、穀不免空谈,《左传》却是一部仅存的古代编年通史(残缺又少),用处自然大得多。《左传》以外,还有一部分国记载的《国语》,汉代也认为左丘明所作,称为《春秋外传》。后世学者怀疑这一说的很多。据近人的研究,《国语》重在"语",记事颇简略,大约出于另一著者的手,而为《左传》著者的重要史料之一。这书的说教,也不外尚德、尊天、敬神、爱民，和《左传》是很相近的。只不知著者是谁。其实《左传》著者我们也不知道。说是左丘明，但矛盾太多，不能教人相信。《左传》成书的时代大概在战国，比公、穀二传早些。

《左传》这部书大体依《春秋》而作；参考群籍，详述史事，征引孔子和别的"君子"解经评史的言论，吟味书法，自成一家言。但迷信卜筮，所记祸福的预言，几乎无不应验；这却大大违背了征实的精神，而和儒家的宗旨也不合了。晋范宁作《穀梁传序》说，"左氏艳而富，其失也巫"；"艳"是文章美，"富"是材料多，"巫"是多叙鬼神，预言祸福。这是句公平话。注《左传》的，汉代就不少，但那些许多已散失，现存的只有晋杜预注，算是最古了。

杜预作《春秋序》，论到《左传》，说"其文缓，其旨远"；"缓"是委婉，"远"是含蓄。这不但是好史笔，也是好文笔。所以《左传》不但是史学的权威，也是文学的权威。《左传》的文学本领，表现在记述辞令和描写战争上。春秋列国，盟会频繁，使臣会说话不会说话，不但关系荣辱，并且关系利害，出入很大，所以极重辞令。《左传》所记当时君臣的话，从容委曲，意味深长。只是平心静气的说，紧要关头却不放松一步；真所谓恰到好处。这固然是当时风气如此，但不经《左传》著者的润饰工夫，也决不会那样在纸上活跃的。战争是个复杂的程序，叙得头头是道，已经不易，叙得有声有色，更难；这差不多全靠忙中有闲，透着优游不迫神儿，才成。这却正是《左传》著者所擅长的。

朱自清(1898—1948)，字佩弦，江苏扬州人。散文家、诗人。1920年毕业于北京大学。曾留学英国，回国后先后在江苏、浙江的几所著名中学和清华大学、昆明西南联合大学等校任教，并致力于学术研究。抗日战争结束后，积极支持反对国民党反动统治的学生运动。1948年8月，拒绝接受美国救济粮，因贫病在北平逝世。著有诗文集《踪迹》《背影》《欧游杂记》等。

以上"代序"选自其《经典常谈》一书。

目录

史著选集卷
左传·目录

前言 / 001
《春秋》三传(代序)
　　(朱自清) / 001

◎ 隐公

郑伯克段于鄢 / 001
石碏谏宠州吁 / 004
臧僖伯谏观鱼 / 007
郑伯伐许 / 009

◎ 桓公

臧哀伯谏纳郜鼎 / 012
王以诸侯伐郑 / 014
郑太子忽辞婚 / 016
楚武王伐随 / 017
楚屈瑕伐罗 / 019

◎ 庄公

楚灭邓 / 021
齐无知弑其君诸儿 / 022
齐桓公入齐 / 023

曹刿论战 / 024
晋骊姬之乱 / 026
楚令尹子元袭郑 / 027
有神降于莘 / 029
不去庆父,鲁难未已 / 030

◎闵公

狄人伐卫 / 033
晋太子申生伐东山皋落氏 / 034

◎僖公

虞师、晋师灭下阳 / 038
齐桓公伐楚 / 039
晋太子申生之死 / 040
宫之奇谏假道 / 042
齐人伐郑 / 044
晋献公卒 / 045
晋惠公之立 / 046
秦输粟于晋 / 048
秦乞籴于晋 / 049
晋侯及秦伯战于韩 / 050
阴饴甥对秦伯 / 053
子鱼论战 / 056
晋怀公立 / 058
晋公子重耳出亡 / 059
介之推不言禄 / 062
天王出居于郑 / 065
晋文公始启南阳 / 068
展喜犒师 / 070

楚子围宋 / 071
晋侯及楚人战于城濮 / 073
晋人复卫侯 / 079
烛之武退秦师 / 081
蹇叔哭师 / 082
晋人及姜戎败秦师于殽 / 083
晋侯败狄于箕 / 086

◎文公

楚世子商臣弑其君 / 088
晋侯及秦师战于彭衙 / 089
秦穆公卒 / 091
晋蒐于夷 / 092
晋杀其大夫阳处父 / 093
晋人及秦人战于令狐 / 095
晋侯使解扬归匡、戚之田于卫 / 097
楚子、蔡侯次于厥貉 / 098
晋人、秦人战于河曲 / 099
晋六卿相见于诸浮 / 101
楚人、秦人、巴人灭庸 / 102
宋人弑其君杵臼 / 104
郑子家告赵宣子 / 105
鲁文公夫人姜氏归于齐 / 107
季文子使大史克对 / 108

◎宣公

宋、郑战于大棘 / 112
晋灵公不君 / 113

王孙满对楚子 / 116
郑穆公卒 / 117
郑公子归生弑其君夷 / 119
楚灭若敖氏 / 120
楚子入陈 / 122
楚子围郑 / 123
晋荀林父师师及楚子战于邲 / 124
楚子灭萧 / 134
晋侯伐郑 / 135
楚子围宋 / 136
宋人及楚人平 / 137
晋师灭赤狄潞氏 / 139
秦人伐晋 / 140
晋人灭赤狄甲氏及留吁、铎辰 / 141
晋景公同盟于断道 / 142

◎ 成公

王师败绩于茅戎 / 144
鞌之战 / 144
晋师归 / 151
晋献捷于周 / 152
宋文公卒 / 153
楚庄王欲纳夏姬 / 153
楚师侵卫 / 155
楚归晋知罃 / 158
晋、卫伐廧咎如 / 159

鲁与晋、卫盟 / 159
晋作六军 / 160
鲁成公如晋 / 161
郑伯伐许 / 162
晋迁于新田 / 163
晋栾书救郑 / 164
吴国始大 / 165
晋侯使韩穿来言汶阳之田 / 167
晋讨赵同、赵括 / 168
申公巫臣假道于莒 / 168
晋侯观于军府 / 169
郑伯归 / 170
楚子重自陈伐莒 / 171
晋景公死 / 172
晋楚之盟 / 173
晋侯使吕相绝秦 / 175
晋帅诸侯伐秦 / 178
楚子伐郑 / 179
葬宋共公 / 180
晋侯及楚子、郑伯战于鄢陵 / 181
晋杀三郤 / 188
晋弑其君州蒲 / 191
晋悼公即位于朝 / 192

◎ 襄公

祁奚请老 / 194
魏绛和戎 / 195

季武子作三军 / 196
师旷侍于晋侯 / 197
宋人献子罕玉 / 198
叔孙豹如晋 / 199
子大叔问政于子产 / 200
声子通使于晋 / 201
子产为政 / 204

◎ 昭公

楚公子围聘于郑 / 206
郑放游楚于吴 / 207
晋侯有疾 / 209
晏子如晋 / 212
景公欲更晏子之宅 / 214
楚椒举如晋求诸侯 / 215
楚子合诸侯于申 / 218
晋韩宣子如楚送女 / 221
郑人铸刑书 / 224

陈氏始大 / 225
楚子狩于州来 / 227
晋荀吴帅师伐鲜虞 / 230
韩宣子求环 / 231
吴杀其君僚 / 233
齐有彗星 / 235

◎ 定公

吴入郢 / 236
晋卫鄟泽之盟 / 240

◎ 哀公

越及吴平 / 242
宋桓魋之宠害于公 / 243

◎ 附录

《左传》所记大事记 / 246
《左传》重要研究著作 / 249
《左传》名言警句 / 250

◎ 隐　公

郑伯克段于鄢

题解

郑庄公即位后，其弟共叔段在母亲姜氏的支持下，扩充势力，企图夺取政权。郑庄公不断满足共叔段的要求，促使其权欲膨胀，终于在鲁隐公元年（公元前722）一举消灭了他。这表现了郑庄公善于权谋，也说明春秋时权力斗争的残酷。

原文

初，郑武公娶于申①，曰武姜，生庄公及共叔段。庄公寤生②，惊姜氏，故名曰寤生，遂恶之。爱共叔段，欲立之。亟请于武公③，公弗许。及庄公即位，为之请制④。公曰："制，岩邑也，虢叔死焉⑤。佗邑惟命⑥。"请京⑦，使居之，谓之京城大叔。祭仲曰⑧："都，城过百雉⑨，国之害也。先王之制，大都，不过参国之一⑩；中，五之一；小，九之一。今京不度⑪，非制也，君将不堪。"公曰："姜氏欲之，焉辟害？"对曰："姜氏何厌之有⑫？不如早为之所⑬，无使滋蔓。蔓，难图也。蔓草犹不可除，况君之宠弟乎？"公曰："多行不义，必自毙，子姑待之。"

既而大叔命西鄙、北鄙贰于己⑭。公子吕曰⑮："国不堪贰，君将若之何？欲与大叔，臣请事之；若弗与，则请除之，无生民心⑯。"公曰："无庸，将自及。"大叔又收贰以为己邑，至于廪延⑰。子封曰⑱："可矣，厚将得众。"公曰："不义，不昵⑲，厚将崩。"

大叔完聚⑳，缮甲兵，具卒乘㉑，将袭郑，夫人将启之㉒。公闻其期，曰："可矣。"命子封帅车二百乘以伐京。京叛大叔段。段入于鄢㉓。公伐诸鄢。五月辛丑，大叔出奔共㉔。

书曰："郑伯克段于鄢。"段不弟，故不言弟；如二君㉕，故曰克；称郑伯，讥失教也，谓之郑志㉖；不言出奔，难之也。

遂置姜氏于城颍㉗，而誓之曰："不及黄泉㉘，无相见也。"既而悔之。

颍考叔为颍谷封人㉙，闻之，有献于公。公赐之食，食舍肉。公问之，对曰："小人有母，皆尝小人之食矣，未尝君之羹，请以遗之㉚。"公曰："尔有母遗，繄我独无㉛。"颍考叔曰："敢问何谓也？"公语之故，且告之悔。对曰："君何患焉！若阙地及泉，隧而相见，其谁曰不然？"公从之。公入而赋："大隧之中，其乐也融融。"姜出而赋："大隧之外，其乐也泄泄。"遂为母子如初。

君子曰："颍考叔，纯孝也，爱其母，施及庄公。《诗》曰'孝子不匮，永锡尔类'㉜，其是之谓乎！"

注释

①郑武公：名掘突，郑国第二位国君，约公元前770—前744年在位。申：春秋初国名，姜姓。其地为今河南南阳市。
②寤（wù）：悟字的通假字，逆、倒的意思。寤生，即逆生，出生时脚先见，即难产。
③亟（qì）：屡次。
④制：郑国属地，当今河南荥阳市汜水乡，亦名虎牢关。
⑤虢（guó）叔：虢，西周时的封国，封于制，称东虢。虢叔为东虢国君，东虢被郑国吞并，虢叔死在那里。
⑥佗：同他。
⑦京：郑国属地，在今河南荥阳市东南20余里。
⑧祭（zhài）仲：郑国大夫，字足，祭是他的采邑。
⑨都：指诸侯的国都与卿大夫封邑。雉：城墙高一丈、长三丈称为一雉。
⑩参：同"三"。意思是大的诸侯的国都，也只能是"百雉"的三分之一。以下"五之一"、"九之一"类此。
⑪度：法度，不度即不合法度。
⑫何厌之有：厌，满足。意思是有什么满足呢？
⑬为之所：给他安排一个地方。所，地方。
⑭贰：指存在二心，这里指背叛郑庄公而投靠共叔段。
⑮公子吕：郑国大夫。
⑯无生民心：不要让老百姓产生拥护共叔段的念头。
⑰廪延：郑国属地，当在今河南延津县境内。
⑱子封：公子吕的字。
⑲昵（nì）：粘连的意思。不昵，意指不能团结其部众。
⑳完：坚固城郭。聚：聚集粮食。
㉑卒乘：士兵和战车。
㉒启：开，指开城门，迎接共叔段。
㉓鄢：西周时国名，后被郑武公所灭，当今河南鄢陵县北。
㉔共：卫国附属国，今河南辉县市。
㉕如二君：指郑庄公与共叔段好像是两个国家的君主。
㉖郑志：指郑庄公的意志。
㉗城颍：郑国属地，在今河南临颍县西北。
㉘黄泉：地下，指代死后葬身之处。
㉙颍谷：郑国属地，在今河南登封市西南。封人：镇守边疆的地方官吏。
㉚遗（wèi）：赠送。
㉛繄（yì）：语气词，作用与"惟"相近。
㉜锡：赐给。

当初，郑国的武公从申国娶妻，称为武姜，武姜生了郑庄公和共叔段。郑庄公出生时逆生,姜氏难产而害怕,所以就给他取名为寤生,因此而讨厌他。姜氏喜爱共叔段,想要把他立为太子,屡次向郑武公请求,郑武公没有答应。等到郑庄公继承了君位,姜氏又请求把制这个地方分封给共叔段。郑庄公对她说:"制,那是个危险的地方,东虢国的国君就死在那里。别的地方你可任意选择,我唯命是听。"姜氏又为共叔段请求以京地作封邑,让共叔段居住到那里,称为京城太叔。祭仲对郑庄公说:"都会的城墙超过百雉,那将是国家的祸害。按照先王的制度,卿大夫最大的封邑,也不能超过侯、伯国都的三分之一,中等的封邑只能是国都的五分之一,小的只能是九分之一。现在京城封邑不合法度,违背先王制度,君王你会承受不了的。"郑庄公说:"这是姜氏想要的,我怎么能躲避祸害呢?"祭仲对郑庄公说:"姜氏的要求哪里能够满足得了,不如趁早为共叔段安排个地方,不要让他发展。如果发展起来,就难以对付了。蔓延的野草还不能除掉,何况是君王你宠贵的弟弟呢?"庄公说:"多行不义,必定自取灭亡,你就等待着他的灭亡吧!"

不久,共叔段又命令郑国西部和北部的边地接受他与郑庄公的共同管辖。公子吕对郑庄公说:"一个国家不能接受两个人的管属,君王你将如何办呢?如果想把君位让给共叔段,那我就请求服侍他;如果不给他君位,那就请你除掉他,以免让老百姓产生二心。"郑庄公说:"用不着去管,他会自己遇到祸害。"共叔段又将西部和北部由他和郑庄公共同管辖的边地收归己有,延伸到廪延这个地方。公子吕又对郑庄公说:"这可好了,共叔段势力雄厚,能够得到众多人的支持了。"郑庄公说:"他不行道义,不团结人,势力雄厚只能促进他的崩溃。"

共叔段加固了京地的城防,聚集粮草,整修铠甲和兵器,装备起步兵和战车,准备袭取郑国国都。姜氏将为他打开城门。郑庄公打探到共叔段进袭国都的日期,说:"这就可以向共叔段进攻了。"于是,命令公子吕为统帅,率领战车二百辆(每辆战车配甲士三人,步卒七十二人),向京地展开讨伐。京地的人民都背叛了共叔段。共叔段逃到鄢地。郑庄公又派兵到鄢地讨伐他。五月辛丑(二十三日)这天,共叔段逃奔到共国。

《春秋》写道:"郑伯克段于鄢。"共叔段不像弟弟,故不说他是郑庄公的弟弟,只写他的名字;郑庄公和共叔段之间的战争好像两国国君相战,所以用"克";称郑庄公为郑伯,是讥刺他对弟弟不加教诲,养成他的罪恶,也说明郑庄公本来的动机;不写共叔段出奔共国,是嫌单单归罪于共叔段,难以下笔。

于是,郑庄公把他母亲安置到城颍这个地方,并发誓说:"不到我到黄泉之下的时候,不会再见你了。"不久,他就感到后悔。

颍考叔是颍谷这个边邑的地方官吏,听到郑庄公这样做,就以向郑庄公进献为名,见到了郑庄公。郑庄公赐予他饭食,颍考叔在吃饭的时候把肉都留下来不吃。郑庄公便问他为何不吃肉。颍考叔说:"小人我有老母,尝遍了我给她的食物,从未吃过君王这带汁的肉,请你让我把这肉送给她。"郑庄公说:"你有母亲,能馈赠她饭食,只是我没有母亲,不能向她馈赠了。"颍考叔说:"冒昧地问一下,你说的是什么意思?"郑庄公就告诉了他事情的原委,并告诉颍考叔他感到很后悔。颍考叔说:"你有什么为难的呢?如果挖地挖出泉水来,再顺着穿个隧道,你与你母亲在隧道里相见,有谁会说你的不对呢?"郑庄公按照颍考叔的建议去做,在隧道与母亲相见。郑庄公进入隧道,见到他的母亲赋诗说:"大隧道内与母亲相见,这样的乐融融啊!"姜氏走出隧道,也赋诗说:"大隧道外,这样的乐呵呵啊!"于是母子和好如初。

君子评论说:"颍考叔,是一位真正的孝子,爱他的母亲,还把孝道延及到郑庄公。《诗经》说:'孝子是不会让孝道匮竭的,将永远把孝道给予他的同类人。'这正说的是颍考叔这样的人。"

石碏谏宠州吁

【题解】

卫桓公之弟州吁"有宠而好兵",桓公不听大臣石碏的劝告,放纵他的"骄、奢、淫、泆",终于导致州吁作乱,杀桓公而自立。为安定卫国秩序,石碏让陈国捉拿州吁而杀之,同时"大义灭亲",派人杀死与州吁同党的亲生之子。

【原文】

卫庄公娶于齐东宫得臣之妹①,曰庄姜,美而无子,卫人所为赋《硕人》也②。又娶于陈,曰厉妫③,生孝伯,早死。其娣戴妫④,生桓公,庄姜以为己子。

公子州吁,嬖人之子也⑤。有宠而好兵,公弗禁,庄姜恶之。石碏谏曰⑥:"臣闻爱子,教之以义方,弗纳于邪。骄、奢、淫、泆⑦,所自邪也。四者之来,宠禄过也。将立州吁,乃定之矣;若犹未也,阶之为祸。夫宠而不骄,骄而能降,降而不憾,憾而能眕者,鲜矣⑧。且夫贱妨贵,少陵长⑨,远间亲⑩,新间旧,小加大⑪,淫破义,所谓六逆也;君义臣行,父慈子孝,兄爱弟敬,所谓六顺也。去顺效逆,所以速祸也。君人者,将祸是务去,而速之,无乃不可乎?"弗听。其子厚与州吁游,禁之,不可。桓公立,乃老。

四年春,卫州吁弑桓公而立。

公与宋公为会⑫,将寻宿之盟。未及期,卫人来告乱。夏,公及宋公遇于清⑬。

宋殇公之即位也,公子冯出奔郑。郑人欲纳之。及卫州吁立,将修先君之怨于郑,而求宠于诸侯,以和其民。使告于宋曰:"君若伐郑,以除君害,君为主,敝邑以赋与陈、蔡从,则卫国之愿也。"宋人许之。于是陈、蔡方睦于卫,故宋公、陈侯、蔡人、卫人伐郑，围其东门，五日而还。

公问于众仲曰："卫州吁其成乎？"对曰："臣闻以德和民，不闻以乱。以乱，犹治丝而棼之也⑭。夫州吁，阻兵而安忍。阻兵无众；安忍无亲。众叛亲离，难以济矣。夫兵，犹火也；弗戢⑮，将自焚也。夫州吁弑其君，而虐用其民，于是乎不务令德，而欲以乱成，必不免矣。"

秋，诸侯复伐郑。宋公使来乞师，公辞之。羽父请以师会之⑯，公弗许。固请而行。故书曰"翚帅师"，疾之也。诸侯之师败郑徒兵，取其禾而还。

州吁未能和其民，厚问定君于石子。石子曰："王觐为可⑰。"曰："何以得觐？"曰："陈桓公方有宠于王。陈、卫方睦，若朝陈使请，必可得也。"厚从州吁如陈。石碏使告于陈曰："卫国褊小⑱，老夫耄矣⑲，无能为也。此二人者，实弑寡君，敢即图之。"陈人执之，而请莅于卫。九月，卫人使右宰丑莅杀州吁于濮⑳，石碏使其宰獳羊肩莅杀石厚于陈㉑。

君子曰："石碏，纯臣也。恶州吁而厚与焉，大义灭亲，其是之谓乎！"

卫人逆公子晋于邢㉒。冬十二月宣公即位。书曰，"卫人立晋"，众也。

①东宫得臣：东宫指太子，得臣为太子之名。
②《硕人》：《诗经·卫风》中的一篇，歌颂庄姜的贤惠而怜念她的无子。
③妫（guī）：姓。
④娣（dì）：女弟，即妹妹。
⑤嬖（bì）人：地位低下而受宠爱的人。
⑥石碏（què）：卫国大夫。
⑦骄、奢、淫、泆（yì）：唐孔颖达疏："骄谓恃己陵物，奢谓夸矜僭上，淫谓嗜欲过度，泆谓放恣无艺。"
⑧眕（zhěn）：自安自重。
⑨陵：侵压。
⑩间：代替。
⑪加：凌驾。
⑫公：指鲁隐公。
⑬清：地名，卫国属邑，当在今山东东阿县境内。
⑭棼（fēn）：纷乱。
⑮戢（jí）：收敛、止息。
⑯羽父：鲁国公子翚的字。
⑰觐：诸侯朝见天子称为"觐"。
⑱褊（biǎn）：狭小。
⑲耄（mào）：老的意思。
⑳濮：地名，陈国属邑，当今安徽亳州市东南。

㉑ 獳（nòu）：姓。
㉒ 邢：国名，当今河北邢台市。

卫庄公娶了齐国太子得臣的妹妹，称为庄姜，漂亮贤淑却没有生下儿子，卫国的人所以为她创作了《硕人》的诗篇，表达对她的赞颂和怜念。（卫庄公）又从陈国娶妻，称为厉妫，生了孝伯，但孝伯早死了。厉妫的妹妹戴妫（随厉妫嫁给卫庄公），生了卫桓公，庄姜就把卫桓公收养为自己的儿子。

公子州吁，是卫庄公宠幸的一个妾的儿子，很得卫庄公的宠信，又好动武弄兵，卫庄公不加管束，庄姜很憎恶他。卫国大夫石碏对卫庄公进谏说："我听说爱护子孙，是要教给他们正义的道理，不能让他们进入邪道。骄横、奢侈、放荡、恣肆，都会导入邪路。这四种情况的由来，都是由于过分的宠幸和享受。要立州吁为太子，就要及早定下来；如果还没有定下来，宠信他就是给他为祸架起阶梯。得到宠幸而不骄横，骄横而能下降自己的地位，地位下降了又没有怨恨，有怨恨而又能自安自重的人，是很少的。况且卑贱者妨害高贵者，年轻者侵逼年长者，疏远者代替亲近者，新的代替旧的，小人凌驾于君子之上，荒淫毁坏正义，被称为六种倒逆行为；国君主持正义，臣子按君主的意思而行，做父亲的仁慈，为子者孝顺，为兄者友爱，为弟者敬上，这些称为六种顺服的行为。离开顺服的行为而效法施行倒逆的行为，只能是加速祸害的到来。作为人民的君主，一定是务必除去祸害，而（你却）加速祸害的到来，那不是不可以的吗？"卫庄公不听他的进谏。石碏的儿子石厚与州吁相处交游，石碏要禁绝他们，已做不到了。卫桓公立为国君，石碏便告老致仕了。

（鲁隐公）四年春天，卫国的州吁杀害了卫桓公而自立为国君。

鲁隐公与宋殇公要举行盟会，将要重申过去在宿地会盟时的盟约。盟会的日期没有到，卫国就来（鲁国）报告其国内的战乱。夏天，鲁隐公与宋殇公在卫国的清地仓卒相会。

宋殇公的即位，使公子冯出亡郑国，郑国大夫正准备接纳他。等到卫国州吁立为国君，州吁又要重提他的先君对郑国的仇怨，以求得一些诸侯对他的好感，用以和好他的人民。他派出使者对宋国说："宋君如果讨伐郑国，用来消除对你的威胁，你做主帅，我的国家担负军需并同陈国、蔡国跟随着你，那就是卫国的心愿了。"宋殇公同意了这个请求。这时陈国、蔡国刚刚亲睦于卫国，所以宋殇公、陈国国君，蔡国大夫，卫国大夫率军攻伐郑国，包围了郑国都城东门，五天之后又回到各国。

鲁隐公问大夫祭仲说："卫国的州吁将会成功吗？"祭仲回答说："我听说用

仁德来团结人民,没听说用战乱来团结人民。用战乱,就好像整理丝线而要弄乱它一样。那个州吁呀,依恃兵力而习性残忍。依恃兵力,不会有群众;习性残忍,就不会有亲近的人。众叛亲离,很难成功了。那战乱,像火一样,不加止息,将会自我焚烧。那州吁杀害他的君主,又暴虐地使用他的人民,在这时不致力于建立善德,而想要以战乱成功,一定不会免于祸患了。"

秋天,四国诸侯又进攻郑国。宋殇公派使者来鲁国请求派兵支援,鲁隐公辞绝了他。公子翚请求带军队参加伐郑的战争,鲁隐公不答应。公子翚坚持请求并带兵参战。所以《春秋》写道,"公子翚带领军队",是谴责他不听从国君的命令。五国诸侯的军队打败了郑国的步兵,割取了郑国的一些庄稼而回去了。

州吁没有能够团结他的人民,石厚向石碏请教稳定君位的计策。石碏说:"朝见东周天子就可稳定君位。"石厚又问:"怎样才得以朝见天子?"回答说:"陈国的桓公刚刚得到周天子的宠信。陈国、卫国又刚刚亲睦,如果拜见陈桓公而让他去请求东周天子,一定可以得到朝见。"石厚跟随州吁前往陈国。石碏派人告诉陈国说:"卫国狭小,老夫老了,没有能做的事了。这两个人,就是杀害我的君主的人,请就在你们的国土内想法除掉他们。"陈国的大夫抓获了州吁和石厚,而请卫国自己来处置他们。(鲁隐公四年)九月,卫国的大夫派右宰丑在濮地杀了州吁。石碏派他的管家獳羊肩在陈地杀了石厚。

君子评论说:"石碏,忠实的大臣。憎恨州吁而连同他的儿子石厚一齐杀掉。大义灭亲,这正是说的石碏吧。"

卫国的大夫从邢国把公子晋迎回国内。这年冬天十二月卫宣公当了国君。《春秋》写道,"卫国大夫立公子晋为君",意思是说公子晋之立得到多数人的拥护。

臧僖伯谏观鱼

鲁隐公要到棠地以射鱼为娱乐,大臣臧僖伯奉劝他要把精力集中在国家大事上,而不要荒怠政事,指出:"不轨不物,谓之乱政。乱政亟行,所以败也。"臧僖伯虽未能阻止隐公的行动,但他的话足为训诫。

五年春,公将如棠观鱼者①。臧僖伯谏曰②:"凡物不足以讲大事,其材不足以备器用,则君不举焉。君,将纳民于轨、物者也。故讲事以度轨量谓之轨,取材以章物采谓之物。不轨不物,谓之乱政。乱政亟行,所以败也。故春蒐、夏苗、秋狝、冬狩③,皆于农隙以讲事也。三年而治兵,入而振旅④。归而饮至,以数军实⑤。昭文章，明贵贱，辨等列，顺少长，习威仪也。鸟兽之肉不登于俎⑥，皮革、齿牙、骨角、毛羽不登于器，则公不射，古之制也。若夫山林、川泽之实，器用之资，皂隶之事⑦，官司之守，非君所及也。"公曰："吾将略地焉。"遂往，陈鱼而观之。僖伯称疾，不从。书曰，"公矢鱼于棠⑧"，非礼也，且言远地也。

①棠：地名，在今山东鱼台县境。
②臧僖伯：鲁国公子，名䮍（kōu），字子臧。
③蒐（sōu）：打猎，检阅军队。 狝（xiǎn）：古代秋季出猎的名称。
④振旅：整顿军队。
⑤军实：打猎的收获。
⑥俎（zǔ）：祭祀所用器物。
⑦皂隶：奴仆，从事贱役的人。
⑧矢：用为动词，射。

鲁隐公五年春天，鲁隐公将要去棠地观看捕鱼的情况。臧僖伯劝谏他说："凡物品不能够用之于祭祀和教习战争的大事，材料不能够备作祭祀和战争的器用的，那么国君就不会为之而有所举动。国君，是让人民进入正轨、懂得物品的人。所以讲习祭祀和武事用来整齐法度称为正轨，获取的材料能用以标志军国器用的物色采饰称为物品。不守法度、不可充当军国器用之物，就叫做乱政。乱政屡屡推行，就是国家败亡的原因。所以春天狩猎进行搜索，夏天狩猎像是间苗，秋天狩猎要有所杀获，冬季狩猎就是大规模演习军队，这都是在农隙时用来讲习武事的。每三年要举行大的军事演习，(演习后)进入国都要整治队伍。国君回归后要行赏赐慰劳有功者的饮至之礼，计算军队的士卒和俘获物。展现军国器用的装饰文采，显示高贵和卑贱，分别等级，理顺少年和长辈的次序，演习军队的威武仪态。(如果猎获来的)鸟兽的肉不可放到祭祀的俎器里，它们的皮革、牙齿、骨骼和头角、尾巴和羽毛将不放在祭祀的器物中，那么国君在狩猎时就不去射杀它们，这都是古代的制度。至于那些山林、河川沼泽中的产品，一般器物用度的来源，是奴隶们的事情，官吏的职守，那就不是君主所应涉及的了。"鲁隐公说："我是要去巡察边境的。"于是就去到了棠地，布置了捕鱼的阵势而观看。臧僖伯称病不跟他去。《春秋》写道，"鲁隐公在棠地射鱼"，说他不遵守礼法，同时说棠地远离国都，他不该去那里。

郑伯伐许

鲁隐公十一年(公元前712),郑庄公征服了许国却不占有它,争取到许国对自己的拥护,使郑国边境有所保障,在当时受到好评。在征伐许国的战争中,他的将领为争功而互相残杀,郑庄公不用刑政来处理,却让人诅咒贪功者,又说明他失政。

郑伯将伐许①。五月甲辰,授兵于大宫②。公孙阏与颍考叔争车③,颍考叔挟辀以走④,子都拔棘以逐之⑤。及大逵⑥,弗及,子都怒。

秋七月,公会齐侯、郑伯伐许。庚辰,傅于许⑦。颍考叔取郑伯之旗蝥弧以先登⑧,子都自下射之,颠。瑕叔盈又以蝥弧登⑨,周麾而呼曰⑩:"君登矣!"郑师毕登。壬午,遂入许。许庄公奔卫。

齐侯以许让公。公曰:"君谓许不共⑪,故从君讨之。许既伏其罪矣,虽君有命,寡人弗敢与闻。"乃与郑人。

郑伯使许大夫百里奉许叔以居许东偏⑫,曰:"天祸许国,鬼神实不逞于许君⑬,而假手于我寡人,寡人唯是一二父兄不能共亿⑭,其敢以许自为功乎?寡人有弟,不能和协,而使糊其口于四方⑮,其况能久有许乎?吾子其奉许叔以抚柔此民也,吾将使获也佐吾子⑯。若寡人得没于地,天其以礼悔祸于许,无宁兹许公复奉其社稷⑰,唯我郑国之有请谒焉,如旧昏媾⑱,其能降以相从也。无滋他族实偪处此⑲,以与我郑国争此土也。吾子孙其覆亡之不暇,而况能禋祀许乎⑳?寡人之使吾子处此,不唯许国之为,亦聊以固吾圉也㉑。"乃使公孙获处许西偏,曰:"凡而器用财贿,无置于许。我死,乃亟去之。吾先君新邑于此,王室而既卑矣,周之子孙日失其序。夫许,大岳之胤也㉒。天而既厌周德矣,吾其能与许争乎?"

君子谓郑庄公:"于是乎有礼。礼,经国家,定社稷,序民人,利后嗣者也。许,无刑而伐之,服而舍之,度德而处之,量力而行之,相时而动,无累后人,可谓知礼矣。"

郑伯使卒出豭㉓,行出犬、鸡,以诅射颍考叔者。

君子谓郑庄公,"失刑政矣。政以治民,刑以正邪。既无德政,又无威刑,是以及邪。邪而诅之,将何益矣?"

①许:国名,西周时封,故城在今河南许昌市东。
②大宫:"大"同"太",太宫即太庙,为郑国国君的祖庙。

③公孙阏（è）：郑国大夫，即下文之子都。颍考叔：郑国大夫。
④辀（zhōu）：车辕。
⑤棘：即"戟"，兵器。
⑥逵：能并行九具车马的道路称为逵，这种道路四通八达。
⑦傅：附着，靠近。
⑧蝥（móu，亦音 máo）弧：战旗名称。
⑨瑕叔盈：郑国大夫。
⑩麾（huī）：同"挥"。
⑪共：同"恭"，指法度。
⑫东偏：（许城）东部。
⑬逞：快意，满意。
⑭共亿：相安。亿，安。
⑮糊口：用简单的饭食充饥。指郑庄公的弟弟出奔在外。
⑯获：郑国大夫，即下文的公孙获。
⑰兹：使。
⑱昏媾（gòu）：相互通婚。
⑲滋：使，让。
⑳禋（yīn）：升烟以祭，古代祭天的典礼。
㉑圉（yǔ）：边疆。
㉒胤（yìn）：后代。
㉓豭（jiā）：公猪。

译文

　　郑庄公准备进攻许国。(鲁隐公十一年)五月甲辰(二十四)日，在郑国的祖庙内颁授武器。郑国大夫公孙阏跟颍考叔争夺一辆战车，颍考叔挟着车辕奔跑，公孙阏拔下一支戟去追他。追到大街上，没有追上，公孙阏很恼怒。

　　秋季七月，鲁隐公会合齐僖公、郑庄公一同去进攻许国。庚辰(初一)日，大军进至许国都城下。颍考叔举着郑庄公称为蝥弧的旗帜登上城头，公孙阏从城下向颍考叔射了一箭，颍考叔从城头摔下来。郑大夫瑕叔盈再次举起这面旗登上城头，并向四周挥动旗帜呼喊说："我们的国君已登上城头了。"郑国军队听到呼喊都登上了城头。壬午(初三)日，三国军队进入许国都城。许庄公逃奔到卫国。

　　齐僖公要把许国让给鲁国。鲁隐公说："你说是许国对齐国不恭敬，所以我才跟随你讨伐许国。现在许国已经认罪了，虽然你有这个命令，我还是不敢听到这样的话。"就把许国给了郑国。

　　郑庄公让许国的大夫百里陪奉许庄公之弟许叔居处在许国都城东部，对百里说："上天降祸于许国，鬼神实在是对许庄公不满意，而借我的手来讨伐他，我自己与自己的父兄还不能和睦相处，哪里还敢把占有许国作为功劳呢？我有弟弟，还不能与他和睦协调，让他出奔到外国找口饭吃，哪里还能长久地占领许国呢？你就陪奉许叔来安抚这里的百姓吧，我将让公孙获来辅佐你。如果我将来死了，上天或者以礼法撤回加在许国的祸难，我愿意让许叔奉侍许国的社稷，听从我们郑国对许国的请求，两国就像原来的婚姻之国，都能从内心中愿意相互跟随。不要使其他族类逼近这个地方，不要让他们来与我们郑国争夺这块土地。(如果别族占领这里，)我的子孙们就会无暇来救护它了，哪里还能使许国不断绝祭祀呢？我让你居处在这里，不仅考虑的是许国，也是暂且来加固我们的边防的。"郑庄公又让公孙获居处在许国都城的西部，对公孙获说："凡是你所用的器物财产，不要放置在许国。我死后，你很快离开。我们的先君新开辟了郑国，周王室已经衰落了，周朝的子孙已经不能继承祖先的功业了。许国，是太岳的后裔，上天已经厌恶周朝的德行了，(我们作为周朝的后代)还能与许国争夺吗？"

君子认为，郑庄公"在对待许国的态度上是符合礼法的。礼法，是用来治理国家，安定国家，维护人民秩序的，是有利于后代的。许国不遵守法度而郑国讨伐它，他屈服了就放过它。郑国根据德行来处理许国，按照自己的力量施行具体办法，以时行动，不给后代找麻烦，可以说是知道礼法的。"

郑庄公又让军队摆出了猪、狗、鸡，用来诅咒射死颖考叔的人。

君子认为，郑庄公在这方面"丢掉了政治刑法。政治用来治理人民，刑法用来镇压邪恶。既没有仁德的政治，又没有威严的刑法，所以就到了邪路上去。出现邪恶又来诅咒，还会有什么益处呢？"

◎桓　公

臧哀伯谏纳郜鼎

题解

宋庄公为了取得鲁国的支持，把郜国的大鼎送给鲁国作为贿赂，鲁桓公把它置于太庙中。鲁大臣臧哀伯认为这是明示百官可以纳贿，是国家衰败的象征。"国家之败，由官邪也"，不仅针对鲁国，而且具有普遍意义。

原文

宋殇公立，十年十一战，民不堪命。孔父嘉为司马，督为大宰，故因民之不堪命先宣言曰："司马则然。"已杀孔父而弑殇公，召庄公于郑而立之，以亲郑。以郜大鼎赂公，齐、陈、郑皆有赂，故遂相宋公。

夏四月，取郜大鼎于宋。戊申，纳于大庙，非礼也。臧哀伯谏曰①："君人者，将昭德塞违，以临照百官，犹惧或失之，故昭令德以示子孙。是以清庙茅屋②，大路越席③，大羹不致，粢食不凿④，昭其俭也。衮、冕、黻、珽、带、裳、幅、舃、衡、紞、纮、綖⑤，昭其度也。藻、率、鞞、鞛、鞶、厉、游、缨⑥，昭其数也。火、龙、黼、黻⑦，昭其文也。五色比象，昭其物也。锡、鸾、和、铃⑧，昭其声也。三辰旂旗⑨，昭其明也。夫德，俭而有度，登降有数，文物以纪之，声明以发之，以临照百官。百官于是乎戒惧，而不敢易纪律。今灭德立违，而置其赂器于大庙，以明示百官。百官象之，其又何诛焉？国家之败，由官邪也。官之失德，宠赂章也。郜鼎在庙，章孰甚焉？武王克商，迁九鼎于雒邑，义士犹或非之，而况将昭违乱之赂器于大庙，其若之何？"公不听。

周内史闻之，曰："臧孙达其有后于鲁乎！君违，不忘谏之以德。"

①臧哀伯：鲁国大夫，名达，臧僖伯之子。
②清庙：君主的祖庙，亦称太庙、明堂。
③大路：又作大辂，古代国君所乘五种车辆之一。　越席：蒲草编成的席子。
④粢（zī）食：主食。《周礼·春官·小宗伯》有六粢，即黍、稷、稻、粱、麦、苽（gū）。　凿：舂。
⑤衮（gǔn）：古代天子及上公的礼服，祭祀时穿用，衣上有卷曲的龙形图案。黻（fú）：古代用以遮盖腹部与膝间的皮革，田猎时用。珽（tǐng）：古代天子所执的玉笏。　幅（bī）：绑腿布。　舃（xì）：古代双层鞋底的鞋。衡：古代把头冠固定在发上的簪。紞（dǎn）：古代冠冕上用以系瑱（tiàn，塞耳的玉）的带子。纮（hóng）：古代冠冕上的纽带，由领下向上挽而系在笄的两侧。綖（yán）：冠上的装饰，以木版为质，用黑布裹起来。

⑥藻（zǎo）：放置玉的彩色板，用木板做成，外包熟皮革，以彩色画水藻纹于其上。率（shuài）：亦作"帨"，佩巾。鞞（bǐ，又读 bǐng）：装刀的套子，刀鞘。鞛（běng）：佩刀刀把处装饰物。鞶（pán）：皮革做的衣带。厉：皮革衣带的下垂部分，起装饰作用。游（liú）：亦作旒，旌旗上的飘带。缨（yīng）：即马鞅，用皮革做成，套在马的颈上，以便驾车。

⑦黼（fǔ）：古代礼服上的刺绣花纹，以黑、白两色相间，绣两斧头相对的图案。黻（fú）：礼服上的花纹，用黑、青两色绣两弓相背的形状。

⑧钖：马头前额上的装饰物，用铜做成，马走时发出声响。鸾（luán）：通"銮"，古代的一种车铃。和：古代车前横木前的小铃。铃：这里指系于旌旗上的小铃。

⑨三辰：指日、月、星。 旂（qí）旗：旗的总称。这里指君主所用的旗。

宋殇公立为君主后，在十年内就进行了十一次战争，老百姓难以保住性命。孔父嘉担任司马，华督为太宰。华督趁老百姓难保性命的怨气，首先扬言说："司马要这样做的。"先杀死了孔父嘉而又杀害了宋殇公，从郑国召回公子冯而立为君，用来讨好郑国。又用郜国铸造的大鼎贿赂鲁桓公，对齐国、陈国、郑国都有贿赂，于是华督成为宋庄公的宰相。

（鲁桓公二年）四月，鲁国去宋国运取郜国所铸的大鼎，戊申这天，把它放到了鲁国的祖庙里，违背了礼法。鲁大夫臧哀伯劝谏桓公说："统治人民的人，就要宣扬德义堵塞背德弃义的事情，这样才能居高临下审视百官，还害怕(后代)有时会失去德义，所以显扬善德让子孙效法：那就是太庙用茅草覆盖，大路这种车里用蒲草作为垫席，肉汁不用五味调和，黍、稷、稻、粱等主食不用去皮舂细，这都是显示俭朴的。天子和上大夫祭祀穿的礼服、戴的帽子、用来遮盖腹膝间的皮革、用的笏，与束腰的大带、下衣、裹腿、鞋只，以及冠上的簪子、系瑱的丝带与垂丝等装饰，是表明法度和天子的德量的。(天子所用的)放玉的垫子、佩巾、刀鞘、刀柄的装饰物，与革带、革带下垂部分的装饰物、旗上的飘带、套马的马鞅，都是表明礼数的。衣服上的火、龙、黼、黻等图形彩饰，都是表明文彩的。用青、黄、红、白、黑五色绘山、龙、花、虫之象，是表明事物色彩的。钖、銮、和、铃等铃铛，是表明声音的。绘有日、月、星三辰的旗帜，是表明上天的光明的。(礼义、伦常之)德，虽俭朴却有一定的限度，增加减少都有一定之数，文采、物色用以分辨它，声音、光明来显现它，用(文采、物色、声音、光明)居高临下审视百官，百官就会有所警戒和畏惧，从而不敢违背纲纪法律。现在你减灭了德义，树立了违背德义的样子，把用来贿赂你的器物放到太庙内，以此明白地显示在百官面前，(你对百官)还能有什么要求呢？国家的败亡，是由于官吏的邪恶。官吏丧失德义，宠幸与贿赂就会公开。郜鼎放到太庙，这种公开还能有什么能比得上呢？周武王战胜了商朝，把九鼎迁到雒邑，正义之士有的还指责他，更何况将表明违礼乱制的赂器放到太庙之中，比周武王的迁鼎又如何呢？"鲁桓公不肯听从这番劝谏。

东周的内史听到臧哀伯的进谏，说："臧孙达这个人会在鲁国有他的后人的。君主违背礼法，他不忘用德义来劝谏。"

王以诸侯伐郑

【题解】

春秋以来，周天子已丧失了诸侯的共主地位，受到诸侯的侵凌。周平王削弱郑庄公的辅政权力，引起郑国怨恨，双方以交换人质作保证。周桓王执政，周、郑关系进一步恶化，双方发生战争，东周失败，成为王室衰微的一个标志。

【原文】

郑武公、庄公为平王卿士。王贰于虢①。郑伯怨王。王曰："无之。"故周、郑交质。王子狐为质于郑②，郑公子忽为质于周③。王崩，周人将畀虢公政④。四月，郑祭足帅师取温之麦⑤。秋，又取成周之禾⑥。周、郑交恶。

君子曰："信不由中⑦，质无益也。明恕而行，要之以礼⑧，虽无有质，谁能间之？苟有明信，涧、溪、沼、沚之毛⑨，蘋蘩、蕴藻之菜⑩，筐、筥、锜、釜之器⑪，潢、汙、行潦之水⑫，可荐于鬼神⑬，可羞于王公，而况君子结二国之信，行之以礼，又焉用质？《风》有《采蘩》、《采蘋》，《雅》有《行苇》、《泂酌》⑭，昭忠信也。"

王夺郑伯政，郑伯不朝。秋，王以诸侯伐郑，郑伯御之。

王为中军，虢公林父将右军⑮，蔡人、卫人属焉；周公黑肩将左军⑯，陈人属焉。郑子元请为左拒⑰，以当蔡人、卫人；为右拒，以当陈人，曰："陈乱，民莫有斗心。若先犯之，必奔。王卒顾之，必乱。蔡、卫不枝，固将先奔。既而萃于王卒，可以集事。"从之。曼伯为右拒⑱，祭仲足为左拒⑲，原繁、高渠弥以中军奉公⑳，为鱼丽之陈。先偏后伍㉑，伍承弥缝。

战于繻葛㉒。命二拒曰："旝动而鼓㉓。"蔡、卫、陈皆奔，王卒乱，郑师合以攻之，王卒大败。祝聃射王中肩，王亦能军。祝聃请从之㉔，公曰："君子不欲多上人㉕，况敢陵天子乎？苟自救也，社稷无陨㉖，多矣。"

夜，郑伯使祭足劳王，且问左右。

①贰：指把辅政权力分给西虢国君。　虢：西周封国，指西虢。这里指西虢国君。
②王子狐：周平王的儿子。
③公子忽：郑庄公的太子。

④畀（bì）：给予；付予。
⑤温：东周管辖范围内的小国，当在今河南温县境内。
⑥成周：西周时的东都，东周都城，在今洛阳市东。
⑦中：同"衷"。指诚心。
⑧要（yǎo）：约束。
⑨沼、沚（zhǐ）：二者均为小的池塘。
⑩蘋、蘩（fán）、蕰藻：三种均为草本植物名。蘋生于池塘，也称"蘋蒿"；蘩为菊科多年生草本植物；蕰藻为水草。
⑪筐、筥（jǔ）、锜（qí）、釜（fú）：筐、筥皆竹器，方者为筐，圆者为筥；锜、釜皆烹食之器，有足者为锜，无足者为釜。
⑫行潦：指积于路面的雨水。
⑬荐：进献。后一句的"羞"也是进献的意思。
⑭洞：即"迥"。
⑮虢公林父：西虢国君，名林父。
⑯周公黑肩：东周卿士，名黑肩。
⑰郑子元：郑庄公之子公子突，子元是他的字。
⑱曼伯：郑庄公之子公子忽的字。
⑲祭仲足：郑国大夫。即上文的祭足。
⑳原繁：郑国大夫。
㉑先偏后伍：一种战阵。杜预："《司马法》，车战二十五乘为偏，以车居前，以伍次之，承偏之隙而弥缝缺漏也。五人为伍。此盖鱼丽阵法。"清代江永也引《司马法》解释说："二十五乘为偏，百二十五乘为伍。"先偏后伍指二十五乘居前，百二十五乘在后。与杜预解释有差别，难以考定。
㉒繻（rú，又读xū）葛：地名，亦名长葛，当今河南长葛市。
㉓旝（kuài）：大将所旝用的旗帜。
㉔从之：即追击他。
㉕上：驾凌。
㉖陨：损害。

郑武公、郑庄公都是东周平王时的执政卿士。平王同时又把执政权交给西虢的虢公。郑庄公因此而埋怨平王。平王对他说："没有让虢公来执政。"（为了相互取信，）所以东周和郑国交换了人质。周平王之子王子孤去郑国做了人质，郑庄公的太子公子忽到东周做了人质。周平王死后，东周准备将执政权全部交给虢公（更使郑庄公怨恨）。（鲁隐公元年）四月，郑国大夫祭足率领军队收割东周附属国温国的小麦。秋天，他又收割了成周地区的庄稼。东周、郑国由此结下仇怨。

君子说："人言不诚实，交换人质是没有用的。光明正大地、相互体谅地去做事，用礼仪加以约束，虽没有人质，谁能离间得了？如果有光明正大的信义，山涧、溪流、池塘中生长的水草，蘋、蘩、蕰藻等植物，筐、筥等竹器和锜、釜等炊具，池、塘、路面的积水，都可以进献鬼神，可以进献王公，又何况君子缔结两国间的信义，用礼制实行这种信义，又哪里需要人质？《诗经》的《国风》有《采蘩》《采蘋》的篇章，《雅》有《竹竿》《泂酌》的篇章，都是昭示忠诚信义的。"

周桓王收取了郑庄公对东周的参政权，郑庄公就不去朝拜他了。（鲁桓公五年）秋天，周桓王就用诸侯进攻郑国，郑庄公抵御这场进攻。

周桓王为中军统帅，虢国国君林父带领右军，蔡国、卫国的军队附属于他；周公黑肩带领左军，陈国军队附属于他。

郑公子突要求布置一个左面的方阵，用来抵挡蔡国、卫国的军队；布置一个右面的方阵，用来抵挡陈国军队，他说："陈国正在战乱之中，人民没有斗志，如果先对他发起进攻，他们必定逃跑。周王的士卒要照料他们，必定会乱了阵容。蔡国、卫国的军队不能支撑，也一定会首先逃奔。这样就可以集中兵力进攻周桓王带领的士卒，咱们就可以成功了。"郑庄公听从了他的建议。郑国的公子忽统帅右面方阵，祭仲足统帅左面方阵，原繁、高渠弥带领中军保护着郑庄公，构成了一个群鱼附丽的阵式，前为车乘，后为步卒，步卒见机补充车乘间的间隙。

双方在繻葛展开战争。郑庄公命令左右两个方阵："大将的旗帜一旦挥动，就击鼓前进。"蔡国、卫国、陈国的军队都逃奔了，周桓王的士卒混乱了，郑国军队汇合起来攻打他们，周桓王的士卒大败。郑国的将领祝聃射中了周桓王的肩膀，但周桓王还能指挥军队。祝聃请求去追逐周桓王，郑庄公说："君子不想超过比自己在上的人，又哪里敢凌驾于天子之上呢？这只不过是为了自救，国家不至于陨灭，就很满足了。"

到晚上，郑庄公派祭足去慰劳周桓王，同时也慰问了跟随周桓王的人。

郑太子忽辞婚

[题解]

春秋诸侯国之间，常常用婚姻关系结为同盟，一些大国也用这种关系支配小国。郑国太子忽两次拒绝齐国的求婚，目的是摆脱齐国对郑国的支配，要依靠自己，独立发展。当时，他的行动受到称赞。

[原文]

北戎伐齐①，齐使乞师于郑。郑大子忽帅师救齐。六月，大败戎师，获其二帅大良、少良，甲首三百，以献于齐。

于是诸侯之大夫戍齐，齐人馈之饩②，使鲁为其班③，后郑。郑忽以其有功也，怒，故有郎之师④。

公之未昏于齐也，齐侯欲以文姜妻郑大子忽。大子忽辞。人问其故。大子曰：

"人各有耦⑤，齐大，非吾耦也。《诗》云⑥：'自求多福。'在我而已，大国何为？"君子曰："善自为谋。"及其败戎师也，齐侯又请妻之，固辞。人问其故。大子曰："无事于齐，吾犹不敢，今以君命奔齐之急，而受室以归，是以师昏也⑦。民其谓我何？"遂辞诸郑伯。

①北戎：春秋时少数民族，亦称山戎，活动区域当在今河北迁安市、滦州市、卢龙县一带。
②饩（xì）：赠送人的生食，包括粮食和牲畜。
③班：次序，指确定次序。
④郎：鲁国属地，位于曲阜市附近。
⑤耦：同"偶"，匹配。
⑥《诗》云：以下诗句引自《诗经·大雅·文王》。
⑦师昏：指为婚姻而出师。

北戎侵伐齐国，齐国派使者到郑国请求援军。郑国派太子忽率领军队去援救齐国。（鲁桓公六年）六月，大败北戎军队，俘虏了两员大将大良和少良，斩获了三百名披甲战士的头颅，在齐国举行了献俘的典礼。

这时各诸侯国都派大夫率军守卫齐国，齐国赠送给这些大夫们食品，让鲁国的大夫确定先后次序来颁发，把郑公子忽放到了后面。郑公子忽因为有功劳，就十分不满，所以就有以后郑国与鲁国在郎地的战争。

鲁桓公未跟齐国结为婚姻关系的时候，齐僖公要把女儿文姜许配郑太子忽为妻，太子忽推辞了。有人问太子忽推辞的缘故，太子忽说："人各有自己的配偶，齐国是大国，不是我的配偶。《诗经》里说：'自我求取福分。'还是看自己怎么样，依靠大国有什么用呢？"君子评论说："这才是善于为自己考虑。"等到他打败北戎军队以后，齐僖公又要以他的女儿许配公子忽为妻，公子忽还是坚决推辞。又有人问他推辞的原因，公子忽说："对齐国没做什么事的时候，我还不敢答应这门婚事。现在带了君父的命令奔赴齐国的急难，再接受妻室回国，就是为婚姻去打仗，人民会说我什么呢？"于是告诉郑庄公辞掉了这门婚事。

楚武王伐随

楚国与随国国力悬殊，楚国之所以不敢对随国侵伐，是因为随国的季梁替国君分析出了当时的形势，随国国君罢兵而修政。季梁对国情的分析，体现了以人为本的思想，实属可贵。

楚武王侵随①，使薳章求成焉，军于瑕以待之②。随人使少师董成。

斗伯比言于楚子曰③："吾不得志于汉东也，我则使然。我张吾三军，而被吾甲兵，以武临之，彼则惧而协以谋我，故难间也。汉东之国随为大。随张，必弃小国。小国离，楚之利也。少师侈，请羸师以张之④。"熊率且比曰："季梁在⑤，何益？"斗伯比曰："以为后图，少师得其君。"王毁军而纳少师。

少师归，请追楚师。随侯将许之。季梁止之曰："天方授楚，楚之羸，其诱我也。君何急焉？臣闻小之能敌大也，小道大淫。所谓道，忠于民而信于神也。上思利民，忠也；祝史正辞⑥，信也。今民馁而君逞欲，祝史矫举以祭，臣不知其可也。"公曰："吾牲牷肥腯⑦，粢盛丰备，何则不信？"对曰："夫民，神之主也，是以圣王先成民而后致力于神。故奉牲以告曰'博硕肥腯'，谓民力之普存也，谓其畜之硕大蕃滋也，谓其不疾瘯蠡也⑧，谓其备腯咸有也。奉盛以告曰'洁粢丰盛'，谓其三时不害而民和年丰也。奉酒醴以告曰'嘉栗旨酒'，谓其上下皆有嘉德而无违心也。所谓馨香，无谗慝也⑨。故务其三时，修其五教，亲其九族，以致其禋祀。于是乎民和而神降之福，故动则有成。今民各有心，而鬼神乏主，君虽独丰，其何福之有？君姑修政而亲兄弟之国，庶免于难。"随侯惧而修政，楚不敢伐。

①随：国名，故地当今湖北随县。
②瑕：随国属地，今地不详。
③斗（dòu）伯比：楚国大夫，楚国国君敖之子。
④羸（léi）：瘦，弱。
⑤季梁：随国贤人。
⑥祝史：古代主持祭祀祈祷之官。
⑦牲牷（quán）肥腯（tú）：牲本指完整的牛，牷指纯色的牛。牲牷泛指祭祀用的全牛、全羊等牲畜。肥腯，指肉肥，腯也是肥的意思。
⑧瘯（cù）蠡（luǒ）：瘦弱。一说为疥癣疾病。
⑨谗慝（tè）：邪恶的念头和思想。

楚武王侵伐随国，派薳摩章去随国要求与之和好，楚国的大军驻扎于随国的瑕地等待着。随国派一位少师的官去主持和谈。

楚大夫斗伯比对楚武王进言说："我们的国家不能在汉水之东得志，是自己造成这样子的。我们自己炫耀我们的军队，装备起我们的武器，用武力威胁汉水东部的国家,他们就因害怕而联合起来对付我们,所以很难把他们分开。汉水东部的国家,随国为大国。随国如自高自大,就必定离弃其他小国。小国如背离了随国,就是楚国的利益。那位少师骄傲自大,就请你以疲弱的士卒给他看。"熊率且比说:"季梁在随国,这样做有什么用处?"斗伯比说:"这是为以后打算,这位少师官将会得宠于他的国君。"楚武王撤除了军队而接纳少师。

少师回到随国,请求追击楚军。随国国君正要答应这一请求。大臣季梁制止了他,对他说:"上天正给予楚国帮助,楚国显示疲弱的军队,是在引诱我们,君王你着急什么呢?我听说小的能胜过大的,在于小国得道大国淫邪。所谓道,就是忠诚于人民而取信于神灵。总考虑着有利于人民,就是忠;主持祭祀者言辞真实公正,就是信。现在人民饥饿而君主你却快意于私欲,主持祭祀者虚称功德以祭神,我不知这样做结果会如何。"随国国君说:"我祭祀用的牲畜都很肥壮,盛的谷物丰满而完备,怎么能说是不诚信呢?"季梁回答说:"人民,是神的主人,所以圣明的帝王都是先治理好人民而后才致力于神灵。故供奉牲畜时祝告说,'博硕肥腯',博是说民力普遍得到保存,硕是说国家的牲畜硕大而繁盛,肥是说牲畜不会因生病而瘦弱,腯是说准备肥壮的牲畜都能备全。供奉谷物时祝告说,'洁粢丰盛',是说春、夏、秋三季没有灾害而人民和睦年谷丰登。供奉酒醴时祝告说,'美好而清醇的酒',是说全国上下都有美德而没有背离之心。祭品芳香远闻,表明全国没有逸言邪念。所以全力以赴于春、夏、秋三时的农事,提倡推行父义、母慈、兄友、弟恭、子孝的五种教育,团结宗族,用这些去祭祀神灵,这样人民和睦而神灵就会降下福音,一举一动都会有所成就。当今人民各有各的打算,鬼神也就缺了主人,君王你个人敬神虽很丰盛,那又会带来什么福呢?君王你暂且整顿政教,而团结同姓的兄弟国家,或许有希望免于祸难。"随国国君因害怕而整顿政教,楚国不敢侵伐。

楚屈瑕伐罗

楚国大司马屈瑕骄傲自大,专横独断,轻视罗国,在征伐罗国的战争中失败,自缢而死。楚武王对自己用人不当、放纵部下深自悔责。既说明"骄兵必败",也说明楚武王及斗伯比、夫人邓曼的善于治政。

十三年春,楚屈瑕伐罗①,斗伯比送之。还,谓其御曰②:"莫敖必败。举趾高③,心不固矣。"遂见楚子,曰:"必济师。"楚子辞焉。入告夫人邓曼。邓曼曰:"大夫其非众之谓,其谓君抚小民以信,训诸司以德,而威莫敖以刑也。莫敖狃于蒲骚之役④,将自用也,必小罗。君若不镇抚,其不设备乎?夫固谓君训众而好镇抚之,召诸司而劝之以令德,见莫敖而告诸天之不假易也⑤。不然,夫岂不知楚师之尽行也?"楚子使赖人追之⑥,不及。

莫敖使徇于师曰⑦:"谏者有刑。"及鄢⑧,乱次以济,遂无次。且不设备。及罗,罗与卢戎两军之⑨,大败之。莫敖缢于荒谷。群帅因于冶父而听刑⑩。楚子曰:"孤之罪也。"皆免之。

①罗:春秋时小国,初在今湖北宜城市境,后迁于湖北枝江、湖南平江等地。
②御:车夫,驾车的人。
③举趾:抬脚。
④狃(niǔ):习以为常,不复在意。 蒲骚:地名,在今湖北应城市境内。
⑤假易:宽纵。
⑥赖:春秋时小国,在今湖北随县东北。
⑦徇(xùn):对众宣示。
⑧鄢(yān):水名,汉水支流,今名蛮河,源出湖北保康县西南,流经南漳县、宜城市。
⑨卢戎:春秋时南方小国,在今湖北南漳县境内,后为楚所灭。
⑩冶父:地名,在今湖北江陵县南。

(鲁桓公)十三年春天,楚国的大司马屈瑕率军侵伐罗国,大夫斗伯比送他出行。斗伯比在返回来的路上,对他的车官说:"大司马一定会失败。(看他那样子,)脚步高抬,心飘浮起来了。"于是去见楚武王,说:"必须给大司马增派军队。"楚武王没有同意。楚武王回到宫中把斗伯比的话告诉给夫人邓曼。邓曼说:"斗伯比大夫的意思不是要众多的军队,他的意思是让你用诚信来安抚老百姓,用仁德来训诫执政的官员,而对大司马屈瑕要用刑罚来震慑他。大司马习惯了蒲骚战役得胜的战术,将会独断专行,一定会小看罗国。你对他如果不进行严厉的劝告,他将会不加防备。斗伯比大夫一定是说你要训诫士众而善于镇定安抚他们,召集各军队长官劝告他们要行善德,召见大司马告诫他上天不会宽纵一个人的轻率行动。如果不是这样的话,斗伯比大夫又岂不知楚军已经全部开出去了?"楚武王派一名赖国在楚国做官的人去追屈瑕的大军,但没有追上。

屈瑕使人宣令三军说:"对我进谏的人要处之以刑罚。"军队到达鄢水岸边,不按次序渡河,过河后便没有序列了。又没有设置防备工事。到达罗国后,罗国军队和卢戎的军队两面夹击,大败了楚军。屈瑕自缢在荒山谷里。楚国所有的将领自囚在冶父等待武王的处罚。楚武王说:"这是我的罪过。"对他们都免于处罚。

◎庄　公

楚灭邓

鲁庄公六年(公元前688)，楚文王征伐申国，路过邓国，邓国大夫劝邓祁侯乘机杀掉文王，以免楚国灭了申国后再消灭邓国。邓祁侯不听劝告，迷信楚、邓之间的亲戚关系，终被楚国消灭。

楚文王伐申①，过邓②。邓祁侯曰："吾甥也。"止而享之。骓甥、聃甥、养甥请杀楚子③。邓侯弗许。三甥曰："亡邓国者，必此人也。若不早图，后君噬齐④。其及图之乎！图之，此为时矣。"邓侯曰："人将不食吾余⑤。"对曰："若不从三臣，抑社稷实不血食，而君焉取余？"弗从。还年，楚子伐邓。十六年，楚复伐邓，灭之。

①申：春秋时小国，故地在今河南南阳市。
②邓：春秋时小国，故地当今河南邓州市。
③骓（zhuī）：本指毛色苍白相杂的马，此处为人名。
④噬（shì）齐：齐即"脐"，噬脐，即噬肚脐。人不能自咬其肚脐，比喻后悔不及。
⑤不食吾余：不再参加我其余的宴会，意思是遭到唾弃。

楚文王侵伐申国，经过邓国。邓国国君祁侯说："这是我们的外甥。"把他留住宴请。邓祁侯的外甥骓、聃、养请求邓祁侯杀掉楚文王，邓祁侯不答应他们的请求。三位外甥说："灭亡邓国的，一定就是这个人。如果不及早打算，以后你会自咬肚脐咬不着了。请你赶快对他下手吧，除掉他，这就是机会啊。"邓祁侯说："那样做，人们将会唾弃我们，不再参加我们其余的宴会。"三位外甥对他说："如果你不听从我们三人的话，或许社稷没有血肉之食来祭奠，你君王还能有其余的宴会赐给别人吗？"邓祁侯还是不听从他们的话。楚文王在伐申返回来的那年(鲁庄公六年)，进伐邓国。(鲁庄公)十六年，楚国再次进攻邓国，灭亡了它。

齐无知弑其君诸儿

题解

鲁庄公八年（公元前686），齐国内乱，齐襄公被杀。这是"政令无常"的结果。这次动乱，为齐桓公的兴起创造了机会。

原文

齐侯使连称、管至父戍葵丘①，瓜时而往，曰："及瓜而代。"期戍②，公问不至。请代，弗许。故谋作乱。

僖公之母弟曰夷仲年，生公孙无知，有宠于僖公，衣服礼秩如適③。襄公绌之④。二人因之以作乱。

连称有从妹在公宫，无宠，使间公⑤，曰："捷，吾以汝为夫人。"

冬十二月，齐侯游于姑棼⑥，遂田于贝丘⑦。见大豕，从者曰："公子彭生也⑧。"公怒，曰："彭生敢见！"射之，豕人立而啼。公惧，队于车⑨，伤足，丧屦⑩。反，诛屦于徒人费⑪。弗得，鞭之见血。走出，遇贼于门，劫而束之。费曰："我奚御哉？"袒而示之背，信之。费请先入，伏公而出，斗，死于门中。石之纷如死于阶下。遂入，杀孟阳于床。曰："非君也，不类。"见公之足于户下，遂弑之，而立无知。

初，襄公立，无常。鲍叔牙曰："君使民慢，乱将作矣。"奉公子小白出奔莒⑫。乱作，管夷吾、召忽奉公子纠来奔。

注释

①葵丘：亦称渠丘，齐国属地。当今山东临淄市西。
②期（jī）：一周年。
③適："嫡"的通假字。
④绌："黜"的通假字。
⑤间（jiàn）：刺探。
⑥姑棼：即薄姑，在今山东博兴县境。
⑦贝丘：齐地，在今山东博兴县南。
⑧公子彭生：齐国公子，鲁桓公十八年（公元前694）被齐襄公所杀。
⑨队：即"坠"。
⑩屦（jù）：麻、葛等制成的单底鞋。
⑪徒人：杨伯峻《春秋左传注》谓，此徒人之徒当为侍字之误，侍人即寺人。下文的石之纷如、孟阳皆为寺人。
⑫公子小白：即齐桓公。

齐襄公派大夫连称、管至父去镇守葵丘，吃瓜的时候派出，说："到下次吃瓜的季节就让人替换你们。"已经镇守了一年了，齐襄公派人换防的消息仍没有到来。二人请求替换，又不答应。所以两人就谋划作乱。

齐僖公的同母弟弟夷仲年，生了个儿子叫无知，在齐僖公时很得宠，穿的衣服与享受的待遇像嫡子一样。到齐襄公执政时，就疏远和贬斥他。连称、管至父就利用无知发动变乱。

连称有个堂妹在齐襄公的宫里，不受齐襄公的宠爱，无知就让她侦察齐襄公的行动。对她说："事成之后，我让你做我的夫人。"

（鲁庄公八年）十二月，齐襄公到姑棼游玩，于是就在贝丘围猎。遇见一只大猪。跟随他的人说："这是公子彭生。"齐襄公听说大怒，说："彭生你敢来见我！"发箭射这只猪。这只猪像人一样站起来啼哭，齐襄公害怕了，从车上摔下来，伤了脚，丢掉了鞋子。回到宫中后，向寺人费责要他的鞋子，费没有给他找到，他就鞭打了费，打得他背上流出血来。费从宫中出来后，在宫门口遇上了暗杀齐襄公的人。这些人劫持了费并把他绑起来。费对这些人说："我为什么要抵御你们呢？"脱掉上衣让他们看自己的背，这些人相信了他。费请求这些人让他先进入宫中。他进去后让齐襄公躲藏起来，又出来与暗杀者格斗，死在宫门之内。寺人石之纷如也被杀死在宫殿的台阶下。于是暗杀者进入宫中，把寺人孟阳杀死在床上。说："这不是齐襄公，长得不像。"看见齐襄公的脚露在门底下，于是杀了他，立了无知为国君。

当初，齐襄公即位以后，政令无常。齐国大夫鲍叔牙说："君主要使百姓轻视他的政令，就会发生变乱。"就带着公子小白出奔到了莒国。齐国变乱发生，管夷吾、召忽拥护着公子纠急忙来到鲁国。

齐桓公入齐

鲁庄公九年（公元前685），齐桓公在击败由鲁国护送回国的公子纠后，回到齐国，听从鲍叔牙的意见，任用公子纠的谋士管仲为相，开始了齐国的治理。

九年春，雍廪杀无知①。

公及齐大夫盟于蔇②，齐无君也。

夏，公伐齐，纳子纠。桓公自莒先入。

秋，师及齐师战于干时③，我师败绩。公丧戎路④，传乘而归⑤。秦子、梁子以公旗辟于下道，是以皆止。

鲍叔帅师来言曰："子纠，亲也，请君讨之；管、召，仇也，请受而甘心焉。"乃杀子纠于生窦⑥。召忽死之。管仲请囚，鲍叔受之，及堂阜而税之⑦。归而以告曰："管夷吾治于高傒⑧，使相可也。"公从之。

①雍廪（lǐn）：亦作雍林，齐地。今地不详。
②蔇（xì）：即"暨"，鲁国属地，当今山东枣庄市南。
③干（gān）时：时为河水名，在齐国境内。干时指时河河道当时干涸无水。
④戎路：国君所乘兵车。
⑤传乘：乘驿传的车。传，驿传。
⑥生窦：鲁地，当今山东菏泽市北。
⑦堂阜：齐、鲁交界处而属于齐国的地方，当今山东蒙阴县西北。 税：通"脱"。
⑧高傒：齐国卿大夫，扶立齐桓公的人。

（鲁庄公）九年春天，齐国雍林地方的人杀了无知。

鲁庄公与齐国的大夫在蔇地举行会盟，当时齐国没有国君。

夏天，鲁庄公进攻齐国，送公子纠回国当国君。可齐桓公（公子小白）已经从莒国先一步回到了齐国。

秋天，鲁国军队同齐国军队在干涸了的时河边进行战争，鲁国军队溃败了。鲁庄公丧失了他的战车，坐了一辆驿传的车跑回去了。为他驾驭战车的秦子、梁子带着他的旗帜逃避到河下面的一条道路上，所以两个人都被齐军俘虏了。

鲍叔牙率领着军队来到鲁国对鲁庄公说："公子纠，是我们的亲人，请你杀掉他。管夷吾、召忽，是我们的仇人，请让我们亲自处置而满足我们的心愿。"于是就把公子纠杀死在鲁国的生窦。召忽为公子纠自杀了。管仲请求鲁庄公把他囚禁起来，鲍叔牙接受了管仲，到了堂阜的时候，就为管仲解开了绑缚的绳子。回到齐国，鲍叔牙对齐桓公说："管夷吾的治国才略高于高傒，可以让他做宰相。"齐桓公听从了鲍叔牙的意见。

曹刿论战

鲁庄公十年（公元前684），鲁国抵御齐国的进攻。鲁人曹刿为鲁庄公出谋划策，终于以弱小的鲁国击败了强大的齐国。曹刿忠于人民、依靠人民的战略思想,以逸待劳的战术原则,为后世所遵循。因而这一故事在中国军事史上意义广泛深远。

原文

十年春,齐师伐我。公将战,曹刿请见①。其乡人曰:"肉食者谋之,又何间焉?"刿曰:"肉食者鄙,未能远谋。"乃入见。

问:"何以战?"公曰:"衣食所安,弗敢专也,必以分人。"对曰:"小惠未遍,民弗从也。"公曰:"牺牲玉帛,弗敢加也,必以信。"对曰:"小信未孚,神弗福也。"公曰:"小大之狱,虽不能察,必以情。"对曰:"忠之属也,可以一战。战,则请从。"

公与之乘。战于长勺②。公将鼓之③。刿曰:"未可。"齐人三鼓。刿曰:"可矣!"齐师败绩。公将驰之。刿曰:"未可。"下视其辙,登,轼而望之,曰:"可矣!"遂逐齐师。

既克,公问其故。对曰:"夫战,勇气也。一鼓作气,再而衰,三而竭,彼竭我盈,故克之。夫大国,难测也,惧有伏焉。吾视其辙乱,望其旗靡④,故逐之。"

①曹刿(guì):人名。
②长勺:鲁国属地,今地不详。
③鼓:击鼓进攻。
④靡(mǐ):倒下。

鲁庄公十年春天,齐国军队进攻我们鲁国。鲁庄公准备迎击抵抗,曹刿请求见他。曹刿的同乡人对他说:"这是那些吃肉食的人们谋划的事,你又何必参与其间呢?"曹刿说:"吃肉食的那些人目光短浅,不能长远地谋划。"于是就入朝拜见鲁庄公。

曹刿问鲁庄公:"凭什么去打这场战争?"鲁庄公说:"衣食这些用来安身的东西,我从来不敢独占,一定要分给别人。"曹刿对他说:"这些小恩小惠还没有普遍地施予人民,人民是不会跟随你去打仗的。"鲁庄公说:"祭祀神灵的食品、玉器和丝帛,不敢增加,一定要以诚实对待神灵。"曹刿对他说:"这些诚实的小小表现还不能遍及神灵,神灵不会保佑你的。"鲁庄公又说:"大大小小的案件,我虽不能明察秋毫,但总是以实际情理来判断的。"曹刿说:"这才是忠于人民的表现,可以凭此打一仗。到打仗的时候,我请随你去。"

鲁庄公让曹刿与他坐在一辆战车上,与齐军在长勺展开了战斗。鲁庄公正要击鼓进军,曹刿对他说:"不可以。"齐军三次击鼓之后,曹刿说:"可以进攻了。"

于是，齐国的军队被击溃了。鲁庄公要驰车追击齐军，曹刿又说："不能追。"他从车上下来，观察了齐国战车后退的辙迹，然后又登上车，扶着把手瞭望齐国的退兵，说："可以追击了。"于是把齐国军队赶跑了。

鲁军战胜齐军后，鲁庄公向曹刿探问得胜的原因。曹刿对他说："打仗，是勇气的较量。第一次擂鼓进攻，鼓足了士卒的勇气，再次击鼓进攻，士卒的勇气就衰弱了，三次擂鼓进攻，士卒的勇气就没有了。对方丧失了勇气而我们正充满勇气，所以能打败它。大的国家，（军队多，）很难预测，怀疑他们会有伏兵。我看他们的车辙混乱，又望见他们的战旗都倒下了，所以才敢追击他们。"

晋骊姬之乱

题解

晋献公晚年，听信骊姬之言，废掉太子申生，赶走公子重耳与夷吾，立骊姬之子为太子，导致了晋国的内乱。史称"骊姬之乱"。本篇是追述这场内乱的起因。

原文

晋献公娶于贾①，无子，烝于齐姜②，生秦穆夫人及大子申生。又娶二女于戎③，大戎狐姬生重耳，小戎子生夷吾。晋伐骊戎，骊戎男女以骊姬④，归，生奚齐，其娣生卓子。

骊姬嬖⑤，欲立其子，赂外嬖梁五与东关嬖五⑥，使言于公曰："曲沃，君之宗也，蒲与二屈⑦，君之疆也，不可以无主。宗邑无主，则民不威；疆场无主，则启戎心。戎之生心，民慢其政，国之患也。若使大子主曲沃，而重耳、夷吾主蒲与屈，则可以威民而惧戎，且旌君伐⑧。"使俱曰："狄之广莫，于晋为都，晋之启土，不亦宜乎？"晋侯说之。夏，使大子居曲沃，重耳居蒲城，夷吾居屈。群公子皆鄙⑨，唯二姬之子在绛。二五卒与骊姬谮群公子而立奚齐⑩，晋人谓之"二五耦"。

①贾：春秋时小国，在今山西临汾市境内。
②烝：下淫上为烝。
③戎：即狐戎，春秋时少数民族，活动于今山西交城县一带。
④骊戎男：骊戎首领，受封为男爵。女：送给女子。
⑤嬖（bì）：宠爱，宠幸。
⑥外嬖：君主宠爱的美男子。
⑦蒲：晋国属地，当今山西蒲县。二屈：指北屈与南屈，屈为今山西吉县，二屈在其南北。
⑧旌：表彰。伐：功劳。
⑨鄙：住在边远地方。

⑩二五：即梁五与东关嬖五。

译文

晋献公从贾国娶了夫人，没有孩子，他又占有其父的小妾齐姜，生了秦穆公的夫人和太子申生。又从戎族那里娶了两名女子，年长的戎女狐姬生了重耳，年岁小的生了夷吾。晋国进攻骊戎族，骊戎族的首领送给晋献公一名女子叫骊姬，回到晋国后，生了奚齐，陪嫁过来的骊姬的妹妹生了卓子。

骊姬得到晋献公宠爱，想把自己的儿子立为太子，贿通了晋献公的男宠梁五和东关嬖五，让这两人对晋献公说："曲沃，是国君的祖宗所在地，蒲与南、北二屈，是国君的边疆重地，都不可以没有主管的人。祖宗的城邑里没有主管的人，人民就无所畏惧；边疆之地没有主管的人，那就会引起戎狄侵犯的念头。戎狄发生了侵犯的念头，人民又对政令表示怠慢，那是国家的祸患啊。如果让太子申生去主管曲沃，而让重耳、夷吾主管蒲与屈，那就可以镇服人民而威胁戎狄，又可以展示你的功劳。"骊姬让两人都对晋献公说："戎狄活动的区域广大无边，可以归于晋国建立都邑。晋国的开疆辟土，(用这些人)不也是很适宜吗？"晋献公很高兴他们说的话。夏天，就让太子常住到曲沃，重耳常住到蒲城，夷吾常住到屈地。众公子都住在边远之地，只留下骊姬姊妹二人的儿子在绛都。梁五和东关嬖五同骊姬最终通过在晋献公面前给群公子进谗言而使晋献公立奚齐为太子。晋国的人把这件事称作"二五耦"。

楚令尹子元袭郑

题解

楚武王之子公子元在楚文王死后，不顾国家利益，追求享乐。在受到楚文王夫人指责后，不得不带兵进攻郑国。兵败归国后，不思改过，终于被杀。楚国大臣斗谷於菟破家纾难，重兴楚国。

原文

楚令尹子元欲蛊文夫人①，为馆于其宫侧，而振《万》焉②。夫人闻之，泣曰："先君以是舞也，习戎备也。今令尹不寻诸仇雠③，而于未亡人之侧④，不亦异乎？"御人以告子元。子元曰："妇人不忘袭雠，我反忘之。"

秋，子元以车六百乘伐郑，入于桔柣之门⑤，子元、斗御强、斗梧、耿之不比为旆⑥，斗班、王孙游、王孙喜殿。众车入自纯门，及逵市。县门不发⑦，楚言而出。子元曰："郑有人焉。"诸侯救郑，楚师夜遁。郑人将奔桐丘⑧，谍告曰："楚幕有乌。"

乃止。

楚公子元归自伐郑,而处王宫。斗射师谏,则执而梏之⑨。秋,申公斗班杀子元。斗谷於菟为令尹,自毁其家,以纾楚国之难。

①子元:据《国语》韦昭注,系楚武王之子,楚文王弟,称王子善。蛊(gǔ):诱惑人。
②振:敲击铎铃为舞打节拍。《万》:武士舞的名称。
③雠(chóu):同"仇",仇人,对头。
④未亡人:古代寡妇自称。
⑤桔柣(jié dié):指远郊的门。
⑥旆(pèi):亦作旆。大旗,此处指前军。
⑦县:即"悬"。
⑧桐丘:郑国属地,在今河南扶沟县境。
⑨梏:手铐,此处有囚禁的意思。

楚国的令尹子元想要诱惑楚文王的遗孀与之淫乱,就把自己的别墅修在她居住的宫殿旁边,又在别墅里振击铎器大跳武士的《万》舞。文王的夫人听到这声音后,哭泣着说:"我的先君用这样的舞蹈,是为了练习兵备,现在令尹不去寻找我们的仇敌,而在我这未亡人的旁边表演,这不很奇怪吗?"夫人的侍从把这话告给子元,子元听后说:"妇道人家还不忘与我们世代相沿的仇敌,我反而倒忘记了它。"

(鲁庄公二十八年)秋天,子元以六百乘战车的队伍进攻郑国,先进入郑国国都郊外之门。而后,子元、斗御强、斗梧、耿之不比所率队伍组成前军,斗班、王孙游、王孙喜率余军殿后。楚国的战车从郑都的郭门开进,到了通街大市。郑国国都内城门悬吊着未下玄关关闭。子元率大军说着楚国的方言退了出来。子元说:"郑国看起来很有一批人才。"齐国、宋国等诸侯国派兵来援救郑国,楚军在夜晚悄悄地退走了。郑国军队正要奔向桐丘追赶楚军,前面侦察的士卒报告说:"楚军驻军的帐幕上落满了乌鸦。"郑军于是停止了追击。

楚国的公子元(即令尹子元)进攻完郑国回来后,就居住在楚文王原来的宫殿中。大夫斗射师劝他退出,他就捉拿斗射师而囚禁起来。(鲁庄公三十年)秋季,楚国大夫申县县公斗般就杀了子元。斗谷於菟担任了令尹,他拿出全家财物,用来缓和楚国的内乱。

有神降于莘

神灵下降到虢国的莘地,周朝的内史过认为没有什么奇怪的,只不过祭祀他就行了。但虢公却想通过对神的祭祀,得到土地。内史过批评他不听信于民,而听信于神,是亡国之道。"国将兴,听于民;将亡,听于神"的思想,是唯物史观的体现。

秋七月,有神降于莘①。

惠王问诸内史过曰:"是何故也?"对曰:"国之将兴,明神降之,监其德也。将亡,神又降之,观其恶也。故有得神以兴,亦有以亡。虞、夏、商、周皆有之。"王曰:"若之何?"对曰:"以其物享焉。其至之日,亦其物也。"王从之。内史过往,闻虢请命,反曰:"虢必亡矣,虐而听于神。"

神居莘六月,虢公使祝应、宗区、史嚚享焉②。神赐之土田。史嚚曰:"虢其亡乎。吾闻之,国将兴,听于民;将亡,听于神。神,聪明正直而壹者也,依人而行。虢多凉德③,其何土之能得?"

①莘(shēn):虢国属地,在今河南三门峡市西。
②嚚(yín):人名。
③凉:浅薄。

(鲁庄公三十二年)秋天七月,有神下降到西虢国的莘地。

周惠王向主管内史的史官过询问说:"这是什么缘故呢?"过对他说:"国家将要兴盛起来的时候,神灵下降到这个国家,监视他的善德。一个国家将要灭亡的时候,神灵又会下降到这里,观察他的恶行。所以有得到神灵而兴起的国家,也有神灵下降而灭亡的国家。虞、夏、商、周各代都曾有过这种情况。"周惠王说:"那该如何对待神灵呢?"过回答说:"用物品祭祀他。从神下降的那天开始,每天都要祭祀。"周惠王按照过说的去做了。过又去了莘地,听到虢国国君向这位下降的神灵请求保护他,返回到周地说:"虢国一定要灭亡了,虐害百姓而要听命于神灵。"

那位神在莘地呆了六个月,虢公派主管祭祀的太祝应、主管内务的大宗正区、太史嚚负责祭祀他,请求这位神赐给虢国一部分土地。太史嚚说:"虢就要灭亡了吧。我听说,国家要兴旺,(君主)就听从人民的呼声;将要灭亡,就听命于神。神,聪明正直用心一贯,是依人民的意愿行事的。虢国不道德的行为太多了,会得到什么土地呢?"

不去庆父,鲁难未已

鲁庄公晚年,政权操纵于其兄弟庆父、叔牙、季友手中。庄公死后,三家为君主继立展开残杀,庆父连杀鲁公子子般和鲁闵公。后在齐国的协助下,鲁国人杀死庆父,稳定了鲁国内政。后世以"不去庆父,鲁难未已"来比喻做事要彻底铲除祸根。

初,公筑台,临党氏,见孟任,从之。閟①。而以夫人言,许之,割臂盟公。生子般焉。雩②,讲于梁氏③,女公子观之。圉人荦自墙外与之戏。子般怒,使鞭之。公曰:"不如杀之,是不可鞭。荦有力焉,能投盖于稷门。"

公疾,问后于叔牙,对曰:"庆父材。"问于季友。对曰:"臣以死奉般。"公曰:"乡者牙曰'庆父材'。"成季使以君命命僖叔,待于针巫氏,使针季鸩之④。曰:"饮此,则有后于鲁国。不然,死且无后。"饮之,归,及逵泉而卒⑤。立叔孙氏。

八月癸亥,公薨于路寝。子般即位,次于党氏。冬十月己未,共仲使圉人荦贼子般于党氏。成季奔陈。立闵公。

夏六月,葬庄公。乱故,是以缓。

秋八月,公及齐侯盟于落姑⑥,请复季友也。齐侯许之,使召诸陈,公次于郎以待之。"季子来归",嘉之也。

冬,齐仲孙湫来省难,书曰"仲孙",亦嘉之也。

仲孙归,曰:"不去庆父,鲁难未已。"公曰:"若之何而去之?"对曰:"难不已,将自毙,君其待之。"公曰:"鲁可取乎?"对曰:"不可。犹秉周礼。周礼,所以本也。臣闻之,国将亡,本必先颠,而后枝叶从之。鲁不弃周礼,未可动也。君其务宁鲁难而亲之。亲有礼,因重固,间携贰⑦,覆昏乱,霸王之器也。"

初,公傅夺卜齮田⑧,公不禁。秋八月辛丑,共仲使卜齮贼公于武闱⑨。成季以僖公适邾。共仲奔莒,乃入,立之。以赂求共仲于莒,莒人归之。及密,使公子鱼请。不许,哭而往。共仲曰:"奚斯之声也。"乃缢。

闵公,哀姜之娣叔姜之子也,故齐人立之。共仲通于哀姜,哀姜欲立之。闵公之死也,哀姜与知之,故孙于邾⑩。齐人取而杀之于夷,以其尸归,僖公请而葬之。

①闭（bì）：关闭。
②雩（yú）：求雨的祭祀活动。
③讲：演习，预演。
④鸩：用毒酒杀人。
⑤逵泉：鲁国都城曲阜外的一处泉流。
⑥落姑：齐地，一说在今山东平阴县境，一说即薄姑，在今山东博兴县北十五里。
⑦间（jiàn）：离间。 携贰：（国内）离心离德。
⑧卜齮（qí）：卜鲁国大夫。
⑨武闱：鲁国宫殿路寝的侧门名称。
⑩孙：即"逊"。退避，躲藏。

　　当初，鲁庄公修筑了台榭，正好面临党氏的住宅，(他从台上)望见了党氏的女儿孟任，就下台追逐。孟任关闭了自家的大门。庄公(在门外)说要娶孟任为夫人，孟任答应了他，并割破手臂与庄公盟誓。(后来)生了子般。鲁国要举行求雨的祭祀，先在梁氏的宅中演习，公子般的妹妹来观看，一个叫荦的管理养马的官在墙外同她嬉戏。公子般看到后很恼怒，就让人鞭打荦。庄公(知道后)对公子般说："不如杀掉他，那是不能鞭打的。荦是很有气力的，能把大盖扔到南城的稷门之上。"
　　鲁庄公得了病，向他的二弟叔牙询问他的后继人，叔牙回答说："庆父(庄公大弟弟)是个人才。"又问他的三弟季友，回答说："我将以死来奉立公子。"庄公说："往日叔牙说'庆父是个人才'。"季友就以庄公的命令来命令叔牙，让他在姓鍼的巫师家中等待，让这个巫师给他喝毒酒，对他说："喝了这酒，那你可以在鲁国保留后代，不然的话，你也一定要死，并且死了连后代都没有了。"叔牙饮了毒酒，往回走，到逵泉就死了。鲁国立他的儿子为叔孙氏。
　　(鲁庄公三十二年)八月癸亥日，鲁庄公死在寝宫中。公子般继承了君位，住在党氏的旁边。冬季十月己未日，庆父就派那个管马匹的荦在党氏宅中暗杀了子般。季友逃奔到陈国。鲁国又立了闵公。
　　次年夏六月，埋葬了鲁庄公。因为国内有动乱，所以拖延。
　　(鲁闵公元年)秋八月，鲁闵公与齐桓公在落姑会盟，请齐桓公帮助季友回到鲁国。齐桓公答应了，派人到陈国去找季友，鲁闵公停留在郎地等待他。《春秋》记载"季子来归"，是赞扬这件事。
　　冬天，齐国的仲孙湫来鲁国慰问患难，《春秋》只写"仲孙"(而不写他的名)，也是赞扬这件事。

仲孙湫回到齐国后说："不除掉庆父，鲁国的患难是没有完的。"齐桓公说："怎样才能去掉庆父呢？"仲孙湫回答说："患难没完没了，庆父就会自己遇祸而死。你就等待着吧。"齐桓公说："鲁国可以伐取吗？"仲孙湫回答说："不可以。鲁国还执行着西周的礼仪。西周的礼仪是他立国的根本。我听说：'国家将要灭亡，他的根干先动摇，而后枝叶就跟着倒下来。'鲁国还没有废弃周礼，还不能去动它。你急需要平定鲁国的祸难而亲近他。亲近有礼仪的国家，依靠厚重坚实的国家，离间内部离心离德的国家，覆灭君昏臣乱的国家，这是成为霸王的策略。"

　　当初，鲁闵公的师傅夺取大夫卜齮的土地，鲁闵公不加禁止。(鲁闵公二年)秋季八月辛丑日，庆父派卜齮将闵公暗杀在鲁国宫殿的侧门内。季友带着后来的鲁僖公到了邾国。庆父逃奔到莒国，季友和鲁僖公才回来，奉立了僖公。季友给莒国送贿赂要庆父，莒国把庆父送归鲁国。庆父到达密地时，派公子鱼请求赦免他，季友不答应，公子鱼哭着返回来。庆父听到哭声说："这是奚斯(公子鱼的字)的声音。"就自缢而死了。

　　鲁闵公，是哀姜的妹妹叔姜的儿子，所以齐国把他立为鲁国国君。庆父与哀姜私通，哀姜想立庆父为君。鲁闵公的死，哀姜参与，知道内情，所以她躲避到了邾国。齐国把哀姜从邾国捉拿到夷国杀了她，把她的尸体送回鲁国，鲁僖公向齐国请示后埋葬了她。

◎ 闵 公

狄人伐卫

[题解] 卫懿公享乐成性，以养鹤为娱，引起国人怨恨，在狄人进攻下，终至灭国。这是春秋时乐而忘忧，丧家辱国的一个典型例证。

[原文] 冬十二月，狄人伐卫①。卫懿公好鹤，鹤有乘轩者②。将战，国人受甲者皆曰："使鹤，鹤实有禄位，余焉能战？"公与石祁子玦③，与宁庄子矢，使守，曰："以此赞国，择利而为之。"与夫人绣衣④，曰："听于二子。"渠孔御戎，子伯为右，黄夷前驱，孔婴齐殿。及狄人战于荧泽⑤，卫师败绩，遂灭卫。卫侯不去其旗，是以甚败。

狄人囚史华龙滑与礼孔，以逐卫人。二人曰："我，大史也，实掌其祭。不先，国不可得也。"乃先之。至则告守曰："不可待也。"夜与国人出。狄入卫，遂从之，又败诸河。

初，惠公之即位也少，齐人使昭伯烝于宣姜⑥，不可，强之。生齐子、戴公、文公、宋桓夫人、许穆夫人。文公为卫之多患也，先适齐。及败，宋桓公逆诸河，宵济。卫之遗民男女七百有三十人，益之以共、滕之民为五千人⑦。立戴公以庐于曹⑧。许穆夫人赋《载驰》。齐侯使公子无亏帅车三百乘、甲士三千人以戍曹。归公乘马，祭服五称，牛、羊、豕、鸡、狗皆三百与门材。归夫人鱼轩⑨，重锦三十两⑩。

①狄人：指卫国北部的少数民族。
②轩：有藩蔽的车，大夫以上的人所乘。
③玦（jué）：环形而有缺口的玉器。
④绣衣：华丽的衣服。
⑤荧泽：湖泽名，位于今河南荥阳市南。此处的荧泽似在黄河北，今地不详。
⑥昭伯：公子顽。烝：以下淫上。
⑦共：卫国属邑，当今河南辉县。滕：卫国属邑，今地不详。
⑧曹：卫国属邑，当今河南滑县西南的白马故城。
⑨鱼轩：鱼皮装饰的车。
⑩两：布帛单位，匹。

（鲁闵公二年）冬十二月，狄人侵伐卫国。卫懿公很喜欢养鹤，鹤有乘坐轩车的。卫国要和狄人打仗，国中之人被授予兵器者都说："让鹤去打仗，鹤实际上享受俸禄有官位，我们哪能打仗呢？"卫懿公送给大夫石祁子一环玉玦，又给大夫宁庄子箭，让二人守城，对二人说："用这些来救助咱们的国家吧，但要选择有利的情形去做。"他又送给他的夫人华丽的上衣，对她说："你就听从石祁子和宁庄子的安排吧。"渠孔为他驾驭着战车，子伯担任警卫站在车右，黄夷前驱打头阵，孔婴齐为他压阵。卫懿公率军与狄人战斗在荥泽，卫国军队溃败了，狄人于是消灭了卫国。卫懿公还不拔掉他的战旗，所以失败得很惨。

狄人囚禁了太史华龙滑和礼孔，让他们带路驱逐卫国人。二人说："我们，只是太史，实际掌管祭祀的事。不先入国祭祀卫国的祖先，你们就不可能得到他。"狄人让他们先进入卫国国都。二人到了国都，告诉守卫的人说："不能在这里等待下去了。"在夜里与国中之人跑出来。狄人进入卫国后，又追赶这些人，把他们打败在黄河岸边。

当初，卫惠公即位时年龄小，齐僖公就让卫宣公的儿子昭伯与他的庶母宣姜通奸，宣姜不愿意，昭伯就强迫她。生了齐子、后来的卫戴公、卫文公、宋桓公的夫人、许穆公的夫人。卫文公当时因为国内忧患太多，先到了齐国。等到卫国被狄人打败后，宋桓公到黄河上把他迎接回来，夜里渡过黄河。卫国都城只留下百姓男女一共七百三十人，加上卫国共、滕两地的百姓共五千人。他们立卫戴公为君，寄住在曹地。许穆公的夫人做了一首《载驰》的诗。（《诗经·载驰》序中说，为许穆夫人作，悯其宗国颠覆自伤不能救也。）齐桓公让公子无亏带领三百辆战车、三千名带甲之士去戍守曹地。又馈赠卫戴公乘马，祭服五套，牛、羊、猪、鸡、狗各三百只，以及做门户的木材。送给卫戴公夫人鱼皮装饰的轩车，精细的织锦三十匹。

晋太子申生伐东山皋落氏

闵公二年（公元前660），晋献公命令太子申生征伐东山皋落氏，指令他"尽敌而返"，实际是要牺牲他。申生的谋臣们为此议论纷纷。说明当时晋国内部的权力斗争已达到白热化程度。

晋侯使大子申生伐东山皋落氏①。里克谏曰："大子奉冢祀②、社稷之粢盛，以朝夕视君膳者也，故曰冢子。君行则守，有守则从。从曰抚军，守曰监国，古之制也。夫帅师，专行谋，誓军旅，君与国政之所图也，非太子之事也。师在制命而已，禀命则不威，专命则不孝，故君之嗣適不可以帅师。君失其官，帅师不威，将焉用之？且臣闻皋落氏将战，君其舍之。"公曰："寡人有子，未知其谁立焉。"不对而退。

见大子，大子曰："吾其废乎？"对曰："告之以临民，教之以军旅，不共是惧，何故废乎？且子惧不孝，无惧弗得立，修己而不责人，则免于难。"

大子帅师，公衣之偏衣③，佩之金玦。狐突御戎，先友为右。梁余子养御罕夷，先丹木为右。羊舌大夫为尉。先友曰："衣身之偏，握兵之要，在此行也，子其勉之！偏躬无慝，兵要远灾，亲以无灾，又何患焉？"狐突叹曰："时，事之征也；衣，身之章也；佩，衷之旗也④。故敬其事则命以始，服其身则衣之纯，用其衷则佩之度。今命以时卒，閟其事也；衣之尨服⑤，远其躬也；佩以金玦，弃其衷也。服以远之，时以閟之。尨凉冬杀，金寒玦离，胡可恃也？虽欲勉之，狄可尽乎？"梁余子养曰："帅师者，受命于庙，受脤于社⑥，有常服矣，不获而尨，命可知也。死而不孝，不如逃之。"罕夷曰："尨奇无常，金玦不复，虽复何为？君有心矣。"先丹木曰："是服也，狂夫阻之。曰'尽敌而反'，敌可尽乎？虽尽敌，犹有内谗，不如违之。"狐突欲行。羊舌大夫曰："不可。违命不孝，弃事不忠。虽知其寒，恶不可取。子其死之！"

大子将战，狐突谏曰："不可，昔辛伯谂周桓公云⑦：'内宠并后，外宠二政，嬖子配嫡，大都耦国，乱之本也。'周公弗从，故及于难。今乱本成矣，立可必乎？孝而安民，子其图之！与其危身以速罪也。"

①东山皋落氏：春秋时少数民族赤狄的部族，初期活动于今山西垣曲县境东部山区。
②冢（zhǒng）：大的意思。
③偏衣：上衣后背两面颜色不同，称偏衣。
④衷：内心。
⑤尨（máng）：杂色。
⑥脤（shèn）：祭祀社稷所用的肉。
⑦谂（shěn）：规谏。

晋献公派太子申生进攻东山皋落氏。大夫里克进谏说："太子执掌管理着重大祭祀、祭祀社稷的谷物，是朝夕不离国君左右，亲自照顾国君膳食的人，所以才称为冢子。国君出行他在国内居守，君主有守护疆土的出征时他随从出行。跟随君主出征称为抚军，在国居守称为监国，这是古来的制度。统率军队，要能够独断行军的谋略，全权号令指挥军队，这是国君和执政的卿大夫拥有的权力及所要图谋的,不属于太子权力范围的事。出兵打仗在于统帅能够专制命令,承受君主的命令指挥军队就没有权威,如果不接受君主命令擅自行事则又是不讲孝道,所以国君的继承者不可以让他来统率军队。你搞乱了任官授权的原则,让太子率军而没有权威,你还用他做什么呢?况且我已听说,皋落氏将要抵抗我们,请你还是放弃这次出征吧。"晋献公说:"我的儿子,还不知道他们谁能立为太子呢!"里克听后没有再说什么就退出来了。

　　里克去见太子申生,太子问他:"我会被废掉吗?"里克对他说:"国君告诉你让你统治人民,又教给你率领军队的才能,担心的是你对国君的不恭敬,有什么缘故要把你废掉呢?况且作为太子,你只能担心对君主的不孝,不能害怕得不到嗣立。自己修身而不责怪旁人,就会免于患难。"

　　太子申生统率起军队,晋献公为他穿上了背面两色的军衣,送给他一只金玦。狐突为太子驾驭戎车,先友在车右跟随。梁余子养为罕夷驾驭戎车,先丹木为这乘戎车的车右。羊舌大夫为管各级军官的军尉。先友对太子说:"君主给你穿上两色的衣服,让你掌握军事大权,(成败)在此一行,你就自勉自励吧!(君主让你穿两色衣)意在分他的一半衣服给你,看来没有恶意,手握兵权就远离了灾难,君主对你亲近也就没有灾难,你还有什么可怕的呢?"狐突叹口气说:"时间,是事情成败的征兆;衣服,是身份的表示;身上的佩物,是内心思想的旗帜。所以要严肃地做事,就在恰当的时间发布命令,给衣服穿就应是纯色的衣服,真心做事就应给合乎礼度的佩物。现在命令出军的时间是在四季的末了,是让事情不顺利;让穿杂色的衣服,是让太子远离开君主身边;以金玦佩在太子身上,是表示君主确定太子还没有决心。衣服表示让太子远离;时间又选择在让事情不顺利的时候;颜色杂乱,是寡薄的象征;冬季,是收杀的象征;金子,是寒冷的象征;金玦,是绝离的象征。还有什么可以依恃的呢?虽说想要勉励,戎狄还能消灭干净吗?"梁余子养说:"统率军队的人,要在君主的祖庙里接受命令,要在社坛下接受祭肉,穿有常规的服装。不能获得常规服装而让穿这杂色衣服,君主命令出兵的含义就很清楚了。出兵而死还落个不孝,不如逃走。"罕夷说:"杂色奇异是不遵常规,金玦是不能恢复成没有缺口的圆环的,即便能够恢复又能怎样呢?君主已经有了与太子决绝之心了。"先丹木说:"这种服装,连疯子都会拒绝穿的。还说什么让消灭光敌人才能返回来,敌人能消灭光吗?即便是把敌人全部消灭了,还有人在宫内进谗言,不如违背了他的命令。"狐突准备让大家一起出逃,监军的羊舌大夫说:"这不可以,违背君主的命令是不孝,放弃要做的事是不忠诚。虽然咱们都知道天气和人心都很冷酷,那些恶行咱们是不能去做的,咱们一起去拼死吧!"

　　太子申生准备率军去战斗,狐突劝谏他说:"不可以。过去周朝的辛伯极力劝周桓公说:'在宫内有受宠的并列的王后,在宫外宠幸着两名同时的执政官,让宠姬之子与嫡子相匹配,建立另一都城与国都成对偶,这都是国家政局动乱的根本原因。'周桓公不听他的劝告,所以祸难临头。现在咱们晋国动乱的原因已经形成,确立太子能够准确一定吗?行孝道而安定人民,你就考虑这事吧。与其使自己受到危害而又加速罪戾降临到你头上,不如服从君命,实行孝道。"

◎僖 公

虞师、晋师灭下阳

【题解】

晋国为了扩大领土,先以借道的形式,灭了虢国的下阳,为其进一步消灭虢国、虞国做了准备。

【原文】

晋荀息请以屈产之乘,与垂棘之璧①,假道于虞以伐虢②。公曰:"是吾宝也。"对曰:"若得道于虞,犹外府也。"公曰:"宫之奇存焉。"对曰:"宫之奇之为人也,懦而不能强谏,且少长于君,君昵之,虽谏,将不听。"乃使荀息假道于虞,曰:"冀为不道③,入自颠𫐓④,伐鄍三门⑤。冀之既病,则亦惟君故。今虢为不道,保于逆旅,以侵敝邑之南鄙,敢请假道以请罪于虢。"虞公许之,且请先伐虢。宫之奇谏,不听,遂起师。夏,晋里克、荀息帅师会虞师,伐虢,灭下阳⑥。先书虞,贿故也。

【注释】

①垂棘:晋国属地,当今山西长治市潞城区境内。
②虞:春秋时小国,今山西平陆县。
③冀:春秋时小国,在今山西河津市境内。
④颠𫐓(líng):虞国属地,亦称虞坂,在今平陆县东北,为中条山要道。
⑤鄍(mǐng):虞国属地,在今平陆县东北。
⑥下阳:虢国属地,在今平陆县东北。

【译文】

(鲁僖公二年,)晋国的荀息请求晋献公用北屈所产良马和垂棘之地所出玉璧送给虞国,向虞国借道去进攻虢国。晋献公说:"这两种东西可是我们的宝物呀。"荀息对他说:"如果得到虞国这条通道,那就好像把宝物放在我们外部的库房了。"晋献公说:"那里还有个善于谋事的宫之奇呢。(会答应吗?)"荀息又说:"宫之奇的性格懦弱,不能强烈地去谏诤。而且他小时候就和虞公一起长大,虞公对他很亲昵,他即便劝谏,虞公也不会听从他。"晋献公就派荀息去虞国借道。荀息对虞公说:"冀国实在是残忍无道,从你们的颠𫐓进来,攻打你们鄍城三座城门。我们挫伤了冀国,完全是为了给你们复仇的缘故。当今虢国又残忍无道,把碉堡建立在旅行道上，以便侵犯我国的南部地区。请求你借出一条通道，我们要向虢国问罪。"虞公答应了他的要求，并且请求先出兵讨伐虢国。宫之奇劝谏，虞公不听他的话，于是出兵先行。夏天，晋国的里克、荀息率军会合虞国军队去进攻虢国，攻取了虢国的下阳城。《春秋》把虞国写在前面，是因为虞国此前接受了贿赂。

齐桓公伐楚

题解

鲁僖公四年，齐桓公率领一些诸侯国的军队侵进楚国。楚国大臣据理质问，迫使齐桓公退兵。楚大臣理直气壮而委婉的外交辞令及捍卫国家主权的态度，成为中国历史上的美谈。

原文

四年春，齐侯以诸侯之师侵蔡①，蔡溃，遂伐楚。

楚子使与师言曰："君处北海，寡人处南海，唯是风马牛不相及也②，不虞君之涉吾地也，何故？"管仲对曰："昔召康公命我先君大公曰：'五侯九伯，女实征之，以夹辅周室。'赐我先君履：东至于海，西至于河，南至于穆陵③，北至于无棣④。尔贡苞茅不入，王祭不共，无以缩酒⑤，寡人是征。昭王南征而不复，寡人是问。"对曰："贡之不入，寡君之罪也，敢不共给？昭王之不复，君其问诸水滨！"师进，次于陉。

夏，楚子使屈完如师。师退，次于召陵⑥。

齐侯陈诸侯之师，与屈完乘而观之。齐侯曰："岂不穀是为⑦？先君之好是继，与不穀同好，如何？"对曰："君惠徼福于敝邑之社稷⑧，辱收寡君，寡君之愿也。"齐侯曰："以此众战，谁能御之？以此攻城，何城不克？"对曰："君若以德绥诸侯，谁敢不服？君若以力，楚国方城以为城⑨，汉水以为池，虽众，无所用之。"

屈完及诸侯盟。

①蔡：春秋诸侯国，周武王母弟叔度的始封地，国都在今河南上蔡县境。
②唯是风马牛不相及也：牛马公母相诱而追逐称为风。此句意谓齐、楚相距很远，即使像牛马相诱而追逐跑得很远，也不至于互相侵入边界。
③穆陵：今湖北麻城市北的一些地区。
④无棣（dì）：今河北卢龙县一带。
⑤缩酒：有二意，一为用菁茅榨酒；一为祭祀时将菁茅竹立在地上，将酒浇在上面，酒顺菁茅滴下，像神饮酒。
⑥召陵：地名，当今河南漯河市郾城区境。
⑦不穀：自贬之称，类似"寡人"等。

⑧徼（yāo）：求取。

⑨方城：楚国北部疆界的城防。姚鼐《春秋左传补注》："楚所指方城，据地甚远。居淮之南，江、汉之北，西逾桐柏，东越光、黄，止是一山，其间通南北之大者，惟有义阳三关……然而方城连岭可七八百里矣。"

（鲁僖公）四年春天，齐桓公率齐国、宋国、陈国、卫国、郑国、许国、曹国的军队侵伐蔡国，蔡国被打败，他们又进攻楚国。

楚成王派出的使者对齐桓公说："你们居住在北海边上，我们处在南海边上，就是公、母牛马相追逐也不至于及于两国的地界呀，没有预料到你们会进入我国领土，什么原因啊？"管仲对他说："原来西周的召公奭授命我们的先君姜太公说：'公、侯、伯、子、男五等诸侯，分管九州的方伯，你都可以征伐他们，以此辅佐西周王朝。'赐我们先君鞋子，让他可以东到海上，西到黄河，南到穆陵，北到无棣。你们对王室上贡连一束菁茅都不给，周王的祭祀你们都没有礼物供给，周室里连榨酒的原料都没有，所以我们要对你问罪。西周昭王南征没有回去，我们要向你问个究竟。"使者对他说："应上贡的没有上贡，这是我们的罪过，哪里敢不供给呢？昭王的不复还，那请君去问长江堤岸吧。"诸侯国的联军继续前进，停留在楚国北部要塞外。

夏季，楚成王又派屈完去到诸侯的军队里交涉。终于使这支军队后撤，停留在召陵。

齐桓公将诸侯国的军队陈列好阵势，同屈完在车上观看。齐桓公说："向楚国进攻这哪里是我要想做的事情呢？我想的是要继续咱们两国先君的友好，你们与我和好怎么样？"屈完回答说："你要为我们的国家人民求福，扶助我们的国君，那是我们的愿望啊。"齐桓公说："用如此多的军队去打仗，有谁能抵御得了？用这支军队攻城，有什么样的城能不被攻破？"屈完对他说："你如果用仁德来抚绥各国，谁敢不服从你？你如果以暴力来对待，楚国北部的方城就可以当作城，汉水就是池，虽然你的军队众多，没有什么用处。"

屈完与各诸侯国举行了会盟。

晋太子申生之死

僖公四年(公元前656)，骊姬为稳定其子奚齐的地位，终于将太子申生害死，并诬陷夷吾、重耳与太子同党，迫使他们出逃。

原文

初,晋献公欲以骊姬为夫人,卜之,不吉;筮之①,吉。公曰:"从筮。"卜人曰:"筮短龟长,不如从长。且其繇曰②:'专之渝,攘公之羭③。一薰一莸,十年尚犹有臭。'必不可。"弗听,立之。生奚齐,其娣生卓子。

及将立奚齐,既与中大夫成谋,姬谓大子曰:"君梦齐姜,必速祭之。"大子祭于曲沃,归胙于公④。公田,姬置诸宫六日。公至,毒而献之。公祭之地,地坟⑤;与犬,犬毙;与小臣,小臣亦毙。姬泣曰:"贼由大子⑥。"大子奔新城。公杀其傅杜原款。

或谓大子:"子辞⑦,君必辩焉。"大子曰:"君非姬氏,居不安,食不饱。我辞,姬必有罪。君老矣,吾又不乐。"曰:"子其行乎?"大子曰:"君实不察其罪,被此名也以出,人谁纳我?"

十二月戊申,缢于新城。姬遂谮二公子曰:"皆知之。"重耳奔蒲,夷吾奔屈。

注释

①筮:用蓍草占卜。
②繇(zhòu):占卜的兆词。
③羭(yú):母羊。引申为美。
④归:送。 胙(zuò):古代祭祀时供献的酒肉。
⑤坟:地面突起如坟堆。
⑥贼:暗杀。
⑦辞:申辩。

译文

当初,晋献公想要让骊姬成为夫人,用龟甲占卜,不吉利;又用蓍草占卜,吉利。晋献公说:"服从蓍草占卜的结果。"卜筮的人说:"筮用的蓍草短,卜用的龟甲长,不如根据长的占卜的结果去做。而且卦词上说:'专爱宠幸就会生变,除掉公的美物。香草跟臭草二者并列,十年后还有臭气。'一定不可以立骊姬为夫人。"晋献公不听他的话,终于立骊姬为夫人。就生了奚齐,她的妹妹生了卓子。

等到快要立奚齐为太子的时候,骊姬先和晋国的中大夫定好了计策,她对太子申生说:"国君夜里梦见了你母亲齐姜,你一定赶快去祭奠她。"太子申生就在曲沃进行祭奠,而后把祭奠时的酒肉送给晋献公。晋献公当时正在外打猎,骊姬把这些酒肉在宫中放了六天。晋献公回来后,骊姬在酒肉里下了毒而后献给晋献公。晋献公洒酒在地以示对齐姜的祭奠,地面被烧得隆起一个虚土堆;把肉喂给狗,狗死去了;又让他的近臣吃,那个近臣也倒毙了。骊姬哭着说:"暗杀你的毒物就是从太子申生那里来的。"太子申生逃奔回了曲沃。晋献公杀了申生的师傅杜原款。

有人对申生说："你去声辩，国君一定让你辩的。"太子说："国君没有姬氏，居住都不安宁，吃饭都吃不好。我去声辩，骊姬必定有罪被杀。君父老了，我也没什么高兴的。"又说："你不会出走吗？"太子申生说："君父实在不清楚是谁的罪恶，我带着这谋害父亲的名声出走，有谁会容纳我呢？"

（鲁僖公四年）十二月戊申日，申生在曲沃自缢而死。骊姬于是又谗害重耳和夷吾两位公子，说："他们都知道申生要毒害国君。"重耳逃奔到蒲，夷吾逃奔到屈。

宫之奇谏假道

[题解]

鲁僖公五年（公元前655），晋国企图将虢国、虞国一起攻灭，以进攻虢国为名，借道虞国。虞公不听大臣宫之奇的劝告，允许晋国借道，结果灭亡。这就是历史上"唇亡齿寒"的故事。

[原文]

晋侯复假道于虞以伐虢。宫之奇谏曰："虢，虞之表也；虢亡，虞必从之。晋不可启，寇不可玩①。一之谓甚，其可再乎？谚所谓'辅车相依，唇亡齿寒'者，其虞、虢之谓也。"

公曰："晋，吾宗也，岂害我哉？"对曰："大伯、虞仲，大王之昭也②，大伯不从，是以不嗣。虢仲、虢叔，王季之穆也，为文王卿士，勋在王室③，藏于盟府④。将虢是灭，何爱于虞？且虞能亲于桓、庄乎？其爱之也，桓、庄之族何罪？而以为戮。不唯逼⑤？亲以宠逼，犹尚害之，况以国乎？"公曰："吾享祀丰洁，神必据我。"对曰："臣闻之，鬼神非人实亲，惟德是依。故《周书》曰：'皇天无亲，惟德是辅。'又曰：'黍稷非馨，明德惟馨。'又曰：'民不易物，惟德繄物。'如是，则非德，民不和，神不享矣。神所冯依，将在德矣。若晋取虞，而明德以荐馨香，神其吐之乎？"弗听，许晋使。宫之奇以其族行，曰："虞不腊矣⑥。在此行也，晋不更举矣。"

八月甲午，晋侯围上阳。问于卜偃曰："吾其济乎？"对曰："克之。"公曰："何时？"对曰："童谣云'丙之晨，龙尾伏辰，均服振振，取虢之旂。鹑之贲贲⑦，天策焞焞⑧，火中成军，虢公其奔。'其九月、十月之交乎！丙子旦，日在尾，月在策，鹑火中，必是时也。"

冬十二月丙子，朔，晋灭虢。虢公丑奔京师。师还，馆于虞，遂袭虞，灭之。执虞公及其大夫井伯，以媵秦穆姬，而修虞祀，且归其职贡于王。

故书曰"晋人执虞公"，罪虞，且言易也。

①玩：戏弄、玩耍。
②大王之昭：昭、穆是周代规定的家族宗庙和墓葬中的排列秩序，始祖居中，始祖以后第一代排在左边称昭，第二代排右称穆。之后凡奇数代皆为昭，偶数代为穆。
③勋：功劳。
④盟府：收藏盟约、誓词的府库。
⑤逼：威逼。
⑥腊：祭名，十二月祭祖先。
⑦鹑（chún）：星宿名，亦称鹑火星。
⑧焞（tūn）：星光暗弱。

　　晋献公再次从虞国借道来进攻虢国。虞国大臣宫之奇劝谏虞公说："虢国，是虞国的屏障，虢国要灭亡了，那虞国就会跟着灭亡。对待晋国不可开启大意之心，对待敌寇可不能当儿戏。有一次就够过分的了，哪里还能再让他一次呢？谚语所说：'车辐与车身互相依赖，嘴唇失掉后牙齿就会寒冷'的话，正说明虞、虢两国的关系。"
　　虞公说："晋国，是我们的同宗，哪里能够害我呢？"宫之奇对他说："西周初的太伯、虞仲，是列在昭位上的太王古公亶父的儿子，太伯不常跟随太王，所以他就没有继承太王的王位。虢仲、虢叔，是列在穆位上的周王季历的儿子，他们都是辅佐文王的卿士，有功于王室，功绩的记录都保存在王室的档案中，晋国还要把他们的后代消灭掉，虞国有什么值得他们爱护的呢？况且虞国还能比得上晋献公的祖先曲沃桓叔、曲沃庄伯与晋献公的亲近吗？晋献公对这两位祖先总是爱的吧，可曲沃桓叔、曲沃庄伯的宗族有什么罪而成为他杀戮的对象？不就是因为这两宗的人多，使晋献公受到威胁吗？亲族们都因为争权而相互排挤，为争宠而残害对方，又何况是国家之间的缘故呢？"虞公说："我祭祀神灵用的物品又多且又干净，神灵一定会依从我。"宫之奇又说："我听说过，鬼神并不亲近所有的人，而只依从德性。所以《周书》里说：'上天并没有偏亲偏爱，只是按照德性进行辅助。'又说：'祭祀品的黍谷一类不是最香的，光明的品德才是最芳香的。'又说：'百姓是不会改变祭祀物品的，只有德性可以抵作祭祀品。'如此说来，那么没有仁德，人民就不团结，神灵就不会享受祭献。神灵的凭依，将看德性。如果晋国取得虞国，而把光明道德作为芳香之物献给神灵，神灵还会把这种光明道德吐出来吗？"虞公还是不听他的话，答应晋国的使者借道。宫之奇带领他的家族出走了，他说："虞国到不了腊祭的时候了。就在这次的行动了，晋国再不会来借道了。"

（鲁僖公五年）八月甲午日，晋献公率军包围了虢国的上阳。晋献公问卜偃说："我们会成功吗？"卜偃回答："会攻克它的。"晋献公问："什么时候能攻克？"卜偃回答说："有童谣说：'丙子日的清晨，龙尾星宿隐伏在日月交会的辰位，黑色的戎服威武齐整，正是夺取虢国的旗帜。鹑火星似火焰喷射，天策星暗淡无光。鹑火星移到正中天时军旅整顿，虢公只有逃奔。'按这说法，攻克下阳就在九月、十月交会之时了。丙子日的早上，太阳在龙尾宿的位置，月亮在天策星的位置，鹑火星到了中天，那一定是这个时候了。"

这年十二月丙子日，正是初一日，晋国灭亡了虢国。虢公丑逃奔到东周京城。晋国军队返还，驻扎在虞国，于是袭击虞国，灭亡了它。捉拿了虞公和他的大夫井伯，用他们做晋献公的女儿即秦穆公姬妾的陪嫁，晋国仍然祭祀虞国的山川之神，虞国原来承担的给东周王室的贡献物由晋国承担。

所以《春秋》写道，"晋人捉拿了虞公"。意思是归罪于虞公，并且说明夺取虞国的容易。

齐人伐郑

齐国在鲁僖公四年进犯楚国时，郑国的申侯出卖陈国的辕涛涂而取悦齐桓公。鲁僖公七年，齐国在了解到申侯对它不忠实后，率兵伐郑，郑国杀了申侯，齐国退兵。贪私利忘大义的申侯得到应有的下场。

【原文】

七年春，齐人伐郑。孔叔言于郑伯曰："谚有之曰：'心则不竞，何惮于病？'既不能强，又不能弱，所以毙也。国危矣，请下齐以救国①。"公曰："吾知其所由来矣，姑少待我。"对曰："朝不及夕，何以待君？"

夏，郑杀申侯以说于齐②，且用陈辕涛涂之谮也。

初，申侯，申出也，有宠于楚文王。文王将死，与之璧，使行，曰："唯我知女。女专利而不厌，予取予求，不女疵瑕也③。后之人将求多于女，女必不免。我死，女必速行，无适小国，将不女容焉。"既葬，出奔郑，又有宠于厉公。子文闻其死也，曰："古人有言曰，'知臣莫若君'，弗可改也已。"

①下：对……屈服。
②说：同"悦"，讨好。
③疵（cī）瑕：缺点、污点。

(鲁僖公)七年春天，齐国进攻郑国。郑国的大夫孔叔对郑文公说："谚语说：'心里如果没有志气，还怕什么屈辱病困？'不能自强，又不能甘居软弱，所以只能困毙。国家危险了，请你屈服于齐国来挽救国家吧。"郑文公说："我知道齐国要来进攻我们的理由了，请暂且稍稍等待我的决策。"孔叔对他说："咱们现在是早晨都等不到晚上，还怎样来等待你的决策呢？"

夏天，郑国杀了申侯用来取悦于齐国，这也就听信了陈国大夫辕涛涂对申侯背后说的那些坏话。

当初，申侯是申国女子所生，受到楚文王的宠幸。楚文王临死时，给了他一块玉璧，让他离开楚国，对他说："只有我了解你，你垄断货利还不觉得满足，还要向我取物向我求索，我不愿意指出你的缺陷和污点，以后的君主将会向你求取更多的财货，你一定免不了死。我死之后，你一定要赶快出走，不要到那些小国，那里不会容你的。"楚文王的葬事一结束，申侯就逃奔到郑国。(到郑国后，)又受到郑厉公的宠信。楚国的斗谷於菟听到他的死讯，说："古人有句话说：'最了解臣子的莫过于君主了。'这句话是不能被改变的。"

晋献公卒

晋献公去世后，晋国大臣荀息不辜负献公的委托，忠心辅佐嗣立的君主奚齐、卓子，在两人被杀后，他自己也自杀而死。通过这件事，作者宣扬了当时的"忠""贞"道德。

九月，晋献公卒。里克、丕郑欲纳文公①，故以三公子之徒作乱。

初，献公使荀息傅奚齐。公疾，召之，曰："以是藐诸孤辱在大夫②，其若之何？"稽首而对曰："臣竭其股肱之力③，加之以忠贞。其济，君之灵也；不济，则以死继之。"公曰："何谓忠贞？"对曰："公家之利，知无不为，忠也；送往事居，耦俱无猜，贞也。"

及里克将杀奚齐，先告荀息曰："三怨将作，秦、晋辅之，子将何如？"荀息曰："将死之。"里克曰："无益也。"荀叔曰："吾与先君言矣，不可以贰④。能欲复言而爱身乎⑤？虽无益也，将焉辟之？且人之欲善，谁不如我？我欲无贰，而能谓人已乎？"

冬十月，里克杀奚齐于次。书曰，"杀其君之子"，未葬也。荀息将死之，人曰："不如立卓子而辅之。"荀息立公子卓以葬。十一月，里克杀公子卓于朝。荀息死之。

①丕（pī）：同"伾"。
②藐（miǎo）：小、幼稚。
③股肱（gōng）：手臂从肘到腕的部分为肱，大腿谓股，股肱引申为全身。
④贰：改变。
⑤复言：实践诺言。

（鲁僖公九年）九月，晋献公死去。晋国大夫里克、丕郑想迎接重耳回国继承君位，所以用申生、重耳、夷吾三公子的党徒发起动乱。

当初，晋献公让荀息做奚齐的师傅。晋献公病重，召见荀息，对他说："把这幼稚的孤儿托付给大夫，你会怎样对他？"荀息拱手低头对晋献公说："我会竭尽全身之力，加上忠贞。如果这样能济事，那是国君的灵魂保佑；如果不济事，那我就用死来继续自己的辅佐之责。"晋献公说："什么叫忠贞呢？"回答说："凡是公家的利益，只要我懂得的就没有不去做的，这是忠；送去已故的君主，服侍当今的君主，互相没有猜忌，这就是贞。"

等到里克快要杀奚齐的时候，就先来告诉荀息，说："三公子的怨恨就要发作，秦、晋两国来帮助这一行动，你将怎么办？"荀息说："我将去死。"里克说："那是没有益处的。"荀息说："我已经同先君说过了，不能再有第二种选择了。还能要实践自己的话而爱惜自己的身子吗？虽然死对我并没有好处，但还能逃避吗？况且，人要想行善，谁会比不上我？我想要没有第二种选择，而又能阻止别人吗？"

冬季十月里，里克把奚齐杀死在晋献公临下葬的时候。《春秋》写道，"杀他的国君的儿子"，意思是晋献公还未下葬而儿子就被杀了。荀息将要为奚齐去死，有人对他说："不如把卓子立为国君由你辅佐。"荀息立了卓子后才埋葬晋献公和奚齐。十一月，里克把公子卓杀死在朝堂内。荀息随之自杀了。

晋惠公之立

晋献公死后，出逃在外的公子夷吾在东周和齐国的支持下，回国夺取了政权。而后，杀害了为他回国创造条件的里克、丕郑等人。这反映出晋国内部的各种矛盾和斗争。

夏四月，周公忌父、王子党会齐隰朋立晋侯。晋侯杀里克以说。将杀里克，公使谓之曰："微子，则不及此。虽然，子杀二君与一大夫，为子君者，不亦难乎？"对曰："不有废也，君何以兴？欲加之罪，其无辞乎？臣闻命矣。"伏剑而死。于是丕郑聘于秦，且谢缓赂，故不及。

晋侯改葬共大子。

秋，狐突适下国，遇大子。大子使登，仆，而告之曰："夷吾无礼，余得请于帝矣，将以晋畀秦①，秦将祀余。"对曰："臣闻之：'神不歆非类②，民不祀非族。'君祀无乃殄乎③？且民何罪？失刑乏祀，君其图之。"君曰："诺，吾将复请。七日，新城西偏将有巫者而见我焉。"许之，遂不见。及期而往，告之曰："帝许我罚有罪矣，敝于韩④。"

丕郑之如秦也，言于秦伯曰："吕甥、郤称、冀芮实为不从，若重问以召之，臣出晋君，君纳重耳，蔑不济矣⑤。"

冬，秦伯使泠至报问，且召三子。郤芮曰："币重而言甘，诱我也。"遂杀丕郑、祁举及七舆大夫⑥：左行共华、右行贾华、叔坚、骓歂、累虎、特宫、山祁⑦，皆里、丕之党也。

丕豹奔秦，言于秦伯曰："晋侯背大主而忌小怨，民弗与也⑧。伐之必出。"公曰："失众，焉能杀？违祸，谁能出君？"

①畀（bì）：给予。
②歆（xīn）：指祭祀时神灵先享祭祀物的气味。可引申为保佑。
③殄（tiǎn）：灭绝，断绝。
④韩：晋地，当今山西芮城县境。
⑤蔑：没有。
⑥七舆大夫：各家注释不同，杨伯峻《春秋左传注》"七舆大夫"下作冒号，指为冒号以后的七人，今从杨注。
⑦骓（zhuī）歂（chuǎn）：人名。
⑧与：赞成。

（鲁僖公十年）夏季四月，东周太宰忌父、王子党会同齐国大夫隰朋立夷吾为晋国国君。夷吾杀害大夫里克以取悦于东周和齐国。快要杀里克的时候，夷吾派人对里克说："如果没有你，我就不会有今天。尽管如此，但你杀了两个国君（指奚齐和卓子）和一个大夫（指荀息），作为你的国君，不也是很为难吗？"里克回答说：

"没有废掉的,你怎么会兴起呢?想要给我加上罪名,哪里还会没有托词呢?我听到命令了。"就伏剑自杀了。这时丕郑正出使到秦国,去答谢秦国暂缓向晋国要贿赂,所以没有被杀。

夷吾对谥为"恭太子"的申生进行了重新安葬。

秋天,晋大夫狐突到了晋的下都曲沃,遇到了已死的太子申生的鬼魂。申生让他登上自己的车子,为申生驾驭着车,告诉他说:"夷吾不守礼度,我已经在天帝那里请示得到批准,要把晋国交给秦国,秦国将要祭祀我。"狐突对他说:"我听说过:'神灵是不会保佑与他不是同类的人的,人民是不会祭祀与他们不是同一族系的神灵的。'你选择的对你的祭祀不正是要断绝这种祭祀吗?况且晋国人民有什么罪过?你这样做,既失掉了处罚错误的原则,又会使晋国缺乏祭祀对象,你还是好好考虑考虑吧。"申生说:"对,对。那我再去天帝那里请示。七天之后,曲沃城的西面将会出现一个巫者会显现我的样子。"狐突答应了他,于是申生就消失了。到七天之后,狐突又去曲沃,附着于巫者身上的申生的鬼魂告诉里克说:"天帝允许我惩罚那个有罪的人了,将在韩原地方打败他。"

丕郑到了秦国后,对秦穆公说:"吕甥、郤称、冀芮实际上不想跟随秦国,如果带上重礼去晋国慰问而把这些人招引来秦国,我把夷吾赶出去,你把重耳送回来,没有不会成功的。"

冬天,秦穆公派使者泠至对晋国回访、慰问,并且要吕甥、郤称、郤芮到秦国去。郤芮说:"秦国给我们的礼物很多,对我们说的话又很甜蜜,这是在引诱我们。"于是他们杀了丕郑、祁举和晋国下军的七个将领:左行共华、右行贾华、叔坚、骓歂、累虎、特宫、山祁,这都是里克、丕郑的党羽。

丕郑的儿子丕豹逃奔到秦国,对秦穆公说:"晋国夷吾背叛秦国这个大主而忌恨对他有怨的人,人民是不会同意他的,征伐他,他一定会被赶出去。"秦穆公说:"夷吾如果失去众多人的拥护,他还能杀了大臣吗?大臣们都逃避灾祸,还有谁能把他赶出晋国呢?"

秦输粟于晋

晋国发生了灾荒,秦穆公不因晋国国君夷吾对秦国不友好而不援救,输粟于晋国,赈救灾荒。"其君是恶,其民何罪",表现了秦穆公把君主和人民分开,重视人民的观点。秦国将这次输粟称为"泛舟之役"。

原文

冬，晋荐饥，使乞籴于秦①。秦伯谓子桑："与诸乎？"对曰："重施而报，君将何求？重施而不报，其民必携②。携而讨焉，无众必败。"谓百里："与诸乎？"对曰："天灾流行，国家代有，救灾恤邻，道也。行道有福。"丕郑之子豹在秦，请伐晋。秦伯曰："其君是恶，其民何罪？"秦于是乎输粟于晋，自雍及绛相继③，命之曰"泛舟之役"④。

注释

①籴（dí）：买进粮食。
②携：背离。
③雍：秦国国都，在今陕西凤翔县南。
④泛舟：指运送粮食的船只。

译文

（鲁僖公十三年）冬天，晋国连年饥荒，派人向秦国请求购买粮食。秦穆公问秦国大夫公孙枝："卖给他吗？"回答说："重大的施予会得到他们的报答，你还会有什么要求呢？重大的施予得不到他们的回报，晋国的人民就会背离他们的君主，这时候讨伐他，国君得不到大众的拥护，一定会失败。"秦穆公又问大夫百里奚："卖给他吗？"回答说："天灾流行，各国会更替着出现。救济灾荒，抚恤邻邦，是道义的行为。推行道义，会带来福气。"丕郑的儿子丕豹正在秦国，请求乘机进攻晋国。秦穆公说："晋国君主不好，晋国人民有什么罪过？"秦国于是运送粮食给晋国，船只从秦国国都雍到晋国国都绛相继不绝，名为"泛舟之役"。

秦乞籴于晋

题解

晋国发生灾荒，秦国输粟救济。而秦国发生灾荒，晋国国君夷吾却不去援助秦国。意在说明夷吾一次次断绝与邻国的友好，必将给自己带来祸害。

原文

冬，秦饥，使乞籴于晋，晋人弗与。庆郑曰："背施无亲，幸灾不仁，贪爱不祥，怒邻不义。四德皆失，何以守国？"虢射曰："皮之不存，毛将安傅①？"庆郑曰："弃信背邻，患孰恤之？无信患作，失援必毙，是则然矣。"虢射曰："无损于怨而厚于寇，不如勿与。"庆郑曰："背施幸灾，民所弃也②。近犹雠之，况怨敌乎？"弗听。退曰：

"君其悔是哉！"

①皮之不存，毛将安傅：傅，意思是附着。此句是指晋国原来答应送给秦国土地，后来又反悔，已是失掉了皮，现在给秦国粟，也不过是细毛而已，不会得到什么好处的。

②弃：鄙弃，不同意。

（鲁僖公十四年）冬天，秦国发生了饥荒，派人向晋国请求购买粮食，晋国不卖给。晋国大夫庆郑说："背弃恩施，就不会有亲近者；以别人的灾害为自己的幸运，是不仁义的行为；舍不得把自己的东西施与别人，是不会带来吉祥的；使邻居愤怒，就不合道义。四种道德都丧失了，还用什么来守护国家呢？"大夫虢射说："（不给秦国土地，已失去了对秦的友好，现在给他粮食，也微不足道。）既然没有皮子的存在，毛还会有附着的地方吗？"庆郑说："抛弃信义，背叛邻邦，有灾难时谁会来救助？既没有信义，就会遭遇到灾难；丧失了别人的支援，一定会死亡。事情一定是这样的。"虢射说："（借给他们粮食）并不一定能减损对我们的仇怨，只是给仇寇增加了物质，不如不给。"庆郑说："背叛恩施，幸灾乐祸，这是人民所鄙弃的。眼前就会有人仇视你，更何况怨恨你的敌人了。"但晋惠公最终还是不听庆郑的话没有借给。庆郑退出朝堂时说："君主你会为此后悔的！"

晋侯及秦伯战于韩

晋惠公多次积怨于秦，终于导致了秦、晋的韩原之战。在这次战争中，晋惠公因大臣对他的不满而兵败被俘，幸亏得到他的姐姐秦穆姬的保护，才免于被杀。

晋侯之入也，秦穆姬属贾君焉，且曰："尽纳群公子。"晋侯烝于贾君，又不纳群公子，是以穆姬怨之。晋侯许赂中大夫，既而皆背之。赂秦伯以河外列城五，东尽虢略①，南及华山，内及解梁城②，既而不与。晋饥，秦输之粟；秦饥，晋闭之籴，故秦伯伐晋。

……

三败及韩。晋侯谓庆郑曰："寇深矣，若之何？"对曰："君实深之，可若何？"公曰："不孙③。"卜右，庆郑吉，弗使。步扬御戎，家仆徒为右，乘小驷，郑入也。庆郑曰："古者大事，必乘其产。生其水土，而知其人心；安其教训，而服习其道，唯所纳之，无不如志。今乘异产以从戎事，及惧而变，将与人易。乱气狡愤④，阴血周作，张脉偾兴⑤，外强中干，进退不可，周旋不能，君必悔之。"弗听。

九月，晋侯逆秦师，使韩简视师，复曰："师少于我，斗士倍我。"公曰："何故？"对曰："出因其资，入用其宠，饥食其粟，三施而无报，是以来也。今又击之，我怠秦奋，倍犹未也。"公曰："一夫不可狃⑥，况国乎？"遂使请战。曰："寡人不佞，能合其众不能离也。君若不还，无所逃命。"秦伯使公孙枝对曰："君之未入，寡人惧之；入而未定列，犹吾忧也。苟列定矣，敢不承命。"韩简退曰："吾幸而得囚。"

壬戌，战于韩原。晋戎马还泞而止。公号庆郑，庆郑曰："愎谏违卜⑦，固败是求，又何逃焉？"遂去之。梁由靡御韩简，虢射为右，辂秦伯⑧，将止之。郑以救公误之，遂失秦伯。秦获晋侯以归。晋大夫反首拔舍从之⑨。秦伯使辞焉，曰："二三子何其戚也。寡人之从晋君而西也，亦晋之妖梦是践，岂敢以至？"晋大夫三拜稽首曰："君履后土而戴皇天，皇天后土实闻君之言，群臣敢在下风。"

穆姬闻晋侯将至，以大子罃、弘与女简璧登台而履薪焉。使以免服衰绖逆⑩，且告曰："上天降灾，使我两君匪以玉帛相见，而以兴戎。若晋君朝以入，则婢子夕以死；夕以入，则朝以死。唯君裁之！"乃舍诸灵台。

大夫请以入。公曰："获晋侯，以厚归也。既而丧归，焉用之？大夫其何有焉？且晋人戚忧以重我，天地以要我。不图晋忧，重其怒也，我食吾言，背天地也。重怒难任，背天不祥，必归晋君。"公子絷曰："不如杀之，无聚慝焉。"子桑曰："归之而质其大子，必得大成。晋未可灭而杀其君，祇以成恶。且史佚有言曰：'无始祸，无怙乱⑪，无重怒。'重怒难任，陵人不祥。"乃许晋平。

① 虢略：晋地，当今河南灵宝市治。
② 解梁城：晋地，在今山西永济市境。
③ 孙：恭敬。
④ 乱气狡愤：指马体内乱气冲撞而变的愤怒。
⑤ 张脉偾（fèn）兴：血脉胀起而紧张兴奋。
⑥ 狃：侮辱。
⑦ 愎（bì）谏：不接受劝谏。
⑧ 辂（lù）：本指车的横辕，此处意思是以车的横辕去迎。
⑨ 反首：回头。　拔舍：拔起帐篷。
⑩ 免：通"绖"。丧服。衰绖（cuī dié）：丧服，其当心处有长六寸、宽四寸的麻布谓之衰，围于头上的散麻绳谓之绖。
⑪ 怙（hù）：依靠，凭恃。

译文

晋惠公在进入晋国的时候,秦穆姬曾经托付他关照申生的夫人贾君,并嘱咐他:"全部接纳晋国的公子们。"晋惠公回国后,奸淫贾君,又不收纳公子们,所以秦穆姬埋怨他。他还答应给晋国中大夫们礼物,但不久就背弃了许诺。原说送给秦穆公黄河西岸的五座城,东西包括虢略,南到华山,河内到达解梁城,但不久也不给了。晋国发生饥荒,秦国送给粮食;而秦国发生饥荒,晋国却关闭了购买粮食的关口。所以,秦穆公就征伐晋国。

(经过战斗,)晋国三次败退,退到了韩原。晋惠公问庆郑说:"敌寇深入到我们内地了,如何办?"回答说:"这是你让他深入的,能怎么办呢?"晋惠公说:"你太放肆。"让占卜谁来担任车右,占卜的结果是让庆郑来任晋惠公的车右,就吉利。但晋惠公不让他担任。由步扬为晋惠公驾车,家仆徒为他的车右,乘坐着四匹小马驾的车子,这小马是郑国送来的。庆郑对晋惠公说:"古代凡有战争大事,一定要乘坐本国所产的马驾的车。因为这些马生在本地的水土中,能够懂得本地的人心;听从人的训导,熟悉国内的道路,想让它到哪里,没有不听从人的意志的。今天你乘坐着异地出产的马驾的车,用它来从事战争,等到马害怕了就要有变化,将要和人的意志相违背。到那时,这些马身内乱气冲撞而愤怒起来,全身血液迅速流动,血管暴胀而极度兴奋,外表强壮内里虚弱,你可是进退不可,周旋不得,你一定会后悔的。"可晋惠公不听他的话。

这年九月,晋惠公迎战秦国军队,让韩简去侦察秦军的情况。韩简回来报告说:"军队比我们少,战斗之士气却超过我们一倍。"晋惠公问:"什么原因?"韩简回答说:"你逃离晋国时得到了秦国资助,回到晋国是用的秦穆公宠姬的力量,你饥荒时吃了秦国的粮食,三次对你施恩都没有报答,所以人家打来了。今天你又要攻击他们,我们疲怠,秦国奋激,斗志超过一倍还不止呢。"晋惠公说:"一个普通人尚不可侮辱,何况我们是国家呢?"遂让韩简去向秦军挑战。并让韩简对秦穆公说:"我不是有才能的人,只会把众军集合起来而不会让他们离散。你如果不回去,那就没有逃命的地方了。"秦穆公让公孙枝在(回复的战书上)对晋惠公说:"你没有回晋国时,我是害怕你能否回去;回去之后没有列入君位,还是我的忧虑。现在你的君位确定了,那我敢不承受你的命令?"韩简退回晋军阵地上说:"算我幸运,能回来得到囚禁了。"

壬戌(九月十四)日,秦、晋在韩原展开战争。晋惠公的戎车马匹周旋在泥滩中走不动了。晋惠公呼叫庆郑,庆郑说:"你拒绝劝谏,违背占卜结果不用我,固执地寻求失败,又怎么能逃呢?"于是离开了晋惠公。梁由靡为韩简驾车,虢射为车右,上前挡住秦穆公,正要俘获他的时候,庆郑返回救晋惠公而耽误了,于是使秦穆公走脱,秦军俘虏了晋惠公而回去了。晋国随军出征的大夫们都返回头去拔除了自己的军帐而跟随着秦军西走。秦穆公派人阻止他们,说:"众大夫有点过分忧虑了吧,我只是让晋国的妖梦应验罢了,哪里敢有过分的举动。"晋国大夫们向他三拜磕头说:"你脚踏大地头戴上天,上天大地都听到了你的话语,我们甘居失败而要等待处分。"

秦穆姬知道秦穆公俘虏了晋惠公并要带他回国,带着太子罃、弘和女儿简璧登上高台,脚踩柴草以示将要自焚,并让人穿着丧服去迎接秦穆公,告诉秦穆公说:"上天降下灾难,使两位君主不能以互赠玉帛的形式相见,而动用战争。如果晋君早晨被带回秦国,那我就在晚上去死;他晚上来,我就在第二天早上死去。全由君主你来选择决定吧!"秦穆公听到这些,就把晋惠公安置到秦都郊外的灵台。

秦国的大夫们都请求秦穆公把晋惠公带回国都,秦穆公说:"俘虏了晋君,本来带着丰厚的战利品回国,可不久就要办丧事,这些战利品还有什么用?你们又能得到什么呢?况且晋国的大夫们忧愁悲伤地给我施加重压,天地都约束我。不考虑晋国大夫的忧愁,只能激起愤怒,我自食其言,也背叛了天地。激起愤怒,就难以抵挡;背叛天地,就没有吉祥。一定要把晋君送回国去。"公子挚说:"不如把他杀掉,不要让他再聚集更多的罪恶。"公孙枝说:"放他回去而把他的太子拿来作人质,一定会大有利于媾和。晋国是不会灭亡的,要是杀了他们的国君,只会造成两国的交恶。况且史佚说过:'不要首先发动祸乱,也不要靠别人的祸乱取利,不要激起人的极度愤怒。'极度愤怒,就难以抵挡;欺侮人,就不会吉祥。"秦国于是答应与晋国媾和。

阴饴甥对秦伯

题解

晋惠公被秦国俘虏后,晋国大臣团结一致,在国内"作爰田"、"作州兵",改革土地制度,加强兵备,使晋国从战败中振兴起来,为以后的强大奠定了一定的基础。

原文

晋侯使郤乞告瑕吕饴甥,且召之。子金教之言曰①:"朝国人而以君命赏。且告之曰:'孤虽归,辱社稷矣,其卜贰圉也②。'"众皆哭。晋于是乎作爰田③。

吕甥曰:"君亡之不恤,而群臣是忧,惠之至也,将若君何?"众曰:"何为而可?"对曰:"征缮以辅孺子。诸侯闻之,丧君有君,群臣辑睦,甲兵益多。好我者劝,恶我者惧,庶有益乎。"众说,晋于是乎作州兵④。

初,晋献公筮嫁伯姬于秦,遇《归妹》☷☳之《睽》☲☱⑤。史苏占之,曰:"不吉,其繇曰：'士刲羊，亦无衁也⑥。女承筐，亦无贶也⑦。西邻责言，不可偿也。《归妹》之《睽》，犹无相也。'《震》之《离》⑧，亦《离》之《震》。'为雷为火，为嬴败姬，车说其䡱⑨，火焚其旗，不利行师，败于宗丘⑩。《归妹》《睽》孤，寇张之弧。侄其从姑，六年其逋，逃归其国，而弃其家，明年其死于高梁之虚⑪。'"

及惠公在秦，曰："先君若从史苏之占，吾不及此夫。"韩简侍，曰："龟，象也；筮，数也。物生而后有象，象而后有滋，滋而后有数。先君之败德，及可数乎？史苏是占，勿从何益？《诗》曰：'下民之孽，匪降自天。僔沓背憎⑫，职竞由人。'"

……

十月，晋阴饴甥会秦伯，盟于王城⑬。

秦伯曰："晋国和乎？"对曰："不和。小人耻失其君而悼丧其亲，不惮征缮以立圉也，曰：'必报仇，宁事戎狄。'君子爱其君而知其罪，不惮征缮以待秦命，曰：'必报德，有死无二。'以此不和。"秦伯曰："国谓君何？"对曰："小人戚，谓之不免；君子恕，以为必归。小人曰：'我毒秦，秦岂归君？'君子曰：'我知罪矣，秦必归君。贰而执之，服而舍之，德莫厚焉，刑莫威焉。服者怀德，贰者畏刑，此一役也，秦可以霸。纳而不定，废而不立，以德为怨，秦不其然。'"秦伯曰："是吾心也。"改馆晋侯，馈七牢焉⑭。

蛾析谓庆郑曰："盍行乎？"对曰："陷君于败，败而不死，又使失刑，非人臣也。臣而不臣，行将焉入？"十一月，晋侯归。丁丑，杀庆郑而后入。

是岁，晋又饥，秦伯又饩之粟⑮，曰："吾怨其君而矜其民。且吾闻唐叔之封也，箕子曰：'其后必大。'晋其庸可冀乎？姑树德焉，以待能者。"

于是秦始征晋河东，置官司焉。

①子金：瑕吕饴甥的字。
②贰：指太子，太子古称贰君。 圉（yǔ）：太子圉。
③爰田：是晋国新创立的一种土地制度，其内容古今解说纷纭，此不详列。
④州兵：晋国的兵赋制度，扩充军队。
⑤《归妹》：《周易》六十四卦之一，兑下震上。王弼注："妹者，少女之称也。兑为少阴，震为长阳；少阴而乘长阳，说（悦）以动，嫁妹之象也。" 《睽》（kuí）：六十四卦之一，兑下离上。其象为"上火下泽"。
⑥刲（kuī）：屠杀。 衁（huāng）：血。
⑦贶（kuàng）：赐与。
⑧《震》：卦象的一种，象征雷。 《离》：卦象的一种，象征火、日、电。
⑨说：即"脱"。䡱（fù）：车厢下面挂住车轴的木头。
⑩宗丘：韩原的别名。
⑪高梁：晋地，当在今山西临汾市东。
⑫僔（zǔn）沓背憎：僔沓指聚众议论，背憎即指背后相憎。

⑬ 王城：当在今陕西大荔县东。
⑭ 七牢：是周代招待诸侯的礼节。一牢为一头牛、一只羊、一只猪，并有粮食马薪等。
⑮ 饩（xì）：赠送（食品）。

晋惠公让郤乞回国告知国内的大夫瑕吕饴甥(要与秦国媾和)，并召他到秦国。瑕吕饴甥教郤乞(在国内如何做时)说："你要朝见国中之人而以君主的命令去奖励他们，并要告诉他们说：'(国君说)他虽然能回国，但有辱国家社稷，请你们占卜立太子圉为国君吧。'"国人们听了这个消息，都大哭起来。由此晋国在这个时候改变土地制度，创立"爰田"。

瑕吕饴甥对晋国人说："国君倒不担忧自己的性命，担忧的是大臣们如何办，国君仁惠到了极点，我们将如何对待国君呢？"大家说："怎样做就可以了？"瑕吕饴甥回答说："征收赋役修缮甲兵用来辅佐幼小的太子。各国诸侯知道我们这样做，国内丧失了君主还有君主，群臣团结和睦，甲兵增加得更多。与我友好的会勉励我们，憎恨我们的会惧怕我们，这不是更有利于我们吗？"大家听了都很喜悦，晋国乘机又建立"州兵"制度。

当初，晋献公卜筮要把他的姑娘嫁给秦穆公，遇《归妹》(兑下，震上)里的《睽》(兑下，离上)。主管卜筮的史苏占卜说："嫁过去不吉利。卜的兆辞说：'武士屠宰羊，也不见血。女的拿着筐子，但筐里没有东西可赐与。西面的邻居多有指责，我们难以应付。《归妹》里的《睽》卦，更说的是两不相助。'《震》卦变为《离》卦，也是《离》卦变为《震》卦。'不管是雷还是火，都表明嬴姓秦国要打败姬姓的晋国。车子要拆脱车輹，大火会烧掉旗帜，不利于晋国出兵行师，最后要失败在宗丘。《归妹》中的《睽》卦，卦象是离别孤单，意思是仇寇张开的弓。侄子要跟随他的姑姑，六年之后就要逃归。逃回自己的国家，而抛弃了他的家，则第二年他会死在高梁之地的丘墟中。'"

等到晋惠公被秦国俘虏，晋惠公说："先君如果按照史苏占卜的结果去做，我不会到这个地步了。"韩简跟随着他，对他说："龟卜，是一种形象。筮卜，是数字推算。事物生成后才有形象，有形象而后滋生繁衍才能抽象出一种形象，滋生繁衍得多了才有数量可供推究。先君的丧败道德，并非筮数能生出来，史苏的占卜结果，服从它又会有什么益处呢？《诗经》说：'下民们的灾难，不是从天上降下来。聚众吵嚷背后憎恨，都是由人决定的。'"

……

十月，晋国的瑕吕饴甥会见秦穆公，在王城盟誓。

秦穆公问瑕吕饴甥："晋国国内和睦吗？"回答说："不和睦。地位低下的人为丧失君主而羞耻，为丧失亲人而哀悼，不害怕征发赋役和兵甲而要立太子圉为国君，他们说：'一定要报仇，宁愿服侍戎狄。'高尚的人爱自己的国君，但也知道国君的罪过，不害怕征发赋役和兵甲以等待秦国的命令，他们说：'一定要报答秦国的恩德，为了报恩，死也可以，没有第二种选择。'因此国内不和睦。"秦穆公说："你们国内对你们的君主说什么？"回答说："地位低下的人忧虑，说他一定不能免于死；高尚的人对他宽恕，认为他一定会回来。地位低下的人说：'我们冒犯了秦国，秦国哪里会送回我们的君主？'高尚的人说：'我们认罪了，秦国一定会送回国君来。君主不服从秦国时，秦国拘禁了他；他要服从，秦国就会放回他。这样，秦国的恩德再不能厚重了，处罚再没有这样威严了。服从他的人怀念他的恩德，不服他的人畏惧他的威刑，这一次战役的进行，秦国就可以称霸了。送回君主来不让他的君位安定，废掉他不把他再立起来，把恩德当作仇怨，秦国恐怕不是那样的。'"秦穆公听后说："这正是我内心所想啊！"给晋惠公换了住处，让他住到宾馆中，以"七牢"来招待他。

晋国国内的大夫蛾析问庆郑说："为何还不出逃？"庆郑回答说："让君主陷于失败，失败了我又不能为他去死，又让他失掉对我的惩罚，那就不是为人之臣了。为臣而不像臣的样子，出逃又哪里可以投奔呢？"十一月，晋惠公要回晋国，丁丑（二十九日），杀了庆郑后才正式进入晋国。

这一年，晋国又发生了饥荒，秦穆公又赠送给粮食，说："我怨恨他们的君主，而同情他们的人民。又且我听过唐叔虞的受封，当时殷朝的箕子就说过：'他的后代一定会壮大。'晋国岂是能够预料得了的？先对他树立我们的恩德，用以等待他们国内能让晋国壮大的人吧。"

这时秦国开始征服晋国的河东地区，在这里设置了地方官来管理。

子鱼论战

宋襄公不懂得战争是武力的残酷较量，而在战争中施仁义，不擒"二毛"，结果被楚军大败，成为历史笑料。

楚人伐宋以救郑。宋公将战，大司马固谏曰："天之弃商久矣，君将兴之，弗可赦也已。"弗听。

冬十一月己巳朔，宋公及楚人战于泓①。宋人既成列，楚人未既济②。司马曰："彼众我寡，及其未既济也，请击之。"公曰："不可。"既济而未成列，又以告。公曰：

"未可。"既陈而后击之,宋师败绩。公伤股,门官歼焉③。

国人皆咎公。公曰:"君子不重伤,不禽二毛④。古之为军也,不以阻隘也。寡人虽亡国之余,不鼓不成列⑤。"子鱼曰:"君未知战。勍敌之人⑥,隘而不列,天赞我也;阻而鼓之,不亦可乎?犹有惧焉。且今之勍者,皆吾敌也。虽及胡耇⑦,获则取之,何有于二毛?明耻教战,求杀敌也。伤未及死,如何勿重?若爱重伤,则如勿伤;爱其二毛,则如服焉。三军以利用也,金鼓以声气也。利而用之,阻隘可也;声盛致志,鼓儳可也⑧。"

① 泓:水名,当在今河南柘城县北。
② 既:尽,全。
③ 门官:卫士。
④ 禽:同"擒"。 二毛:头发花白的人。
⑤ 鼓:进攻。
⑥ 勍(qíng):强有力。
⑦ 耇(gǒu):年老。
⑧ 儳(chán):不整齐,指军队混乱,无队列。

楚国派军队进攻宋国以解救郑国。宋襄公正准备与楚国进行战争,大司马公孙固进谏说:"上天遗弃了商朝(指宋国)很久了,你想要复兴它,上天是不会赦免你的。"宋襄公不听。

(鲁僖公二十二年)冬十一月己巳初一,宋襄公与楚国在泓水旁展开战争。宋军已经列好队伍,楚军还没有全部渡过泓水。大司马说:"对方军多我方军少,趁他们还没有全部渡过河,赶快攻击他们。"宋襄公说:"不可以。"楚军渡河后还没有列阵,大司马又让宋襄公出击,宋襄公说:"还不行。"等楚军列好阵宋军才出击,宋军溃败下来。襄公大腿被伤了,卫兵全阵亡了。

宋国的国人指责宋襄公。宋襄公说:"君子不使人受两次伤,不擒获花白头发的人。古来的打仗,不用险阻隘障,我虽然是殷商亡国的剩余之人,也不会击鼓进攻不成阵势的军队。"宋国大夫子鱼说:"君主不懂战争。强敌的军队,遇到隘障而又不列战阵,正是上天帮助我们,利用险阻击鼓进军,不是正好吗?这样还害怕不能取胜呢。况且,现在这些强壮的人,都是我们的敌人,虽然追上他们中年老的人,但只要获胜就要捉取他们,哪里还顾及什么头发花白不花白呢?辨明耻辱,训练战斗,是争取去杀敌的,打伤还没有到死,为什么不再打?如果怜惜两次受伤的人,那就应当不去伤他;怜惜花白头发的人,那就应当不打仗而劝服他。三军当在有利的形势下使用，鸣金击鼓是用以鼓动士气的，见利而用兵，利用险阻打击敌人是可行的，金鼓之声大作鼓起战士高昂的斗志，击鼓进攻混乱的队伍是必须的。"

晋怀公立

晋怀公继立为晋国国君后，公子重耳仍流亡在外，怀公害怕重耳颠覆其政权，下令所有跟随重耳的大臣都回国内，但这些人并不服从他，这就预示着重耳将回国夺取政权。

九月，晋惠公卒。怀公立，命无从亡人①，期②，期而不至，无赦。狐突之子毛及偃从重耳在秦，弗召。冬，怀公执狐突，曰："子来则免。"对曰："子之能仕，父教之忠，古之制也。策名委质③，贰乃辟也④。今臣之子名在重耳，有年数矣。若又召之，教之贰也。父教子贰，何以事君？刑之不滥，君之明也，臣之愿也。淫刑以逞，谁则无罪？臣闻命矣。"乃杀之。

卜偃称疾不出，曰："《周书》有之：'乃大明，服。'己则不明，而杀人以逞，不亦难乎？民不见德，而唯戮是闻，其何后之有？"

①亡：流亡国外的人，指公子重耳。
②期：约定回国时限。
③策名：古代开始出仕做官时，国家要把做官人的姓名写在简策中，称为策名。委质：指做官的人将信物委托给君主。另一解是把自己当人质委托给君主。质，同"贽"。
④辟：罪戾、罪过。

（鲁僖公二十三年）九月，晋惠公死去。晋怀公继立为君主，命令晋国大臣不要跟随逃亡的人，限定日期，到期不回来，就不会赦免。大夫狐突的儿子狐毛和狐偃跟随着重耳在秦国，狐突不召他们回国。冬天，晋怀公拘捕了狐突，说："你儿子回来就放你。"狐突回答说："子弟们到能做官的时候，做父亲的就教导他们要忠心，这是古来的制度。（既然在出仕时）就在简策上写上他的名字，把自己的信物委托给他的主人，那么要不忠君就是罪过。现在我的儿子，名字在重耳的职官册上，已经有些年头了。如果又要从重耳那里召他们回来，那是我教导他们不忠心。父亲教育儿子不忠心,那还怎么去侍奉君主呢?刑罚的不滥用,是君主的英明,也是为臣的愿望。淫滥的刑罚得以施行,那谁会不犯罪呢?我听到你的命令了。"晋怀公就杀了他。

卜偃称病不出家门,说:"《周书》有这样的话:'君主英明,臣民才会服从。'自己就不英明,而用杀人来逞能,不是很难维持吗?老百姓看不见仁德,只能听到杀人,他还会有什么结果呢?"

晋公子重耳出亡

[题解]

晋公子重耳出亡十九年,备受艰难险阻,也取得了丰富的政治经验,为日后振兴晋国、成就霸业奠定了基础。

[原文]

晋公子重耳之及于难也,晋人伐诸蒲城。蒲城人欲战,重耳不可,曰:"保君父之命而享其生禄,于是乎得人。有人而校,罪莫大焉。吾其奔也。"遂奔狄。从者狐偃、赵衰、颠颉、魏武子、司空季子。狄人伐廧咎如①,获其二女叔隗、季隗,纳诸公子。公子取季隗,生伯儵、叔刘②,以叔隗妻赵衰,生盾。将适齐,谓季隗曰:"待我二十五年,不来而后嫁。"对曰:"我二十五年矣,又如是而嫁,则就木焉,请待子。"处狄十二年而行。

过卫,卫文公不礼焉。出于五鹿③,乞食于野人,野人与之块④,公子怒,欲鞭之。子犯曰:"天赐也。"稽首受而载之。

及齐,齐桓公妻之,有马二十乘,公子安之。从者以为不可。将行,谋于桑下。蚕妾在其上,以告姜氏。姜氏杀之,而谓公子曰:"子有四方之志,其闻之者,吾杀之矣。"公子曰:"无之。"姜曰:"行也!怀与安,实败名。"公子不可。姜与子犯谋,醉而遣之。醒,以戈逐子犯。

及曹,曹共公闻其骈胁⑤,欲观其裸。浴,薄而观之⑥。僖负羁之妻曰:"吾观晋公子之从者,皆足以相国;若以相,夫子必反其国,反其国,必得志于诸侯;得志于诸侯,而诛无礼,曹其首也。子盍蚤自贰焉⑦。"乃馈盘飧⑧,置璧焉。公子受飧反璧。

及宋,宋襄公赠之以马二十乘。

及郑,郑文公亦不礼焉。叔詹谏曰:"臣闻天之所启,人弗及也。晋公子有三焉,天其或者将建诸,君其礼焉。男女同姓,其生不蕃。晋公子,姬出也,而至于今,一也;离外之患⑨,而天不靖晋国,殆将启之,二也;有三士足以上人,而从之,三也。晋郑同侪,其过子弟,固将礼焉,况天之所启乎?"弗听。

及楚，楚子飨之，曰："公子若反晋国，则何以报不穀？"对曰："子女玉帛，则君有之，羽毛齿革，则君地生焉。其波及晋国者，君之余也；其何以报君？"曰："虽然，何以报我？"对曰："若以君之灵，得反晋国，晋楚治兵，遇于中原，其辟君三舍。若不获命，其左执鞭弭，右属櫜鞬⑩，以与君周旋。"子玉请杀之。楚子曰："晋公子广而俭，文而有礼；其从者肃而宽，忠而能力。晋侯无亲，外内恶之。吾闻姬姓唐叔之后，其后衰者也，其将由晋公子乎！天将兴之，谁能废之？违天，必有大咎。"乃送诸秦。

秦伯纳女五人，怀嬴与焉。奉匜沃盥⑪，既而挥之。怒，曰："秦晋匹也，何以卑我？"公子惧，降服而囚。

他日，公享之，子犯曰："吾不如衰之文也，请使衰从。"公子赋《河水》，公赋《六月》。赵衰曰："重耳拜赐！"公子降，拜，稽首，公降一级而辞焉。衰曰："君称所以佐天子者命重耳，重耳敢不拜？"

①廧咎（qiǎng gāo）如：春秋少数族赤狄的一种，活动于今山西太原市南。
②伯儵（tiáo）：人名。
③五鹿：卫地，当今河南濮阳县南。
④块：土块。
⑤骈胁：胁骨中有两根并为一而隆起者。
⑥薄：迫近，走近。
⑦蚤：同"早"。
⑧飧（sūn）：晚餐，引申为熟食。
⑨离：通"罹"，遭受。
⑩櫜（gāo）：盛衣甲或弓箭的皮囊。 鞬（jiàn）：马上盛弓的器物。
⑪匜（yí）：盥洗器，用来倒水。 盥（guàn）：浇水洗手，引申为洗漱。

晋公子重耳遭难的时候，晋献公派人去蒲城攻打他。蒲城内的人们都要抵抗，重耳不允许，他说："我是依靠君父的任命享受他的养生的俸禄，才得到了一批人。有了一批人后去跟他较量，罪恶莫大于这个了。我出逃就行了。"于是逃奔到狄人那里去了。跟随他的人有狐偃、赵衰、颠颉、魏武子、司空季子。狄人曾征伐廧咎如部落，俘获了部落首领的两个女儿叔隗、季隗，狄人把她们送给重耳。重耳娶了季隗，生了伯儵、叔刘，把叔隗送给赵衰做妻子，生了赵盾。他们将要到齐国，重耳对季隗说："你在这里等待我二十五年，我要不来你就改嫁。"季隗回答说："我再过二十五年，像这样再嫁，那就进入棺木中了，我就等待你吧。"重耳在狄人那里生活了十二年以后才走。

他路过卫国，卫文公不礼遇他。他从卫国的五鹿东出，向村野里的人要饭，一个乡村人给了他一块土,重耳恼怒,要鞭打这人,狐偃说:"这是上天赐予你土地。"重耳拱手低头接受了这块土并把它装起来。

重耳到了齐国,齐桓公又为他娶了妻子,有二十乘马匹,重耳安心住在这里,跟随的人都不想这样做。他们还要离开齐国,在一棵桑树下策划,一位养蚕采桑的小妾把策划要走的情况告诉了重耳的妻子姜氏,姜氏就把这个人杀掉了。她对重耳说:"你有远走四方的想法,知道你这个想法的人,我已经把她杀掉了。"重耳说:"我没有这个想法。"姜氏说:"你走吧!怀恋妻室与安逸怕动,实在会败坏名声。"重耳不想走。姜氏与狐偃策划,把他灌醉后送他离开。重耳酒醒后,用戈追着打狐偃。

重耳到了曹国,曹共公听说重耳的肋骨连成一片,想看他的光身子,就让重耳洗澡,他靠近洗澡处观看重耳。曹国大夫僖负羁的妻子说:"我观察晋公子的跟随者,都可以当国相。如果让这些人当他的国相,这位公子一定会返回他的国家,返回国后将来一定会使诸侯服从他,让诸侯服从他,要诛罚对他无礼的人,曹国是他首要诛讨的,你为什么不早点对他亲近?"僖负羁送给重耳一盒饭食,在饭食里放进了玉璧。重耳接受了饭食送还他玉璧。

重耳到了宋国,宋襄公赠送给他二十乘马匹。

重耳到了郑国,郑文公也不礼遇他。郑国大夫叔詹劝谏郑文公说:"我听说上天要赞助的事情,人力是不可扭转的。晋公子有三方面的优势。上天或许将要树立他,你还是要以礼招待他。男女同姓而婚,生殖不会繁盛。但姬姓的晋公子重耳,却也是姬姓女子所生,他能活到今天,这是第一。遭受到出逃的患难,在他遭难时上天不使晋国安宁,大概是赞助他,这是第二条。他身边有三个谋士,足以成为人上人,而能跟随着他,这是第三条。晋国、郑国地位同等,来往的子弟应当以礼相待,何况上天所赞助呢!"郑文公不听叔詹的话。

重耳到了楚国,楚成王以国君的礼仪招待他,请他赴宴,说:"公子如果返回晋国,那用什么来报答我?"重耳回答说:"男女奴隶、金玉丝帛,君主都有,鸟羽、旄牛、象齿、皮革,你的土地上生长着,这些能流散到我们晋国的,都是你的剩余物,那我用什么来报答呢?"楚成王还是说:"尽管如此,你还是要用什么来报答我吧?"重耳回答说:"如果靠你的威灵,能够返回晋国,晋、楚两国要训练军队,在中原相遇,那时我会躲避你三舍之地,如果这样做你还不答应,那我就只好左手执马鞭、弓箭,右边配着装载武器的皮具,用来与你周旋了。"子玉让楚成王杀掉重耳。楚成王说:"晋公子志气远大而作风俭朴,文雅有礼度。他的跟随者肃敬而宽厚,忠于他而能为他出死力。晋怀公没有亲近者,国外和国内都讨厌他。我听说姬姓中唐叔的后代,是最后衰落的,这大概是由于公子重耳呀。上天将要兴起他,谁能废止他?违背上天,一定会有大的罪过。"于是把重耳送到秦国。

秦穆公送给重耳五名女子，怀嬴就在其中。怀嬴侍奉重耳洗漱，不久受到重耳的挥斥。怀嬴很生气，说："秦、晋是相等的国家，你为什么要鄙弃我？"重耳害怕，脱去上衣自我囚禁起来。

后来有一天，秦穆公宴请重耳一行。狐偃说："我比不上赵衰的文辞，请让赵衰跟随你赴宴吧。"重耳在宴会上诵了一首《河水》的诗，秦穆公诵了一首《六月》。赵衰说："重耳赶快拜谢！"重耳走下堂，向秦穆公揖拜，磕头，秦穆公走下一级台阶辞让。赵衰说："国君你诵的诗，意思是以辅佐天子的道理来教导重耳（听你的辅佐），重耳敢不拜谢你！"

介之推不言禄

【题解】

晋公子重耳在秦国的帮助下回到晋国，夺取了政权。他不仅善用旧臣，而且起用一些原来的仇敌，收拢人心，稳定晋国，巩固了政治统治基础。

【原文】

二十四年春王正月，秦伯纳之。不书，不告入也。

及河，子犯以璧授公子，曰："臣负羁绁从君巡于天下①，臣之罪甚多矣，臣犹知之，而况君乎？请由此亡。"公子曰："所不与舅氏同心者，有如白水！"投其璧于河。

济河，围令狐②，入桑泉③，取臼衰④。二月甲午，晋师军于庐柳⑤。秦伯使公子絷如晋师。师退，军于郇⑥。辛丑，狐偃及秦、晋之大夫盟于郇。壬寅，公子入于晋师。丙午，入于曲沃。丁未，朝于武宫。戊申，使杀怀公于高粱。不书，亦不告也。

吕、郤畏逼，将焚公宫而弑晋侯。寺人披请见，公使让之，且辞焉，曰："蒲城之役，君命一宿，女即至。其后余从狄君以田渭滨，女为惠公来求杀余，命女三宿，女中宿至。虽有君命，何其速也？夫袪犹在⑦，女其行乎！"对曰："臣谓君之入也，其知之矣；若犹未也，又将及难。君命无二，古之制也。除君之恶，唯力是视。蒲人、狄人，余何有焉？今君即位，其无蒲、狄乎？齐桓公置射钩而使管仲相。君若易之⑧，何辱命焉？行者甚众，岂唯刑臣⑨？"公见之，以难告。三月，晋侯潜会秦伯于王城。己丑晦，公宫火。瑕甥、郤芮不获公，乃如河上，秦伯诱而杀之。晋侯逆夫人嬴氏以归。秦伯送卫于晋三千人，实纪纲之仆。

初，晋侯之竖头须，守藏者也；其出也，窃藏以逃，尽用以求纳之。及入，求见，公辞焉以沐。谓仆人曰："沐则心覆，心覆则图反，宜吾不得见也。居者为社稷之守，行者为羁绁之仆，其亦可也，何必罪居者？国君而仇匹夫，惧者其众矣。"仆人以告，公遽见之。

狄人归季隗于晋，而请其二子。文公妻赵衰，生原同、屏括、楼婴。赵姬请逆盾与其母，子余辞。姬曰："得宠而忘旧，何以使人？必逆之！"固请，许之。来，以盾为才，固请于公，以为嫡子，而使其三子下之，以叔隗为内子⑩，而己下之。

晋侯赏从亡者，介之推不言禄，禄亦弗及。推曰："献公之子九人，唯君在矣。惠、怀无亲，外内弃之。天未绝晋，必将有主。主晋祀者，非君而谁？天实置之，而二三子以为己力，不亦诬乎？窃人之财，犹谓之盗，况贪天之功以为己力乎？下义其罪，上赏其奸，上下相蒙，难与处矣。"其母曰："盍亦求之？以死谁怼⑪？"对曰："尤而效之，罪又甚焉。且出怨言，不食其食。"其母曰："亦使知之，若何？"对曰："言，身之文也。身将隐，焉用文之？是求显也。"其母曰："能如是乎？与女偕隐。"遂隐而死。晋侯求之不获。以绵上为之田⑫，曰："以志吾过，且旌善人。"

① 羁绁（xiè）：羁为马络头，绁为系牲畜或人的绳索。
② 令狐：晋地，在今山西临猗县西。
③ 桑泉：晋地，在今临猗县临晋镇东北。
④ 臼衰：晋地，当在今运城市解州镇西。
⑤ 庐柳：晋地，当在今临猗县境。
⑥ 郇（xún）：西周封国，后属晋，在今临猗县境内。
⑦ 祛（qū）：袖子。
⑧ 易：改变，违背。
⑨ 刑臣：寺人披自称。
⑩ 内子：正妻。
⑪ 怼（duì）：怨恨。
⑫ 绵上：晋地，在今山西介休市境内。

（鲁僖公）二十四年周历正月，秦穆公送重耳回国。《春秋》不记载，因为没有向周朝报告重耳回国。

重耳一行到达黄河岸边，狐偃把一块玉璧归还给重耳，说："臣下牵马负索跟随您巡行天下，臣下的过错很多了，我自己都知道，何况您呢？请让我从此逃亡吧。"重耳说："如不与舅舅一心，有这河水作见证！"随着把玉璧投到河中。

重耳一行渡过黄河，(护送他们的秦军)包围了令狐，他们进入桑泉，又夺取了臼衰。二月甲午日，晋国的军队布置在庐柳阻挡。秦穆公派他儿子公子挚到晋军中谈判。晋军后退，驻扎在郇地。辛丑日，狐偃和秦国、晋国的大夫们在郇地举行了盟誓。壬寅日，重耳进入晋国的军队中。丙午日，进入曲沃。丁未日，又进入绛都在晋武宫的太庙内即位。戊申日，派人在高梁将晋怀公杀死。《春秋》不记载，也是因为未向周朝报告此事。

　　吕氏、郤氏畏惧重耳对他们镇压，阴谋要焚烧晋武公的宫殿，从而杀害重耳。寺人披要求进见重耳，重耳派人指责他，并教给指责的话，对他说："你去攻打蒲城的那次，国君让你一天一夜到达，你即刻就到了。这以后我跟随狄人的君主要到渭河岸边田猎，你接受惠公的命令来追杀我，惠公命令你三天三夜到达，你到第二天晚上就来了。虽然有君主的命令，为什么要这样来得快呢？你割下的我的袖口还在我这里。你还是到别的地方去吧。"寺人披对来人说："我原以为国君回来，很懂得为君之道，如果还不懂的话，还会遭受苦难的。君主的命令没有第二道，这是古来的制度。为君主铲除祸害，只有用全力来看待。对蒲人、狄人来说，我心目中有他们的什么呢？现在君主你即位了，也没有把蒲人、狄人当回事吧。齐桓公把射中他的带钩放起来，而使射他的管仲为国相。如果把齐桓公的做法改变过来，那不是太污损你的命令吗？（如果你这样做，）那该外出的人就很多了，哪里只有我这一个受过阉刑的呢？"重耳因此接见了他，寺人披把将要发生的患难告诉给重耳。三月，重耳秘密地在王城会见了秦穆公。己丑这天天色阴暗，晋武公的宫殿起了大火，吕氏瑕甥、郤芮没有拿获到重耳，就到了黄河岸上等待，秦穆公把他们诱骗去杀掉了。重耳迎接夫人嬴氏回到晋国。秦穆公送给他卫士三千人，这些都是能维护纪纲的得力臣仆。

　　当初，重耳身边有个未成年的奴仆叫头须，是一个管理仓库的人，（重耳外出后，）他外逃时，偷盗了仓库财物，现在，又要送回这些财物要求接纳他回国。等到他回国后，要求进见重耳。重耳托词说他正在洗沐。头须对重耳的仆人说："人在洗沐时心就倒过去了，倒过去就想再倒过来，正好是我不能见的时候。留在国内的是为国家保护，外出的是牵马负载的仆人，都是应当的，有什么必要责怪留守的人呢？作为国君而仇恨匹夫，那害怕的人就众多了。"重耳的仆人把这些转告给重耳，重耳急忙会见了他。

　　狄人把季隗送回到晋国，而请求留下她的两个儿子。重耳又把她送给赵衰，后来生了原同、屏括、楼婴。赵衰的这位妻子赵姬迎接赵盾和赵盾的母亲，赵衰推辞不让。赵姬说："你得到宠贵就忘了旧事，还怎么去使用人呢？一定要迎接他们母子。"她坚持请求，赵衰答应了。迎回来后，赵姬认为赵盾有才干，又坚持向重耳请求，立为赵衰的嫡子，而让她自己生的三个儿子居于赵盾之下，又以叔隗为嫡妻，自己居于她的下面。

　　重耳赏赐跟随他的人，其中的介子推不声言要禄位，禄位也没有涉及到他。介子推说："献公的儿子共九人，只有国君重耳活着。惠公、怀公没有亲近者，国外国内都抛弃了他们。上天没有灭绝晋国，它一定会有主持的人。主持晋国祖宗祭祀的,除了重耳还有谁呢?上天把重耳安排到君主的位置上,而一些大臣认为是他们自己的力量,这不很错误吗?偷窃了别人的财物,还称为盗贼,更何况贪占上天的功劳作为自己所有呢?在下的臣属以罪过为正义,在上的君主赏赐奸伪的行为,上下互相隐瞒欺骗,这就很难与他们相处了。"他的母亲说:"你为何不去要求赏赐呢?就这样,死了又能怨谁呢?"介子推回答说:"知道求功是错误而要效法它,罪又大多了。又且口出怨言,不如不吃他的俸禄。"他母亲说:"那也要让他知道吧,你觉得如何?"介子推回答说:"言语,是身体的文彩。身体将要隐蔽,还用在身上加上文彩吗?这样做是追求显达。"他母亲说:"能归隐吗?如果要归隐,我和你一起去。"于是隐居而死去。重耳寻找他没有找到,把绵上这块地方分封为介子推的田地。并说:"用这记下我的过失,且表彰善良的人。"

天王出居于郑

【题解】

东周襄王因与郑国有矛盾,不听大臣劝谏,利用狄人的兵力进攻郑国,结果使东周的一些大臣又用狄人的力量把襄王赶出国都。本篇通过此事,重点阐述了"内华夏、外夷狄"的思想,在当时维护华夏族统一、抵御外民族侵扰方面是有进步意义的。但从整个历史发展来看,亦有狭隘的民族主义思想倾向。

【原文】

郑之入滑也①,滑人听命。师还,又即卫。郑公子士、洩堵俞弥帅师伐滑。王使伯服、游孙伯如郑请滑。郑伯怨惠王之入而不与厉公爵也,又怨襄王之与卫、滑也,故不听王命而执二子。王怒,将以狄伐郑。富辰谏曰:"不可。臣闻之:大上以德抚民,其次亲亲,以相及也。昔周公吊二叔之不咸,故封建亲戚以蕃屏周。管、蔡、郕、霍、鲁、卫、毛、聃、郜、雍、曹、滕、毕、原、酆、郇②,文之昭也。邗、晋、应、韩③,武之穆也。凡、蒋、邢、茅、胙、祭④,周公之胤也。召穆公思周德之不类,故纠合宗族于成周而作诗,曰:'常棣之华,鄂不韡韡⑤,凡今之人,莫如兄弟。'其四章曰:'兄弟阋于墙⑥,外御其侮。'如是,则兄弟虽有小忿,不废懿亲。今天子不忍小忿以弃郑亲,其若之何?庸勋、亲亲、昵近、尊贤,德之大者也。即聋、从昧、与顽、用嚚,奸之大者也。弃德、崇奸,祸之大者也。郑有平、惠之勋,又有厉、宣之亲,弃嬖宠而用三良,于诸姬为近,四德具矣。耳不听五声之和为聋,目不别五色之章为昧,心不则德义之经为顽,口不道忠信之言为嚚。狄皆则之,四奸具矣。周之有懿德也,犹曰'莫如兄弟',故封建之。其怀柔天下也,犹惧有外侮;扞御侮者,莫如亲亲,故以亲屏周,召穆公亦云。今周德既衰,于是乎又渝周、召,以从诸奸,无乃不可乎?

民未忘祸,王又兴之,其若文、武何？"王弗听,使颓叔、桃子出狄师。

夏,狄伐郑,取栎。

王德狄人,将以其女为后。富辰谏曰："不可。臣闻之曰：'报者倦矣,施者未厌。'狄固贪惏⑦,王又启之。女德无极,妇怨无终,狄必为患。"王又弗听。

初,甘昭公有宠于惠后,惠后将立之,未及而卒。昭公奔齐,王复之,又通于隗氏。王替隗氏。颓叔、桃子曰："我实使狄,狄其怨我。"遂奉大叔,以狄师攻王,王御士将御之,王曰："先后其谓我何？宁使诸侯图之。"王遂出。及坎欿⑧,国人纳之。

秋,颓叔、桃子奉大叔以狄师伐周,大败周师,获周公忌父、原伯、毛伯、富辰。王出适郑,处于氾⑨。大叔以隗氏居于温。

①滑：春秋小国,在今河南洛阳市偃师区南缑氏。
②管：在今河南省郑州市,春秋前已绝封,后属郑。　郕：在今山东汶上县。　毛：初封在今陕西扶风县,后迁于今河南洛阳市附近。　聃：一说在今河南开封市一带。　郜：在今山东成武县东南。　雍：在今陕西扶风县。　原：在今河南济原市。　酆：在今陕西咸阳市南。
③邘：在今河南沁阳市境内。　应：在今河南宝丰县西南。
④凡：在今河南辉县市西南。　蒋：在今河南固始县。　茅：在今山东金乡县。　胙：在今河南延津县。祭：在今河南中牟县。
⑤韡韡（wěi）：光明,美盛。
⑥阋（xì）：争斗。
⑦惏：同"婪"。
⑧坎欿：地名,约在今河南巩义市境内。
⑨氾：地名,在今河南襄城县境。

郑国攻打进滑国以后,滑国服从了郑国的命令。郑国退兵后,滑国又投靠了卫国。郑国的公子士、洩堵俞弥又率军攻打滑国。东周襄王派大夫伯服、游孙伯到郑国为滑国请命,请求郑国不要进攻。郑文公埋怨当年的周惠王靠郑厉公回国却不给郑厉公封爵位,又埋怨周襄王让滑国投靠卫国,所以不听周襄王的命令,而拘禁了伯服和游孙伯。周襄王对此恼怒,准备用狄人来攻打郑国。大夫富辰劝谏他说："这不可以。我听说过,最好的是用仁德来安抚人民,其次则是亲近所亲的人,而以此推及疏远的人。当年周公旦伤痛管叔、蔡叔叛乱不能有好的结果,所以分封建立诸侯国让亲戚们来维护屏障周室。管、蔡、郕、霍、鲁、卫、毛、聃、郜、雍、曹、滕、毕、原、酆、郇等国,都是列在昭位上的周文王子弟的封国,邗、晋、应、韩等国,都是列在穆位上的周武王子弟的封国。凡、蒋、邢、茅、胙、祭等国,则是周公旦后代的封国。召穆公考虑到西周的道德还不尽完善,所以又收拢各姬姓宗族在成周制作诗章,说:'那小叶杨树的花儿,倘没有花萼的衬托,也不会发出晔晔光华。凡今天下的人们,最亲的莫过于兄弟。'诗的第四章说:'兄弟们在自家院墙内虽有争吵,但要一齐抵御外来的侮辱。'这样,就是说兄弟之间虽有小的意见,但不可抛弃相互的亲缘。现在天子你不能容忍小的意见用以抛弃郑国这门亲情,要对他怎么样呢?赏酬功臣,亲近亲属,爱护相近者,尊重贤良者,是仁德的最主要内容。靠近聋子,随从暗昧者,同顽劣者相处,任用愚恶者,是最大的奸邪。抛弃仁德,追随奸邪,就会带来大祸。郑国在周平王东迁、周惠王复国时是有功勋的,又有周厉王、周宣王的亲情关系,在国内摒弃宠幸者而任用叔詹、堵叔、师说三位贤臣,在各姬姓封国中是与周室亲近的,是具备了上述四种仁德的。耳不听五声(宫、商、角、徵、羽)配合起来的声音为聋子,眼不能分辨五色的表现为暗昧,心中不以仁德道义为法则就是顽劣,嘴里不讲忠诚与可信的言辞为愚恶,这些狄人都以为法则,他们具备了四种奸伪。周朝是有美德的,但还要说'不如兄弟之间的亲情',所以还要分封建立诸侯。周以怀柔的方式统治天下,还担心有外敌的侵侮,认为抵抗外敌侵侮的办法,比不上亲近亲人,所以用亲人作为周室的屏障。召穆公也是这样说的。现在周朝的德性已经衰落,在这时又改变周公、召公的教诲,追求奸伪,不是不可以吗?人民还没有忘记祸乱,你又要把它兴起来,还如何继承周文王、周武王的功业呢?"周襄王不听他的话,让周大夫颓叔、桃子派出狄人的军队进攻郑国。

夏天,狄人进攻郑国,夺取了栎邑。

周襄王感谢狄人,准备娶狄君的女儿做他的王后。富辰劝谏说:"不可以。我听说过这样的话:'报恩的已经很疲倦困顿了,原来施舍者还对这种报答感到不满足。'狄人本来就贪婪,你又诱导他。女子的恩德是无穷无尽的,妇人的怨恨也是没完没了的,狄人一定会成为周室的祸乱。"周襄王又没有听他的。

当初,甘昭公在周惠王王后的面前很得宠,惠后要立他为周天子,但没有来得及惠后就死了。因而甘昭公就逃奔到齐国,周襄王又让他回来,但他又与周襄王所立的王后(狄君之女)隗氏通奸,周襄王就废了隗氏。颓叔、桃子说:"我们曾出使狄人那里,隗氏被废,狄人会怨恨我们。"于是他们二人就打起拥立甘昭公的旗号用狄人的军队攻打周襄王,周襄王的卫士们正准备抵抗,周襄王说:"(要与甘昭公打仗,)地下的母后会说我什么呢?宁愿让诸侯来对付他。"周襄王于是出逃,到了坎欿,当地人接纳了他。

秋天,颓叔、桃子正式拥立甘昭公,用狄人的军队进攻东周军队,彻底打败了东周军队,俘虏了周公忌父、原伯、毛伯、富辰。周襄王逃到郑国住下来,处在氾地。甘昭公因隗氏在温而居住在温。

晋文公始启南阳

【题解】

东周襄王被逐出国都,秦、楚、晋三大国都认为是一次勤王图霸的机会,于是出兵援救周襄王。晋文公乘机取得了东周领土南阳的部分土地,开始了霸业的第一步。

【原文】

秦伯师于河上,将纳王。狐偃言于晋侯曰:"求诸侯,莫如勤王。诸侯信之,且大义也。继文之业,而信宣于诸侯,今为可矣。"

……

晋侯辞秦师而下。三月甲辰,次于阳樊①,右师围温,左师逆王。夏四月丁巳,王入于王城。取大叔于温,杀之于隰城②。

戊午,晋侯朝王。王享醴,命之宥。请隧,弗许,曰:"王章也,未有代德,而有二王,亦叔父之所恶也。"与之阳樊、温、原、欑茅之田③。晋于是始启南阳。

阳樊不服,围之。苍葛呼曰:"德以柔中国,刑以威四夷,宜吾不敢服也。此,谁非王之亲姻,其俘之也?"乃出其民。

秋,秦、晋伐鄀④。楚斗克、屈御寇以申、息之师戍商密⑤。秦人过析⑥,隈入而系舆人,以围商密,昏而傅焉⑦。宵,坎血加书,伪与子仪、子边盟者。商密人惧,曰:"秦取析矣,戍人反矣。"乃降秦师。秦师囚申公子仪、息公子边以归。楚令尹子玉追秦师,弗及。遂围陈,纳顿子于顿。

冬,晋侯围原,命三日之粮。原不降,命去之。谍出,曰:"原将降矣。"军吏曰:"请待之。"公曰:"信,国之宝也,民之所庇也。得原失信,何以庇之?所亡滋多。"退一舍而原降。迁原伯贯于冀。赵衰为原大夫,狐溱为温大夫。

……

晋侯问原守于寺人勃鞮,对曰:"昔赵衰以壶飧从,径,馁而弗食⑧。"故使处原。

【注释】

①阳樊:东周属地,在今河南济源市东南。
②隰城:东周属地,在今河南武陟县境。
③欑茅:东周属地,当在今河南修武县境。
④鄀(ruò):春秋小国,在今河南内乡县与陕西商洛市商州区之间。
⑤申:春秋小国,后为楚所灭。在今河南唐河县南。息:春秋小国,后为楚所灭。在今河南息县。

⑥析:为鄀的属邑,在今河南内乡、淅川县境。
⑦傅:靠近。
⑧馁:饥饿。

秦穆公率军驻扎在黄河岸上,准备迎接周襄王从郑国回归。狐偃对晋文公说:"要争取到诸侯的拥护,不如对王事勤劳有效,诸侯会因此而信赖你,而且这也是大的义举。继承先人晋文侯的业绩,在诸侯当中显示你对王事的忠诚,现在正是可为的时机。"

……

晋文公辞别了秦军,率师沿河而下,(鲁僖公二十五年)三月甲辰(十九)日,进到阳樊。他的右路军去包围温地,左路军迎接周襄王。夏季四月丁巳(三)日,周襄王进入王城。晋军在温地捉拿了甘昭公,带到隰城杀了他。

(四月)戊午(四)日,晋文公朝拜周襄王。周襄王用醴酒宴请他,在宴会上命令送给他礼品。晋文公请求允许他死后以埋葬天子之礼埋葬他,在墓中修筑隧道,周襄王不答应,说:"那种葬礼是周王的象征,你还没有代替周王拥有天下的道德,而在天下出现两个天子,也是叔父你所不喜欢的。"封给晋文公阳樊、温、原、欑茅地方的土地。晋国从这时开始开辟南阳地区。

阳樊的人民不服从晋国,晋文公用兵包围了那里。阳樊人苍葛在城上呼喊说:"仁德是用来怀柔华夏国家的,兵刑是用来威慑四方夷狄的。(你这样对我们用兵,)正说明我们应当不敢服从你。我们这里,哪个不是周天子的亲姻,岂能让你俘虏他们?"就把城里的人民放出去让他们到别的地方。

秋天,秦国、晋国进攻鄀国。楚国的斗克、屈御寇用申县、息县的军队守卫鄀国都邑商密。秦国军队经过鄀国领地析,沿着河岸进入析城的时候把自己军中的一些人捆绑起来,带这些人包围了商密,黄昏时靠近了商密城。夜晚,掘坑杀牲滴血并把盟书放在坑上,造成楚的斗克、屈御寇与秦军盟誓出卖商密的假象。商密人看到后害怕了,说:"秦国已经夺取了析,保卫商密的军队返归秦军了。"就投降了秦军。秦军俘虏了申邑长官仪、息邑长官边而回去了。楚国令尹子玉率军追赶秦军,没有赶上。于是包围了陈国,把被陈国进攻而逃到楚国的顿国国君送还国内。

冬季,晋文公又包围了原,命令军队只带三天的粮食。三天后,原人还不投降,晋文公命令围军撤退。这时,原城内有间谍出来,说:"原就要投降了。"军中的官吏们说:"那就别撤兵等待他们投降吧。"晋文公说:"说话算数,是治国之宝,人民所以用它作为庇护。得到原而失去信用,用什么去保护他们?恐怕失掉的要更多。"围军后退一舍之地后,原城人投降了。晋文公把原地的大夫原伯贯迁到了冀地。

赵衰担任了原邑的大夫，狐溱担任了温邑的大夫。

……

晋文公向寺人勃鞮询问谁可去守原地，勃鞮回答说："当年赵衰背着水壶干粮跟随你在外，走在偏僻小路上，但饿了也不吃。"于是让赵衰领受原邑。

展喜犒师

题解

鲁僖公二十六年(公元前634)，齐国侵犯鲁国，鲁国大夫展喜遵照展禽的嘱咐，以巧妙的外交辞令迫使齐国退兵。其词不卑不亢，委婉而强硬，是《左传》外交辞令的又一佳作。

原文

二十六年春王正月，公会莒兹丕公、宁庄子盟于向，寻洮之盟也①。

齐师侵我西鄙，讨是二盟也。

夏，齐孝公伐我北鄙。卫人伐齐，洮之盟故也。

公使展喜犒师，使受命于展禽。齐侯未入竟，展喜从之，曰："寡君闻君亲举玉趾，将辱于敝邑，使下臣犒执事。"齐侯曰："鲁人恐乎？"对曰："小人恐矣，君子则否。"齐侯曰："室如县罄②，野无青草，何恃而不恐？"对曰："恃先王之命。昔周公、大公股肱周室③，夹辅成王。成王劳之而赐之盟，曰：'世世子孙无相害也！'载在盟府④，大师职之⑤。桓公是以纠合诸侯，而谋其不协，弥缝其阙，而匡救其灾，昭旧职也。及君即位，诸侯之望曰：'其率桓之功！'我敝邑用不敢保聚⑥，曰：'岂其嗣世九年，而弃命废职？其若先君何？君必不然。'恃此以不恐。"齐侯乃还。

① 寻：重申（前盟或旧约）。
② 县罄(qìng)：悬挂着的中空器物。县，同"悬"。
③ 股肱：辅佐。
④ 盟府：保存盟约的库房。
⑤ 大师：即太师。 职：司职，保管。
⑥ 用：因此。 保聚：设置堡垒，积聚民众。保，通"堡"。

鲁僖公二十六年春正月，鲁僖公会见莒公兹丕、宁庄子在向盟誓，重申去年在洮的盟约。

齐国侵犯鲁国的西部边疆,因鲁国的这两次会盟而对鲁国讨伐。

夏季,齐国的孝公率兵侵犯鲁国的北部边疆。卫国人进攻齐国,是因为卫与鲁有洮地、向地的盟约。

鲁僖公让展喜去犒劳齐国军队,行前让他先到展禽那里接受具体指令。齐国军队没有进入鲁国国境,展喜就出境跟随着齐孝公,对齐孝公说:"我们君主听到您亲自抬起贵足,将要受辱到我们这里来,特派低下的臣子我犒赏你们诸位管事的人。"齐孝公说:"鲁国人恐慌吗?"展喜回答说:"小人们恐慌了,君子们不恐慌。"齐孝公说:"你们的室内空空,像悬挂着的中空器物,田野里连青草都没有,凭靠什么而不恐慌?"展喜回答说:"凭靠的是先王的命令。过去周公旦、太公吕望像股肱一样辅佐周室,两面辅佐成王。成王慰劳他们,赐给他们二人盟约,盟约说:'两家世代子孙不得互相侵害。'收藏在存放盟约的府库中,由周朝太史管理着。齐桓公用这个盟约来收聚诸侯,而考虑调解他们的不协调,弥补他们之间的隔阂,而救助他们的灾难,这是发扬光大齐国旧有的职责。等到你即位后,各诸侯的希望是:'他要遵循齐桓公的功绩。'我们这里因此不敢设堡聚众,都说:'他哪里会在继承君位九年的时候,而抛弃先人的命令废除自己的职责呢?那他会怎样面对他的先君呢?您一定不会那样做。'君子们凭靠这些就不恐慌。"齐孝公便率军回国了。

楚子围宋

[题解]

鲁僖公二十七年(公元前633),楚国因宋国叛楚服晋而包围宋国,晋文公乘机征伐楚国的盟国,以解救宋国。篇中叙述了晋文公为取得霸业采取的一系列政治措施,同时与楚国的政治进行对比,说明晋国的"文教"胜于楚国。

[原文]

楚子将围宋,使子文治兵于睽①,终朝而毕,不戮一人。子玉复治兵于蒍②,终日而毕,鞭七人,贯三人耳。国老皆贺子文,子文饮之酒。蒍贾尚幼,后至,不贺。子文问之,对曰:"不知所贺。子之传政于子玉,曰:'以靖国也。'靖诸内而败诸外,所获几何?子玉之败,子之举也。举以败国,将何贺焉?子玉刚而无礼,不可以治民,过三百乘,其不能以入矣。苟入而贺,何后之有?"

冬,楚子及诸侯围宋。宋公孙固如晋告急。先轸曰:"报施救患,取威定霸,于是乎在矣。"狐偃曰:"楚始得曹而新昏于卫,若伐曹、卫,楚必救之,则齐、宋免矣。"于是乎蒐于被庐③,作三军,谋元帅。赵衰曰:"郤縠可,臣亟闻其言矣,说礼、乐而敦《诗》《书》。《诗》《书》，义之府也；礼、乐，德之则也；德、义，利之本也。《夏书》曰：'赋纳以言，明试以功，车服以庸。'君其试之。"乃使郤縠将中军，郤溱佐之；使狐偃将上军，让于狐毛而佐之；命赵衰为卿，让于栾枝、先轸；使栾枝将下军，先轸佐之。荀林父御戎，魏犫为右。

晋侯始入而教其民，二年，欲用之。子犯曰："民未知义，未安其居。"于是乎出定襄王，入务利民，民怀生矣。将用之。子犯曰："民未知信，未宣其用。"于是乎伐原以示之信。民易资者，不求丰焉，明征其辞。公曰："可矣乎？"子犯曰："民未知礼，未生其共。"于是乎大蒐以示之礼，作执秩以正其官。民听不惑，而后用之。出谷戍，释宋围，一战而霸④，文之教也。

①睽（kuí）：楚地，今地不详。
②蒍（wěi）：楚地，今地不详。
③被庐：晋地，今地不详。
④一战：指城濮之役。

  楚成王将要包围宋国，让前任令尹子文在睽地训练军队，练兵一早晨，连一个士兵也不羞辱。令尹子玉又在蒍地训练军队，练兵一天后，鞭打过七人，用箭贯穿了三人的耳朵。已经退休的卿大夫们都去向子文庆贺，子文送酒给他们喝。蒍贾当时还年幼，迟后些来到子文那里，对他不表示庆贺。子文问他为什么不庆贺，回答说："不知道要庆贺什么。你把政事传给子玉，说过：'用来安定国家。'安定了内部而失败于外部，收获有多少呢？子玉的失败，是由你推举的。你推举他让他搞坏国事，还有什么可庆贺的呢？子玉武断而不懂礼仪，不能够治理人民，如果让他率领的军队超过三百乘，他就不能让这支军队回到国内。假如他能全军回来我再祝贺，还有什么迟后的呢？"

  冬季，楚成王带领陈、蔡、郑、许等诸侯的军队包围了宋国。宋国的公孙固来到晋国告急。晋大夫先轸说："报答施予，拯救患难，取得威名，确立霸业，就在这次行动。"狐偃说："楚国刚刚得到曹国的拥护，而新近与卫国联姻，如果我们要进攻曹国、卫国，楚国必定救他们，那样齐国、宋国就避免了楚国的攻打。"于是，晋国就在被庐整顿训练军队，建立了三支军队，计划确定领军元帅。赵衰说："郤縠可以担任元帅。我多次听到关于他的言论了，他喜欢礼、乐，崇尚《诗经》《尚书》。《诗经》《尚书》是道义的府库，礼、乐是道德的准则；而道德、道义，是成功和利益的根本所在。《夏书》说：'广泛地听取接纳人们的言论，明确地以事功来考验，用车马衣服酬报他的功劳。'你可照这样试试他。"就让郤縠统率中军,让郤溱为副统帅;让狐偃统率上军,狐偃让给狐毛,他自己为副;任命赵衰为上卿,赵衰让给栾枝、先轸;让栾枝统率下军,先轸为副。荀林父为晋文公驾驭戎车,魏犨担任车右。

晋文公刚回国时就教育训练人民,到第二年,就想用他们征伐。狐偃说:"人民还不懂得道义,还不安心于他们的居处。"因此在这时出去帮助周襄王恢复王位,回国后积极谋求有利于人民的事情,这就使人民依恋他们的生产生活。这时,晋文公又要征发他们,狐偃说:"人民还不懂得信义。没有显示出他们的可用。"于是晋文公在讨伐原的时候让人民看到了信义。人民有交换物资的,不追求物资的丰厚,说给多少就是多少。晋文公说:"可以用了吗?"狐偃说:"人民还不懂得礼仪,还没有产生恭敬的心理。"因此晋文公又以整顿训练军队让人民看到礼仪,制定了管理官吏的制度整顿吏治,人民听从他而不怀疑,这样才征发人民。出外戍守谷地,解救了被围困的宋国,通过一次战争就取得了霸权,这是有文教的结果。

晋侯及楚人战于城濮

题解

城濮之战是春秋时期晋、楚两国间发动的规模较大的一次战役,以晋国获胜、楚国失败而告终。晋国通过这次战役,确立了在中原的霸主地位。篇中以简练的语言,生动形象地描绘了战争的场面,指挥者及参战者的计谋、心理活动,是《左传》描绘战争的佳篇。

原文

二十八年春,晋侯将伐曹,假道于卫。卫人弗许。还,自南河济,侵曹、伐卫。正月戊申,取五鹿。二月,晋郤縠卒。原轸将中军,胥臣佐下军,上德也。晋侯、齐侯盟于敛盂①。卫侯请盟,晋人弗许。卫侯欲与楚,国人不欲,故出其君以说于晋。卫侯出居于襄牛②。

公子买戍卫,楚人救卫,不克。公惧于晋,杀子丛以说焉③。谓楚人曰:"不卒戍也。"

晋侯围曹,门焉④,多死。曹人尸诸城上,晋侯患之。听舆人之谋,称"舍于墓",师迁焉。曹人凶惧,为其所得者棺而出之。因其凶也而攻之。三月丙午,入曹。数之以其不用僖负羁而乘轩者三百人也,且曰"献状"。令无入僖负羁之宫,而免其族,报施也。魏犨、颠颉怒,曰:"劳之不图,报于何有?"爇僖负羁氏⑤。魏犨伤于胸。公欲杀之而爱其材,使问,且视之。病,将杀之。魏犨束胸见使者,曰:"以君之灵,不有宁也。"距跃三百⑥,曲踊三百⑦。乃舍之。杀颠颉以徇于师,立舟之侨以为戎右。

宋人使门尹般如晋师告急。公曰："宋人告急，舍之则绝。告楚不许，我欲战矣，齐、秦未可，若之何？"先轸曰："使宋舍我而赂齐、秦，藉之告楚。我执曹君而分曹、卫之田以赐宋人。楚爱曹、卫，必不许也。喜赂怒顽，能无战乎？"公说，执曹伯，分曹、卫之田以畀宋人。

楚子入居于申，使申叔去谷，使子玉去宋，曰："无从晋师。晋侯在外十九年矣，而果得晋国。险阻艰难，备尝之矣；民之情伪，尽知之矣。天假之年，而除其害。天之所置，其可废乎？《军志》曰：'允当则归。'又曰：'知难而退。'又曰：'有德不可敌。'此三志者，晋之谓矣。"子玉使伯棼请战，曰："非敢必有功也，愿以间执谗慝之口。"王怒，少与之师，唯西广、东宫与若敖之六卒实从之。

子玉使宛春告于晋师曰："请复卫侯而封曹，臣亦释宋之围。"子犯曰："子玉无礼哉！君取一，臣取二，不可失矣。"先轸曰："子与之。定人之谓礼，楚一言而定三国，我一言而亡之，我则无礼，何以战乎？不许楚言，是弃宋也；救而弃之，谓诸侯何？楚有三施，我有三怨，怨雠已多，将何以战？不如私许复曹、卫以携之，执宛春以怒楚，既战而后图之。"公说。乃拘宛春于卫，且私许复曹、卫，曹、卫告绝于楚。

子玉怒，从晋师。晋师退。军吏曰："以君辟臣，辱也，且楚师老矣，何故退？"子犯曰："师直为壮，曲为老，岂在久乎？微楚之惠不及此，退三舍辟之，所以报也。背惠食言，以亢其雠，我曲楚直，其众素饱，不可谓老。我退而楚还，我将何求？若其不还，君退臣犯，曲在彼矣。"退三舍。楚众欲止，子玉不可。

夏四月戊辰，晋侯、宋公、齐国归父、崔夭、秦小子憖次于城濮⑧。楚师背酅而舍⑨，晋侯患之。听舆人之诵曰："原田每每，舍其旧而新是谋。"公疑焉。子犯曰："战也，战而捷，必得诸侯。若其不捷，表里山河，必无害也。"公曰："若楚惠何？"栾贞子曰："汉阳诸姬，楚实尽之。思小惠而忘大耻，不如战也。"晋侯梦与楚子搏，楚子伏己而盬其脑⑩，是以惧。子犯曰："吉，我得天，楚伏其罪，吾且柔之矣。"

子玉使斗勃请战，曰："请与君之士戏，君冯轼而观之，得臣与寓目焉。"晋侯使栾枝对曰："寡君闻命矣。楚君之惠，未之敢忘，是以在此。为大夫退，其敢当君乎？既不获命矣，敢烦大夫谓二三子，戒尔车乘，敬尔君事，诘朝将见。"

晋车七百乘，韅靷鞅靽⑪。晋侯登有莘之虚以观师，曰："少长有礼，其可用也。"遂伐其木，以益其兵。

己巳，晋师陈于莘北，胥臣以下军之佐当陈、蔡。子玉以若敖之六卒将中军，曰："今日必无晋矣。"子西将左，子上将右。胥臣蒙马以虎皮，先犯陈、蔡。陈、蔡奔，楚右师溃。狐毛设二旆而退之。栾枝使舆曳柴而伪遁，楚师驰之，原轸、郤溱以中军公族横击之。狐毛、狐偃以上军夹攻子西，楚左师溃。楚师败绩。子玉收其卒而止，故不败。

晋师三日馆谷，及癸酉而还。甲午，至于衡雍⑫，作王宫于践土⑬。

乡役之三月，郑伯如楚致其师。为楚师既败而惧，使子人九行成于晋。晋栾枝入盟郑伯。五月丙午，晋侯及郑伯盟于衡雍。

丁未，献楚俘于王，驷介百乘，徒兵千。郑伯傅王，用平礼也。己酉，王享醴，命晋侯宥。王命尹氏及王子虎、内史叔兴父策命晋侯为侯伯，赐之大辂之服，戎辂之服，彤弓一，彤矢百，玈弓矢千⑭，秬鬯一卣⑮，虎贲三百人。曰："王谓叔父，'敬服王命，以绥四国，纠逖王慝⑯。'"晋侯三辞，从命，曰："重耳敢再拜稽首，奉扬天子之丕显休命。"受策以出。出入三觐。

卫侯闻楚师败，惧，出奔楚，遂适陈，使元咺奉叔武以受盟。癸亥，王子虎盟诸侯于王庭，要言曰："皆奖王室，无相害也。有渝此盟，明神殛之，俾队其师，无克祚国，及而玄孙，无有老幼。"君子谓是盟也信，谓晋于是役也，能以德攻。

初，楚子玉自为琼弁玉缨，未之服也。先战，梦河神谓己曰："畀余，余赐女孟诸之麋。"弗致也。大心与子西使荣黄谏，弗听。荣季曰："死而利国，犹或为之，况琼玉乎？是粪土也。而可以济师，将何爱焉？"弗听。出告二子曰："非神败令尹，令尹其不勤民，实自败也。"既败，王使谓之曰："大夫若入，其若申、息之老何？"子西、孙伯曰："得臣将死，二臣止之，曰：'君其将以为戮。'"及连谷而死。

晋侯闻之而后喜可知也。曰："莫余毒也已。蒍吕臣实为令尹，奉己而已，不在民矣。"

①敛盂：卫地，在今河南濮阳县东南。
②襄牛：卫地，当在今山东范县境。
③子丛：公子买，字子丛。
④门：用为动词，攻打城门。
⑤爇（ruò，又读rè）：点燃，放火焚烧。
⑥距跃：原地跳高。
⑦曲踊：屈腿前跳。
⑧城濮：卫地，在今山东范县境。
⑨鄐（xī）：丘陵险阻。
⑩盬（gǔ）：啜食。
⑪韅（xiǎn）：马搭背。 靷：马胸套。 鞅：马颈所束皮子。 靽：套马的皮带。
⑫衡雍：郑地，当在今河南原阳县西。
⑬践土：郑地，在今河南原阳县境。
⑭玈弓：黑色的弓。
⑮秬：黑黍。 鬯（chàng）：祀祭用酒。 卣（yǒu）：酒器。
⑯纠逖（tì）王慝：纠察治理天子的恶人。

译文

　　(鲁僖公)二十八年春天，晋文公将要进攻曹国，要从卫国借道，卫国不允许。他又率军返回，从黄河的南河段渡河，侵入曹国，攻打卫国。正月戊申(九)日，夺取了卫地五鹿。二月，晋国中军统帅郤縠死去，先轸统率了中军，胥臣为下军副统帅，这个任命是以道德为准则的。晋文公、齐昭公在敛盂举行了盟会。卫成公请求参加盟会，晋国不允许。卫成公想投靠楚国，国人们不愿意，所以把他赶出国都，用来取悦于晋国。卫成公由国都出去居留在襄牛。

　　鲁国的公子买为楚国戍守卫国，楚国出兵援救卫国，没有成功。鲁僖公害怕晋国的势力，杀了公子买来取悦晋国。他对楚国说："公子买没有完成戍守卫国的任务。"

　　晋文公率军包围了曹国，攻打曹国国都的城门，晋军士卒死得很多。曹国军士把晋军战死士卒的尸体堆到城墙上，晋文公害怕起来。他听从跟随队伍的人们的计谋，这计谋是让晋军驻扎到曹国宗族的墓地里。于是晋军迁移到了曹国宗族墓地上。晋军在墓地上掘开墓葬，连棺材都掘出来，利用曹国人害怕挖掉祖坟的恐慌情绪而向曹国进攻。三月丙午日就打进曹国国都。晋文公指责曹共公不任用僖负羁，而滥施爵赏让数百人享受乘坐轩车的上大夫的待遇。并说到曹共公当年观察他的裸体，等于让他献出状貌。下令不让进入僖负羁的宫院，并赦免他的族人，报答僖负羁对他的施与饭食。魏犨、颠颉对此很恼火，说："有功劳的他不想报答，报答这些人有什么用？"二人放火烧了僖负羁的宗族。魏犨因放火而伤了胸部。晋文公想要杀他，但爱他的力气，派人给他送去食品，并观察他的病情。如果伤得严重，就要杀掉他。魏犨包扎住胸部接见来人，对来人说："凭着君的福灵保佑，我不会因病死而感到安宁。"他离地高跳数百下，屈腿前跳数百下(以示自己还可以打仗)。于是晋文公就赦免了他。杀掉颠颉来警告将士。而后让舟之侨担任了他的车右。

　　宋国派门尹般到达晋国报告国家的危急。晋文公说："宋国人来报告危急，舍弃他而不去援救就断绝了两国关系，请楚国撤围不会得到同意。我们要是与楚国打仗，齐国、秦国又不会答应，该怎么办呢？"先轸说："让宋国不要同我们来往而去贿赂齐国、秦国，借此请楚国退兵。我们再拘拿曹国国君，把曹国、卫国的土地划分给宋国。楚国爱护曹国、卫国，一定不会允许我们这样做，这样，我们与楚国能不打仗吗？"晋文公听后很高兴，拘拿了曹共公，把曹国、卫国的土地分出来送给宋国。

　　楚成王从围宋的军中回到申县，派申叔去谷地，派令尹子玉去宋国。告诉他们说："不要追击晋国军队。晋文公在外十九年了，结果能得到晋国。险阻艰难，都已经历了；民情的真伪，都已了解了。上天给了他年岁，使他除掉祸害，上天所安排的，哪里能废弃呢？《军志》上说：'适宜就可回师。'又说：'知难而退。'又说：'有仁德的人是不可胜过的。'这三个要点，正说的是晋国。"子玉派伯棼向楚成王请战，说："不敢一定要建立功劳，只希望通过这次战争能堵塞说我坏话的人的口。"楚成王听后十分不满，不多给他军队，只有西广、东宫太子和若敖生前的亲兵六部卒乘跟随着他。

令尹子玉派宛春对晋国军队说："请让卫君回国，恢复曹国封地，我也撤除对宋国的包围。"狐偃说："子玉太无礼啦，我们的君主获取了一个，他为臣的就获取了两个。这正是我们不可丧失的机会。"先轸说："你就答应他。安定别人就称为礼，楚一句话就安定了三个国家，我们说一句话就把这三个国家灭亡了。我们就不讲理了，用什么来打仗呢？不答应楚国说的，是抛弃了宋国。援救它而又抛弃它，怎么面对诸侯呢？楚国这样做对三国都是施与，我们不答应这个条件就会有三国的埋怨，怨恨的人多了，又怎样能与楚国打仗呢？不如私下答应恢复曹国、卫国而用来离间他们与楚国的关系，把宛春拘禁起来用以激怒楚军，等到开战之后再作打算。"晋文公听后很高兴，就把宛春拘留在卫国。并且私下答应恢复曹国、卫国，这样，曹、卫与楚国断绝了关系。

子玉被激怒了，带领包围宋国的楚军追击晋军。晋军向后撤退。晋军的将领们说："以君主的身份退避臣下，这是耻辱；又且楚军已疲惫了，为什么要后退呢？"狐偃说："理直的军队就雄壮，理屈的就是疲惫，哪里在于时间长呢？如果没有楚国当年的恩惠，我们不能有今天这种形势，后退三舍之地躲避他们，用以报答楚国的恩惠。忘记人家的恩惠而自食其言，以保护楚国的仇敌，是我方理曲楚方理直，楚军向来士气饱满，不可说疲惫。我们撤退而楚军回国，那我们还要求什么呢？如果他们不回国，我们君主退避，他臣下来进犯，理曲在他们一方。"晋军后退三舍之地后，楚军大众就要停下来不追赶，但子玉却不允许。

夏四月戊辰，晋文公、宋成公、齐国的大夫国归父、崔夭、秦国公子慭驻扎在城濮。楚军背靠丘陵地带扎营，晋文公对此有点害怕。晋文公听到随军的人们吟诵说："原野野草茂盛，我们又要舍弃旧地而图谋这块新地了。"晋文公听后感到疑惑。狐偃说："打吧！打了取得胜利，一定会得到诸侯的拥护。如果这仗打不胜，我们国家内外都有河山险阻，也一定不会有人敢侵害。"晋文公说："与楚国打仗怎样对待楚国的恩惠呢？"栾枝说："汉水以北的各姬姓国家，楚国都灭亡尽了。考虑小恩小惠而忘记这样大的耻辱，不如与它打。"晋文公梦见与楚成王搏斗，楚成王压在他身上啜食他的脑袋，因而感到害怕。狐偃说："这个梦很吉利。说明我们得了上天，楚国服罪了，并说明我们对他们是怀柔的。"

子玉派斗勃向晋军请战，对晋文公说："请求同国君的武士们进行一场角力戏。你可靠着车的横木观看,我子玉就可以与你一起观看。"晋文公让栾枝对斗勃说:"我已听到你的命令了。楚君的恩惠,没有敢忘记,所以退到这里。为子玉大夫后退了,岂敢阻挡君主呢?既然没有收到他退兵的命令,请麻烦你,告诉你们的人们:'装备好你们的车乘,认真去做你们君主要做的事,明天一早咱们相见。'"

晋军拥有战车七百乘,车马所用的肚带、胸套、鞅革、缰绊样样齐备。晋文公登上莘国的故址观看自家的军队,说:"年轻的年老的都有礼法,都可以用以战斗了。"于是砍伐莘国故址的树木,用来增加军队的兵器。

己巳日,晋军列阵在莘墟的北面,胥臣以下军副统帅率军阻挡陈、蔡两国的军队。楚军统帅子玉用若敖的六卒军统领中军,说:"今天一定没有晋国了。"子西率领楚的左军,斗勃率领楚的右军。胥臣把军队的马匹用虎皮蒙在身上,先进击陈、蔡两国军队,陈、蔡军逃奔,楚国右路军也溃散了。狐毛用二路前军击退楚的右路军。栾枝让随军者拉着柴火假装逃遁,楚军追赶这些假装逃遁的人,先轸、郤溱用中军内公族子弟兵拦腰横击追过来的楚军。狐毛、狐偃用上军两面进攻子西的军队,子西率领的左军溃散了。楚军全军溃败。子玉收拢士卒停止了战斗,所以还不算全军覆没。

晋国军队在楚军的军帐里住了三天,吃他们留下的粮食。到癸酉日才往回返。甲午日,到达郑地衡雍,在践土修筑了东周天子的王宫。

城濮战役的前三月,郑文公曾到楚军中送去郑国的军队。到这时他因为楚军已经失败而惧怕晋国,派子人九到晋军求和。晋国派栾枝到郑国与郑文公会见。五月丙午日,晋文公同郑文公在衡雍订立了盟约。

丁未日,晋文公把楚军的俘虏献给周襄王,有披甲的驷马驾驭的战车一百乘,步兵一千人。郑文公担任周襄王的上相,用周平王策命晋文侯时的礼仪接待晋文公。己酉日,周襄王设醴酒宴席招待晋文公,送给晋文公礼物。周襄王命令尹氏、太宰王子虎和内史叔兴父给晋文公侯伯的爵位,并把这一命令写在简策上。又赐予晋文公乘坐天子车辆的服装,乘坐战车的服装,红色弓一张,红色箭百枝,黑色弓箭各一千,黑黍酿制的宴酒一缸,强悍的卫士三百人,加封他的命辞说:"周天子对叔父晋文公说:'恭敬认真地服从周天子的命令,用来安定四方诸侯国家,纠察赶走周天子所憎恶的奸邪。'"晋文公表示三次辞让,接受了对他的加封,对周襄王说:"重耳再次拜谢磕头,一定敬奉光大天子的大而光明的赐命。"接受了命策退出来。之后又三次入朝朝见周襄王。

卫成公听说楚军失败,感到害怕,向楚国逃奔,路过住在陈国,让大夫元咺拥立叔武为君以接受晋文公的同盟。癸亥日,东周的王子虎在王室内让各诸侯订立盟约,盟约说:"都要成就王室,互相不得侵害。有改变这一盟誓的人,明神诛杀他,使他军队散失,不能享有国家,惩罚延续到他的子孙后代,不论其老幼。"君子称这次盟会是讲信用的,说晋国在城濮之战中能用仁德攻破别国。

当初,楚国的子玉自己制作了用玉装饰的马的帽子和以玉串成的缨子,但没有给马佩戴上。战争发生前,他梦见黄河神对他说:"你把这些马冠马缨给我,我赐给你孟诸湖泽中的麋。"但子玉没有把这些送给河神。他的儿子大心和子西让荣黄劝他把这些送给河神,他不听。荣黄说:"如果死是为了国家利益,那还要去死,更何况是要丢掉一些琼玉之物呢,那简直不过是粪土而已,却可以让军队打胜仗,有什么可爱的呢?"子玉不听,荣黄出来,告诉大心和子西说:"不是神要使令尹失败了,令尹对人民的事情不看重,他是自己要使自己失败。"楚军失败之后,楚成王派使者对子玉说:"大夫如果要回国的话,你怎样对待申县、息县的父老呢?"子西、大心说:"子玉本来要去死,我们两人制止了他,对他说:'国君将要对你处以刑戮。'"在返回连谷时子玉自杀了。

晋文公听到子玉死的消息后喜形于色,说:"再没有人能害我了。楚国的芳吕臣当了令尹,他只会顾自己而已,不会管老百姓的。"

晋人复卫侯

【题解】

城濮之战后,晋国征服了卫国,在恢复卫成公的国君地位后又废掉他,立卫国的公子瑕为君。这反映了当时大国对小国事务的操纵。

【原文】

或诉元咺于卫侯曰:"立叔武矣。"其子角从公,公使杀之。咺不废命,奉夷叔以入守。

六月,晋人复卫侯。宁武子与卫人盟于宛濮①,曰:"天祸卫国,君臣不协,以及此忧也。今天诱其衷,使皆降心以相从也。不有居者,谁守社稷?不有行者,谁扞牧圉②?不协之故,用昭乞盟于尔大神以诱天衷。自今日以往,既盟之后,行者无保其力,居者无惧其罪。有渝此盟,以相及也。明神先君,是纠是殛。"国人闻此盟也,而后不贰。

卫侯先期入,宁子先,长牂守门,以为使也,与之乘而入。公子歂犬、华仲前驱,叔孙将沐,闻君至,喜,捉发走出,前驱射而杀之。公知其无罪也,枕之股而哭之。歂犬走出,公使杀之。元咺出奔晋。

……

卫侯与元咺讼,宁武子为辅,针庄子为坐,士荣为大士。卫侯不胜。杀士荣,刖针庄子③,谓宁俞忠而免之。执卫侯,归之于京师,置诸深室。宁子职纳橐饘焉④。

元咺归于卫，立公子瑕。

①宛濮：卫地，在今河南长垣市西南。
②牧圉：养牛为牧，养马为圉，这里是指养牛马的场所。
③刖（yuè）：古代酷刑，砍脚。
④橐（tuó）饘（zhān）：橐为盛物器；饘为稠粥，意思是装在器物中的粥。

　　有人向卫成公告元咺的状说："他立叔武为君了。"元咺的儿子角跟随着卫成公，卫成公就派人杀了角。但元咺没有背弃卫成公的嘱托仍然侍奉着叔武回国守卫。

　　(鲁僖公二十八年)六月，晋国允许卫成公回国复位。卫国的甯武子与卫国大夫在宛濮会盟，甯武子说："上天给卫国降下灾祸，使卫国内部君臣不协调，以至于有这样的忧愁。现在上天启发了卫国的善良之心，使我们都能抛弃成见互相依从。不是有留守的人，谁来守卫国家呢？不是有在外出行的人，谁来捍卫守护边疆的畜牧呢？因为卫国君臣不协调的缘故，所以公开乞求伟大的神灵盟誓，以便唤起我们善良的天性。自今以后，既然举行了盟誓，在外出行的人不要依恃自己的功劳，在家居守的人不要害怕自己犯有的罪过。如果违背这个盟誓，相互以恶对待，有明神和先朝的国君来监视，任他们纠举和杀戮。"卫国的国人听到这个盟约后，以后就不再分裂为卫成公与叔武两个派别了。

　　卫成公没有按约定的回国日期而提前回国，甯武子还走在他前面。卫国大夫长牂守卫城门，以为甯武子是卫成公派回的使者，就同他一起乘车进了国都城门。公子歂犬、华仲为卫成公的前驱，叔武正准备在家中洗沐，听说卫成公回到国中，十分高兴，手握着头发跑出来迎接，公子歂犬、华仲用箭射死了他。卫成公知道叔武没有罪，枕在他的大腿上哭他。歂犬走出来，卫成公让人杀掉了他。辅佐叔武的元咺逃奔到晋国。

　　……

　　卫成公到晋国同元咺打官司，甯武子为卫成公的辅助者，铖庄子代替卫成公受审，士荣代表卫成公与晋国的审判官员辩理，卫成公没有胜诉，晋国杀掉了士荣，砍去了铖庄子的足，认为甯武子对他的主人忠心而赦免了他。晋国把卫成公拘禁起来，把他送到了东周国都，囚禁在深深的囚室中，让甯武子负责用橐囊装上稠粥给卫成公吃。元咺回到卫国，立公子瑕为卫国国君。

烛之武退秦师

题解

鲁僖公三十年(公元前630),秦、晋出兵包围郑国,郑国大臣烛之武出面去见秦穆公,分析了秦军帮助晋军消灭郑国,只能有利于晋国,扩大晋国的领土,而对秦国形成威胁。于是秦军主动撤退,晋军也退走了。

原文

九月甲午,晋侯、秦伯围郑,以其无礼于晋,且贰于楚也①。晋军函陵②,秦军氾南③。

佚之狐言于郑伯曰:"国危矣,若使烛之武见秦君,师必退。"公从之。辞曰:"臣之壮也,犹不如人,今老矣,无能为也已。"公曰:"吾不能早用子,今急而求子,是寡人之过也。然郑亡,子亦有不利焉。"许之。夜,缒而出④。见秦伯曰:"秦、晋围郑,郑既知亡矣。若亡郑而有益于君,敢以烦执事。越国以鄙远⑤,君知其难也,焉用亡郑以陪邻⑥?邻之厚,君之薄也。若舍郑以为东道主,行李之往来,共其乏困,君亦无所害。且君尝为晋君赐矣,许君焦、瑕,朝济而夕设版焉,君之所知也。夫晋何厌之有?既东封郑,又欲肆其西封,不阙秦,将焉取之?阙秦以利晋,惟君图之。"秦伯说,与郑人盟,使杞子、逢孙、杨孙戍之,乃还。

子犯请击之。公曰:"不可。微夫人之力不及此。因人之力而敝之,不仁;失其所与,不知;以乱易整,不武。吾其还也。"亦去之。

注释

① 贰:亲近,投靠。
② 函陵:郑地,在今河南新郑北十三里。
③ 氾南:即氾水之南,东氾在今中牟南,今湮。
④ 缒(zhuì):用绳子拴在腰间从高处送下来。
⑤ 鄙:用为动词,把……当作边境地区。
⑥ 陪:增益。

译文

(鲁僖公三十年)九月甲午日,晋文公、秦穆公率军包围了郑国,因为郑国曾对晋文公无礼,而且又投靠楚国。晋国的军队驻扎在函陵,秦国军队驻扎在氾水南岸。

郑国大夫佚之狐对郑文公说:"国家危险了,如果让烛之武去见秦穆公,这些军队一定会退走。"郑文公听从了他的建议。烛之武推辞说:"我在壮年的时候,还不如别人;现在已经老了,什么事情也不能做了。"郑文公说:"我不能早用你,现在着急了才来求你,是我的过错。可是如果郑国灭亡了,你也不会有什么利益呀。"烛之武答应了他。夜晚,从城墙上把烛之武吊着放下来,见到了秦穆公。烛之武对秦穆公说:"秦国、晋国包围了郑国,郑国已经知道要亡国了。如果灭亡郑国对你有益,那就麻烦你灭亡它吧。越过别的国家以远地为你国的边疆之地,你知道这是很难做到的,为什么要用灭亡郑国来增强你的邻国呢?邻国土地的增加,意味着你的土地的减少。如果你能舍了郑国把郑国作为你出行东方的主人,郑国供给你旅途中所缺乏的东西,你也没有什么害处。况且你曾经对晋国国君有所施予,他们答应给你焦、瑕,可早晨渡过黄河,晚上就筑起城墙抵御你,这是你知道的。那个晋国,哪里有满足呢?他们既然要向东把郑国作为他们的封土,又要扩大西面的封土。如果不使秦国的土地有损失,他将去哪里掠取土地呢?使秦国受损害而有利于晋国,那请你考虑吧。"秦穆公同意他的看法,同郑国结成同盟,让杞子、逢孙、杨孙留下守卫郑国,他带大军回国了。

狐偃要求进击秦军,晋文公说:"不可以。如果没有秦穆公的力量我们不会达到现在这个地步。用人家的力量而又伤害人家,是不仁义的;失掉同盟,是不聪明的;用战乱去代替和平,不是用武之道。我们回去吧。"也撤退了。

蹇叔哭师

题解

鲁僖公三十二年(公元前628),晋文公去世,秦国适在此时接到留守郑国的杞子的报告,说他掌管郑国北门的启闭,让秦国偷袭郑国。秦国大臣蹇叔预料晋国必在中途邀击秦军,秦军一定大败。本篇是下篇的前奏。

原文

冬,晋文公卒。庚辰,将殡于曲沃①。出绛,柩有声如牛。卜偃使大夫拜,曰:"君命大事,将有西师过轶我②,击之,必大捷焉。"

杞子自郑使告于秦曰:"郑人使我掌其北门之管③,若潜师以来,国可得也。"穆公访诸蹇叔④。蹇叔曰:"劳师以袭远,非所闻也。师劳力竭,远主备之,无乃不可乎?师之所为,郑必知之,勤而无所,必有悖心。且行千里,其谁不知?"公辞焉。召孟明、西乞、白乙,使出师于东门之外。蹇叔哭之,曰:"孟子⑤!吾见师之出而不见其入也。"公使谓之曰:"尔何知?中寿⑥,尔墓之木拱矣。"蹇叔之子与师,哭而送之,曰:"晋人御师必于殽⑦,殽有二陵焉。其南陵,夏后皋之墓也⑧;其北陵,文王之所辟风雨也。必死是间，余收尔骨焉。"秦师遂东。

①殡（bìn）：停放灵柩。
②轶：突然出现。
③管：开启城门的钥匙。
④访：咨询，请教。
⑤孟子：指秦军三帅之一孟明。
⑥中寿：各家解释不一，或称八十岁以下、六十岁以上为中寿。
⑦殽（yáo）：即殽山，在今河南渑池县西南。
⑧夏后皋：夏朝帝王，夏桀之祖父。

（鲁僖公三十二年）冬天，晋文公去世了。庚辰日，将要把他的灵柩送往曲沃停放，出了绛都，灵柩发出像牛叫的声音。卜偃让大夫们叩拜，说："国君有大事下命令，将有西方军队经过我国领土，进攻他们，必定取得大捷。"

留守郑国的秦国将领杞子从郑国派人报告秦国说："郑国让我掌管他们北城门的钥匙，如果秘密派军来，郑国国都就可被我们夺取。"秦穆公接到报告后，去请教蹇叔。蹇叔说："劳动师旅以袭击远方，不是我所听说过的。军队奔劳力尽，远方的君主防备它，不是不应当出动吗？军队的行动，郑国一定会知道，咱们军队辛勤奔走而没有结果，必然会产生背离之心。况且要走一千多里，谁会不知道呢？"秦穆公不接受他的话，告辞了。秦穆公召集孟明、西乞、白乙，让他们朝东门之外的方向进军。蹇叔为他们痛哭，说："孟明啊，我看见军队的出去而看不见他们回来了。"秦穆公让人对蹇叔说："你懂得什么？你如果活到六十岁就死掉，你墓上的树木早应该用两手合抱了。"蹇叔的儿子参加了军队，蹇叔哭着送他，说："晋国防御秦军一定在殽山，殽山有二座陵阜，它的南陵，是夏朝帝王皋的墓地，它的北陵，是周文王用来防避风雨的地方，你一定会死在它们中间，我去收你的尸骨吧。"秦国军队于是向东开走。

晋人及姜戎败秦师于殽

此篇承续上篇，叙述秦穆公不听蹇叔劝告，出师袭击郑国，被晋国邀击而大败。秦、晋殽之战，是互相争夺东方领土的一次战争，通过这次战争，晋国阻挡了秦国向东发展。

原文

三十三年春，秦师过周北门，左右免胄而下，超乘者三百乘。王孙满尚幼，观之，言于王曰："秦师轻而无礼，必败。轻则寡谋，无礼则脱①，入险而脱，又不能谋，能无败乎？"

及滑，郑商人弦高将市于周，遇之，以乘韦先②，牛十二犒师，曰："寡君闻吾子将步师出于敝邑，敢犒从者。不腆敝邑③，为从者之淹，居则具一日之积，行则备一夕之卫。"且使遽告于郑④。

郑穆公使视客馆，则束载、厉兵、秣马矣。使皇武子辞焉，曰："吾子淹久于敝邑⑤，唯是脯资、饩牵竭矣⑥，为吾子之将行也，郑之有原圃⑦，犹秦之有具囿也⑧，吾子取其麋鹿以闲敝邑，若何？"杞子奔齐，逢孙、杨孙奔宋。

孟明曰："郑有备矣，不可冀也。攻之不克，围之不继，吾其还也。"灭滑而还。

……

晋原轸曰："秦违蹇叔而以贪勤民，天奉我也。奉不可失，敌不可纵。纵敌患生，违天不祥。必伐秦师。"栾枝曰："未报秦施，而伐其师，其为死君乎？"先轸曰："秦不哀吾丧而伐吾同姓，秦则无礼，何施之为？吾闻之：'一日纵敌，数世之患也。'谋及子孙，可谓死君乎？"遂发命，遽兴姜戎。子墨衰绖⑨，梁弘御戎，莱驹为右。

夏四月辛巳，败秦师于殽，获百里孟明视、西乞术、白乙丙以归。遂墨以葬文公。

文嬴请三帅，曰："彼实构吾二君，寡君若得而食之，不厌。君何辱讨焉？使归就戮于秦，以逞寡君之志。若何？"公许之。先轸朝，问秦囚。公曰："夫人请之，吾舍之矣。"先轸怒，曰："武夫力而拘诸原，妇人暂而免诸国⑩，堕军实而长寇雠，亡无日矣。"不顾而唾。公使阳处父追之，及诸河，则在舟中矣。释左骖，以公命赠孟明。孟明稽首曰："君之惠，不以累臣衅鼓，使归就戮于秦，寡君之以为戮，死且不朽。若从君惠而免之，三年将拜君赐。"

秦伯素服郊次，乡师而哭，曰："孤违蹇叔，以辱二三子，孤之罪也。"不替孟明，曰："孤之过也，大夫何罪？且吾不以一眚掩大德。"

①脱：简易，疏忽。
②乘韦：乘为数词，即四，韦指熟皮。乘韦即指四张熟牛皮。
③腆：丰厚。
④遽：迅速。
⑤淹：久留。
⑥脯资：脯为干肉，资即粮食，脯资即食品。　饩牵：活着的牲畜为饩，牵为可牵行的牲畜，都是活畜。

⑦原圃：即圃田泽，是郑国境内的湖泽。
⑧具囿：秦国境内的湖泽，亦称阳纡薮、杨陓，在今陕西华阴南、潼关西。
⑨子：指晋襄公。其父晋文公未葬，故称子。墨：染黑。
⑩暂：读为渐，欺诈。

(鲁僖公)三十三年春天，秦国军队经过东周国都的北城门，将士们都脱去头盔下车步行，过后有三百乘的士卒又跳跃上车。东周的王孙满还年幼，看着秦军通过，对周襄王说："秦国军队轻佻而没有礼度，一定要失败。轻佻就缺乏谋略，没有礼度就会疏忽大意。进入危险的崤山地带而疏忽大意，又没什么谋略，能不失败吗？"

秦军到滑国的时候，郑国的商人弦高要去东周做买卖，遇到了秦军，弦高先送给秦军四张熟牛皮，又送给十二头牛犒劳秦军，对他们说："我们君主听说你们将行军通过我们这破地方，我就犒劳行军的人。我们这不丰厚的地方，可以作为你们长久的驻地，你们要住的话可以供应一天的积粮，走的话可以为你预备一晚上的防卫。"并且让人尽快向郑国报告。

郑穆公让人去检查秦国将领杞子、逢孙、杨孙住在郑国的旅馆，看到这些人已经把物资装载到车上，兵器都已磨砺，马匹已经喂饱了。郑穆公就派皇武子去道歉，对他们说："各位久住在我们这里，只是我们的干肉物资、活的牺畜都没有了，因为各位就要离开了，郑国有块湖沼叫原圃，像秦国的具囿一样，各位可以到那里打些麋鹿，也好让我们得一些闲暇，怎么样？"三人听后，杞子逃奔到了齐国，逢孙、杨孙逃奔到了宋国。

孟明(遇到弦高后)说："郑国有了防备了，没什么希望了。进攻它不能取胜，包围它我们又没有后继部队，我们还是回去吧。"消灭了滑国后就往回开。

……

晋国的先轸说："秦国不听蹇叔的劝说，而无休止地劳苦百姓，这是上天给我们的机会。给予的不可丢失，敌人不可放纵。放纵敌人，就要产生祸患；违背天意，就没有好处。一定要进攻秦军。"栾枝说："还没有报答秦国对咱们的恩施，就要进攻秦军，心目中还有死去的国君吗？"先轸说："秦国不为我国的丧事而哀伤，而要进攻我们的同姓，秦国就没有道理，有什么要向他们报恩的事可做呢？我听说过：'一日放纵敌人，会造成数代的祸害。'谋划长远，想到子孙后代，可以这样对死去的君主交代了吧？"于是就发布命令，很快整顿姜戎。晋文公的嫡子全身穿起黑色孝服，梁弘为他驾驭戎车，姜戎的将领莱驹为他的车右。

夏季四月辛巳日，晋军在崤山打败了秦军，俘虏了孟明、西乞、白乙回国。于是，将士们穿上黑色的孝服埋葬了晋文公。

晋文公的夫人文嬴向晋襄公要孟明、西乞、白乙三个被俘的秦军将帅，说："这些人实际上是挑拨晋、秦两位君主关系的人，如果我的君主(秦穆公)获得他们把他们吃掉也不满足，哪里用得着你去惩办他们呢？让他们回秦国接受杀戮，用来满足我的君主的心愿，怎么样？"晋襄公答应了。先轸上朝，问起秦国的这三个囚徒，晋襄公说："夫人要他们，我已经放了他们了。"先轸听后大怒，说："武夫们用尽全力在战场上捉住他们，妇人凭欺诈就把他们赦免在国中，这是摧毁军队的实力而增长仇敌的气焰，我们灭亡没有多少日子了。"不管晋襄公在前就向前唾了一口。晋襄公派阳处父追赶这三个人，到达黄河边，这些人已经坐在河里的船上了。阳处父解下车上的套马，以晋襄公的命令赠送给孟明。孟明在船上低头下拜说："你们国君的恩惠，不把我这被俘的人杀掉用血来祭鼓，使回去接受秦国的杀戮，我的君主如果把我杀了，那我是死而不朽；如果依照你的恩惠赦免了我，那么三年后我将拜谢你的赐予。"

秦穆公穿着白衣服在国都郊外等待，向着秦军大哭，说："我不听蹇叔的话，使各位受了屈辱，是我的罪过啊。"不废掉孟明，说："是我的过错，大夫有什么罪？况且我不会因为一次过错就掩盖了一个人的全部优点。"

晋侯败狄于箕

【题解】

这篇以晋国俘获狄人首领为引子，追叙晋文公的使贤任能，并叙述晋襄公继承父业，任用良臣，使晋国保持强盛。

【原文】

狄伐晋，及箕①。八月戊子，晋侯败狄于箕。郤缺获白狄子②。

先轸曰："匹夫逞志于君而无讨，敢不自讨乎？"免胄入狄师，死焉。狄人归其元③，面如生。

初，臼季使，过冀，见冀缺耨，其妻馌之④，敬，相待如宾。与之归，言诸文公曰："敬，德之聚也，能敬必有德。德以治民，君请用之。臣闻之：出门如宾，承事如祭，仁之则也。"公曰："其父有罪，可乎？"对曰："舜之罪也殛鲧，其举也兴禹。管敬仲，桓之贼也，实相以济。《康诰》曰：'父不慈，子不祗，兄不友，弟不共，不相及也。'《诗》曰：'采葑采菲⑤，无以下体。'君取节焉可也。"文公以为下军大夫。

反自箕，襄公以三命命先且居将中军，以再命命先茅之县赏胥臣，曰："举郤缺，子之功也。"以一命命郤缺为卿，复与之冀，亦未有军行。

①箕（jī）：晋地，今地不确。约在黄河东岸。
②白狄子：白狄（狄族一支）首领。
③元：首级，头。
④馌（yè）：给在田耕作的人送饭。
⑤葑（fēng）：蔓菁。 菲（fěi）：似蔓菁的菜。

狄人侵伐晋国，到达了箕地。（鲁僖公三十三年）八月戊子日，晋襄公率军在箕地打败了狄人。郤缺俘虏了白狄的首领。

先轸说："我这个匹夫曾在君主面前肆意发泄不满情绪，君主对我不加讨伐，我还敢不自我惩罚吗？"脱去头盔冲入狄人的军中，战死了。狄人把他的头颅送还给晋国，他的面色像活着时一样。

当初，胥臣奉命出使，路过冀地，见住在这里的郤缺在田里锄草，他的妻子给他送饭，两人相互恭敬，像对待宾客似的。胥臣就带着郤缺回到国都，告诉晋文公这些情况，说："恭敬，是道德的集中表现。能相敬一定有道德。道德是用来治理人民的，请你起用他吧！我听说过：外出时就像要接见贵宾一样庄重，承办事情的时候要像进行祭祀那样诚心，这是仁的准则。"晋文公说："郤缺的父亲是有罪的，能用他吗？"胥臣对他说："舜惩罚鲧的罪过而把他流放到远方，却推举鲧的儿子禹使他兴盛起来。管仲，是伤害齐桓公的人，齐桓公给了他相的职位以使齐国成功。《康诰》里说：'父亲不慈爱，儿子不恭敬，兄长不友好，弟弟不敬顺，但各是各的罪，不能相互连带。'《诗经》说：'采掘蔓菁采掘菲菜，不要以为下部是根子就抛弃。'你节取他可用的地方就行了。"晋文公任命郤缺为下军的一名大夫。

晋军从箕地返回，晋襄公用发布三次命令的方式命先且居统率中军，以发布两次命令的方式命令把先茅这一县地赏给胥臣，对他说："推荐郤缺，是你的功劳。"以发布一次命令的方式任命郤缺为卿大夫，又给了他冀地，只是没有给他军队里的职位。

◎文　公

楚世子商臣弑其君

【题解】

楚成王在确立继承者的问题上，犹疑不定，终于导致太子商臣作乱，自身遭到杀害。

【原文】

初，楚子将以商臣为大子，访诸令尹子上。子上曰："君之齿未也，而又多爱，黜乃乱也。楚国之举，恒在少者。且是人也，蜂目而豺声，忍人也①，不可立也。"弗听。既，又欲立王子职而黜大子商臣。商臣闻之而未察，告其师潘崇曰："若之何而察之？"潘崇曰："享江芈而勿敬也②。"从之。江芈怒曰："呼！役夫！宜君王之欲杀女而立职也。"告潘崇曰："信矣。"潘崇曰："能事诸乎？"曰："不能。""能行乎？"曰："不能。""能行大事乎？"曰："能。"

冬十月，以宫甲围成王。王请食熊蹯而死③，弗听。丁未，王缢。谥之曰"灵"，不瞑，曰"成"，乃瞑。

穆王立，以其为大子之室与潘崇，使为大师，且掌环列之尹④。

【注释】

①忍：狠心，残忍。
②江芈（mǐ）：芈是楚国的一种姓氏。江芈，为楚成王之妹，嫁在江国。
③熊蹯：熊掌。煮熟熊掌需很长时间，楚成王意在拖延时间，等待救兵。
④环列之尹：掌管宫廷侍卫的长官。

【译文】

当初，楚成王准备以商臣为太子，与令尹子上商量。子上说："君王的年纪还不大，还有很多宠幸的姬妾，废去太子就会发生动乱。楚国的确立太子，常常是选择最年少的公子。况且商臣这个人，眼睛像蜜蜂眼睛而声音像豺狼号叫，是一个残忍的人，不可立为太子。"楚成王不听他的话。不久，楚成王想立王子职为太子，而要废掉太子商臣。商臣听到传闻但还没有得到证实，就把这消息告诉了他的老师潘崇，问："如何才能把这消息证实？"潘崇说："你去宴请成王的妹妹江芈但要戏弄她。"商臣照他的话去做。江芈受他戏弄而大怒，说："哎呀！你这贱役之人，难怪君王要杀你而立王子职为太子呢！"商臣回来告诉潘崇说："消息可靠。"潘崇问他："你能去侍奉王子职吗？"回答说："不能。"又问："你能出逃吗？"回答说："不能。"最后问："能举行大事吗？"回答："能。"

（鲁文公元年）冬十月，商臣用他宫中的兵包围了成王。成王请求吃一只熊掌再死，商臣不答应。丁未这天，楚成王自缢。大臣们为他定谥为"灵王"，他不闭眼；改为"成王"，才闭上了眼。

商臣立为楚穆王，把他当太子时室内的财物用品都给了潘崇，任潘崇为太师，让他掌管环列宫廷的警卫。

晋侯及秦师战于彭衙

题解

鲁文公二年（公元前625），秦国进攻晋国，战于彭衙，又被晋国击败。但秦穆公没有责怪两次率兵失败的孟明视，专一地任其主持国政，终使秦国强大起来。

原文

殽之役，晋人既归秦帅，秦大夫及左右皆言于秦伯曰："是败也，孟明之罪也，必杀之。"秦伯曰："是孤之罪也。周芮良夫之诗曰①：'大风有隧，贪人败类②，听言则对③，诵言如醉④。匪用其良，覆俾我悖。'是贪故也，孤之谓矣。孤实贪以祸夫子，夫子何罪？"复使为政。

二年春，秦孟明视帅师伐晋，以报殽之役。二月，晋侯御之，先且居将中军，赵衰佐之。王官无地御戎，狐鞫居为右。甲子，及秦师战于彭衙⑤，秦师败绩。晋人谓秦"拜赐之师"。

战于殽也，晋梁弘御戎，莱驹为右。战之明日，晋襄公缚秦囚，使莱驹以戈斩之。囚呼，莱驹失戈，狼瞫取戈以斩囚，禽之以从公乘，遂以为右。箕之役，先轸黜之，而立续简伯。狼瞫怒。其友曰："盍死之？"瞫曰："吾未获死所。"其友曰："吾与女为难。"瞫曰："《周志》有之：'勇则害上，不登于明堂。'死而不义，非勇也。共用之谓勇，吾以勇求右，无勇而黜，亦其所也。谓上不我知，黜而宜，乃知我矣。子姑待之。"及彭衙，既陈，以其属驰秦师，死焉。晋师从之，大败秦师。

君子谓："狼瞫于是乎君子。《诗》曰：'君子如怒，乱庶遄沮⑥。'又曰：'王赫斯怒，爰整其旅。'怒不作乱，而以从师，可谓君子矣。"

秦伯犹用孟明。孟明增修国政，重施于民。赵成子言于诸大夫曰："秦师又至，将必辟之。惧而增德，不可当也。《诗》曰：'毋念尔祖，聿修厥德。'孟明念之矣。念德不怠，其可敌乎？"

①芮良夫：周厉王时卿士。
②类：善。指善良的人。
③听言：道听途说的话。
④诵言：诵读《诗》、《书》的话。
⑤彭衙：秦地，当今陕西白水县东北四十里的彭衙堡。
⑥乱庶遄（chuán）沮：意思是乱可以很快阻止。遄，疾速，很快；沮，阻止。

殽山战役后，晋国把被俘的秦国将帅放回不久，秦国的大夫们和秦穆公的左右臣僚都进言于秦穆公说："这次失败，是孟明的罪过，一定要杀掉他。"秦穆公说："是我的罪过。周朝的芮良夫作的诗里说：'大风迅疾地吹来，像是贪婪的人要把良善者败坏；那贪婪者凭借道听途说就来应对，听到《诗》《书》诵读之语则昏昏如醉。居上者不用别人的良言，反使自己有悖逆的行为。'失败是贪婪的缘故，这诗正是说的我。我确实是贪图人家的土地而使孟明遭祸，孟明有什么罪呢？"仍然使孟明执掌政务。

（鲁文公）二年春天，秦国的孟明视率领军队进攻晋国，用以报复殽山战役之仇。二月，晋襄公率军抵御。先且居为中军统帅，赵衰为副统帅。王官无地为晋襄公驾驭戎车，狐鞫居为车右。甲子日，与秦军在彭衙展开战争，秦军没有取得进展。晋国人称秦的军队为"拜谢晋国恩赐的军队。"

在殽的战役中，晋襄公的戎车由梁弘驾驭，莱驹为车右。战役的第二天，晋襄公绑缚了秦国的俘虏，让莱驹用戈去斩杀他们。俘虏们呼叫起来，莱驹害怕地丢掉了戈，狼瞫捡起戈来斩杀了囚徒，捉拿了莱驹跟在晋襄公的戎车后，于是就以狼瞫为车右。到晋国与狄人在箕地作战时，晋军将领先轸又废掉狼瞫的车右职务，而让狐鞫居来担任。狼瞫很恼怒。狼瞫的朋友对他说："你为什么不去死？"狼瞫说："我没有去死的地方。"他的朋友说："我和你一起作乱。"狼瞫说："《周志》里说：'勇敢而谋害上司，死后就进不了明堂配享。'死了却不合道义，不是勇敢的表现。生命为国家所用才称为勇敢，我是以这样的勇敢来求当车右的，没有这样的勇敢而被废掉，那也是我应得到的结果。如果认为上司还不了解我，废掉我，我觉得合适，那他就了解我了。你就等待着吧。"到彭衙战争时，晋军列好阵后，狼瞫率领自己的部属冲击秦军，战死了。晋军紧跟着他冲击，打败了秦军。

君子称："狼瞫真够得上是位君子。《诗经》说：'君子如果发怒，祸乱就会很快被阻止。'又说：'天子赫然发怒，于是就整旅而征讨。'狼瞫发怒而不去作乱，用恼怒来从军打仗，可以称得上君子了。"

秦穆公仍然重用孟明。孟明加强了国政的整顿，施行对百姓有重大利益的措施。赵衰对晋国的大夫们说："秦国军队要再来的话，一定要避开他们。警惧失败因而增强道德，那是不可阻挡的。《诗经》说：'怀念你的祖先，修养你的道德。'孟明是经常想到这些的。经常想到修养道德而不懈怠，哪里可以胜过他呢？"

秦穆公卒

【题解】

秦穆公死后，仍旧实行人殉，用三位良臣为他殉葬。这种行为受到《左传》作者的激烈批判，认为秦穆公不能称霸，原因就在于他不肯放弃腐朽的制度，并预料秦国如此下去，将不会有所发展。这说明《左传》作者有进步的历史观。

秦伯任好卒，以子车氏之三子奄息、仲行、针虎为殉，皆秦之良也。国人哀之，为之赋《黄鸟》①。

君子曰："秦穆之不为盟主也宜哉！死而弃民。先王违世，犹诒之法②，而况夺之善人乎？《诗》云：'人之云亡，邦国殄瘁③。'无善人之谓。若之何夺之？古之王者知命之不长，是以并建圣哲，树之风声，分之采物，著之话言④，为之律度，陈之艺极⑤，引之表仪，予之法制，告之训典，教之防利，委之常秩，道之礼则，使毋失其土宜，众隶赖之，而后即命⑥。圣王同之。今纵无法以遗后嗣，而又收其良以死，难以在上矣。"君子是以知秦之不复东征也。

【注释】

①《黄鸟》：《诗经·秦风》的一篇。其《序》说："《黄鸟》，哀三良也。国人刺穆公以人从死而作是诗也。"

②诒（yí）：留给，留下。

③殄瘁：殄，尽；瘁，病。意思是都受病困。

④话言：善言。

⑤艺极：准则。

⑥即命：死的别称。

秦穆公任好死去，用子车氏的三个儿子奄息、仲行、针虎为他殉葬，这三个人都是秦国的良臣。秦国人民哀伤他们被杀殉葬，为他们作了一首名为《黄鸟》的诗。

君子评论说："秦穆公作不了盟会的主人是应该的。他死去就把人民抛弃了。先代的帝王在离开人世的时候，还要留给后人法规，哪里会夺走善良的贤臣呢？

《诗经》说：'一个英才的死亡，全国都困难了。'是指国家没有善人的意思。既然这样为何还要夺去善人呢？古代统治天下的人知道自己的性命不会长久，所以广泛地搜罗贤能之人，为他们树立风化声教，分给他们表明上下尊卑等级的物品，把遗留给他们的善言著在竹帛上，为他们制定规章制度，为他们公开展示准则，用自己的表现来引导他们，给予他们法则和制度让他们来应用，告诉给他们先代帝王的典籍，教给他们防止私利，委派给他们长期的职务，教导给他们应遵守的礼度法则，使他们不要丢掉适合当地实行的制度，让大家都能隶属和依赖他，然后死去。最高尚的帝王也是这样做的。今天秦穆公纵使没有法规留给后人，怎么又能收聚国中贤良的人为他送死，他就很难与君主高高在上的地位相称了。"君子这就知道秦国再不能向东方征伐了。

晋蒐于夷

【题解】

鲁文公六年(公元前621)，晋国因前任军帅的去世，整编军队，任用新的统帅，举行大型军事演习。通过这次演习，赵盾主持了国政，实行一系列政治改革，强化了晋国的统治。

【原文】

六年春，晋蒐于夷①，舍二军。使狐射姑将中军，赵盾佐之。阳处父至自温，改蒐于董②，易中军。阳子，成季之属也，故党于赵氏，且谓赵盾能，曰："使能，国之利也。"是以上之。宣子于是乎始为国政③，制事典，正法罪，辟狱刑，董逋逃④，由质要⑤，治旧洿⑥，本秩礼，续常职，出滞淹。既成，以授大傅阳子与大师贾佗，使行诸晋国，以为常法。

【注释】

①夷：晋地，今地不详。
②董：晋地，在今山西万荣县境内。
③宣子：赵盾谥号。
④董：督察追捕。
⑤由：用。质：契约。要：账目。
⑥洿（wū）：贪污腐败。

【译文】

(鲁文公)六年春，晋在夷地整顿训练军队，裁去两个军。任狐射姑为中军统帅，赵盾为副统帅。阳处父从温地返回，晋军又改到董地训练，换了中军统帅的正、副之职。阳处父，是赵衰管辖下的一名大夫，所以他属于赵氏的党羽，而且他称赵盾有能力，他说："用有能力的人，是为了国家的利益。"所以把赵盾提到狐射姑之上。赵盾于是开始执掌国家政务。他制定了兴办国家大事的典章条例，规定出处罚罪犯的法律条文，决断已有的犯罪案件，督促追捕避罪逃亡的犯人，采用契约账目加强财物管理，治理国家原有的腐朽状况，恢复了原有的贵贱等级秩序，补足职官的空缺，起用滞留在民间的贤能之人。制定出一系列制度后，把这些政务交给太傅阳处父和太师贾佗执行，使之推行到晋国全国，作为长期的施政原则。

晋杀其大夫阳处父

【题解】

晋襄公死后，晋国大夫在确定继位者的问题上发生斗争，主持晋国国政的赵盾极力来调和这种斗争，使晋国安定。篇中借臾骈的话，颂扬赵盾，说明他在晋国的威望。

【原文】

八月乙亥，晋襄公卒。灵公少，晋人以难故，欲立长君。赵孟曰："立公子雍。好善而长，先君爱之，且近于秦。秦，旧好也。置善则固，事长则顺，立爱则孝，结旧则安。为难故，故欲立长君。有此四德者，难必抒矣。"贾季曰："不如立公子乐。辰嬴嬖于二君，立其子，民必安之。"赵孟曰："辰嬴贱，班在九人①，其子何震之有②？且为二君嬖，淫也。为先君子，不能求大，而出在小国，辟也③。母淫子辟，无威；陈小而远，无援；将何安焉？杜祁以君故④，让偪姞而上之⑤，以狄故，让季隗而己次之，故班在四。先君是以爱其子，而仕诸秦，为亚卿焉。秦大而近，足以为援，母义子爱，足以威名。立之不亦可乎？"使先蔑、士会如秦，逆公子雍。贾季亦使召公子乐于陈，赵孟使杀诸郫⑥。

贾季怨阳子之易其班也，而知其无援于晋也，九月，贾季使续鞫居杀阳处父。书曰："晋杀其大夫"，侵官也。

冬十月，襄仲如晋葬襄公。

十一月丙寅，晋杀续简伯。贾季奔狄。宣子使臾骈送其帑⑦。

夷之蒐，贾季戮臾骈，臾骈之人欲尽杀贾氏以报焉。臾骈曰："不可。吾闻前志有之曰：'敌惠敌怨，不在后嗣。忠之道也。'夫子礼于贾季，我以其宠报私怨，无乃不可乎？介人之宠⑧，非勇也。损怨益仇，非知也。以私害公，非忠也。释此三者，何以事夫子？"尽具其帑与其器用财贿，亲帅扞之，送致诸竟⑨。

① 班：位次。
② 震：威信。
③ 辟：同"僻"，偏僻。
④ 杜祁：公子雍之母，杜国祁姓之女。
⑤ 偪姞（jí）：晋襄公之母，偪国姞姓之女。
⑥ 郫（pí）：晋地，即今河南济源市之邵源镇。
⑦ 帑：同"孥"，妻子，儿女。
⑧ 介：因，凭借。
⑨ 竟：同"境"。

（鲁文公六年）八月乙亥日，晋襄公死去。晋灵公还很小，晋国人因有国难的缘故，想要立年长的君主。赵盾说："立公子雍（即被废太子）吧。他爱好行善而排行又长，先君文公喜爱他，而且他与秦国亲近。秦国，是我们原来的友好国家。用善良的人能稳固，服侍年长者顺当，立文公喜爱的人也是对他的孝敬，结交旧友就会安宁。因为国难的缘故，所以应该立一个年长的君主。有这样四种德性的人，国难一定得到缓解。"狐射姑（贾季）说："不如立公子乐为君。公子乐的母亲辰嬴有宠于怀公和文公，立她的儿子为君，人民一定会安定。"赵盾说："辰嬴地位卑贱，排在文公妃妾中的第九位，她的儿子会有什么威信呢？又且她受到两位君主的宠爱，说明她淫荡。作为文公的儿子，我们不去寻找年长的，而要找寻一个小国女子所生的人，那里偏僻不为人所知。母亲淫荡而儿子又在偏僻小国，是没有威信的；陈国小而离我们又远，是得不到它的援助的。将来用什么来安定国家呢？当时公子雍的母亲杜祁因为襄公为偪姞所生的缘故，所以她把自己的地位让给偪姞而使偪姞居于她之上，又为了交好狄人，杜祁再次让位于文公的姬妾狄人的女儿季隗，而自己处在季隗之下，所以杜祁才排到第四位的。文公因此爱杜祁所生的雍，而雍又在秦国担任官职，成为秦国的亚卿。秦是大国，离我们又近，足以援助我们；母亲讲道义儿子又受到喜爱，足以在人民中树起威信。立公子雍为君，不也是可以的吗？"赵盾就派先蔑、士会去秦国迎接公子雍。狐射姑也派人到陈国召公子乐，赵盾派人把公子乐杀死在郫地。

狐射姑本来就怨恨阳处父把他的中军统帅的职位换下来，而且知道他在晋国没有援助的人了，九月，他派了续鞫居杀害了阳处父。《春秋》写道，"晋国杀了他们的大夫"，意思是说因为阳处父侵夺官权。

冬季十月，鲁国的大夫襄仲到晋国参加晋襄公的葬礼。

十一月丙寅日，晋国杀了续鞫居。狐射姑逃奔到狄人那里。赵盾让臾骈把狐射姑的妻儿给他送去。

在夷地举行军事训练的时候，狐射姑侮辱了臾骈。这时，臾骈的部属准备杀尽狐射姑一家以报复。臾骈对他们说："不行。我听过以前的志书里说过：'一个人与对方的恩惠或仇怨，不要延及到他的后代。这才是忠实之道。'赵盾夫子对狐射姑很礼敬，我因为受赵盾夫子的宠幸去报复私怨，那不是不可以吗？借用别人对自己的宠幸，不是勇敢；减除自己的怨恨而增加他人对自己的仇恨，不是聪明；因为私事而损害公家的利益，不是忠诚。舍弃勇敢、聪明、忠诚，用什么来对待赵盾夫子呢？"就把狐射姑的家属财产器物都放在车上，亲自护送，送到边境。

晋人及秦人战于令狐

题解

晋国本来已确定立晋襄公的庶弟公子雍为君，但由于襄公夫人穆姬的强求，改立襄公之子为君。并派兵阻挡秦国护送公子雍回国，双方在令狐发生了战争。此后，晋灵公即位，晋国政治开始败坏。

原文

秦康公送公子雍于晋。曰："文公之入也无卫，故有吕、郤之难。"乃多与之徒卫。

穆嬴日抱大子以啼于朝①，曰："先君何罪？其嗣亦何罪？舍嫡嗣不立，而外求君，将焉置此？"出朝，则抱以适赵氏，顿首于宣子，曰："先君奉此子也而属诸子，曰：'此子也才，吾受子之赐；不才，吾唯子之怨。'今君虽终，言犹在耳，而弃之，若何？"宣子与诸大夫皆患穆嬴，且畏逼，乃背先蔑而立灵公，以御秦师。

箕郑居守，赵盾将中军，先克佐之；荀林父佐上军；先蔑将下军，先都佐之。步招御戎，戎津为右。及堇阴②。宣子曰："我若受秦，秦则宾也；不受，寇也。既不受矣，而复缓师，秦将生心。先人有夺人之心，军之善谋也。逐寇如追逃，军之善政也。"训卒，利兵，秣马，蓐食③，潜师夜起。戊子，败秦师于令狐④，至于刳首⑤。

己丑，先蔑奔秦，士会从之。

先蔑之使也，荀林父止之，曰："夫人、大子犹在，而外求君，此必不行。子以疾辞，若何？不然将及。摄卿以往，可也，何必子？同官为寮，吾尝同寮，敢不尽心乎？"弗听。为赋《板》之三章⑥，又弗听。及亡，荀伯尽送其帑及其器用财贿于秦，曰："为同寮故也。"

士会在秦三年，不见士伯。其人曰："能亡人于国，不能见于此，焉用之？"士季曰："吾与之同罪,非义之也,将何见焉?"及归,遂不见。

①大子:太子,夷皋(晋灵公)。
②堇阴:晋地,当在今山西临猗县东。
③蓐(rù):厚。蓐食指吃饱。
④令狐:晋地,今山西临猗县猗氏镇。
⑤刳(kū)首:晋地,在临猗县境废临晋县治。
⑥《板》:《诗经·大雅》篇名,其第三章说:"我虽异事,及尔同寮。我即尔谋,听我嚣嚣……"

秦康公准备把公子雍送回晋国,说:"晋文公回国的时候没有护卫,所以发生了吕饴甥、郤芮谋杀他的事件。"就给公子雍很多的步兵护卫。

晋襄公的夫人穆嬴每天抱着太子在朝堂上嚎哭,说:"先君有什么罪过?他的儿子又有什么罪过?舍去嗣位的嫡子不立,而要从外面寻找一个国君,要把我们母子放到什么地方?"她从朝堂出来,便抱着太子到赵盾家中,向赵盾磕头,对赵盾说:"先君曾抱着这个儿子托付给你,说:'这孩子如果成才,我就等于受了你的恩赐;如果他不成才,我就只能埋怨你了。'现在君主虽然去世了,但他说的话还像在耳旁,你就把这话抛弃了,想要干什么?"赵盾和大夫们都很头疼穆嬴,又害怕她的步步紧逼,就背着去秦国接公子雍的先蔑而确定立穆嬴的儿子,并准备抵抗护送公子雍的秦国军队。

让箕郑留守国都,赵盾统率中军,先克为副统帅;荀林父为上军副统帅,已先回国的先蔑统率下军,先都为副统帅。步招为中军统帅赵盾驾驭戎车,戎津为车右。军队到达堇阴。赵盾对大家说:"我们如果接受秦国护送的公子雍,秦军就是我们的宾客;如果我们不接受,那秦军就是我们的敌寇。现在既然我们决定不接受他了,如果我们延缓军队的行进,秦国就会用武力强制我们接纳公子雍。比他们先走一步就会在心理上压倒他们,这是行军打仗的最好谋略。驱逐仇寇如同追捕逃犯,这是打仗的最好方策。"在堇阴加强士卒训练,磨利兵器,喂好马匹,让士卒吃得饱饱的,在晚上悄悄起兵行动。戊子日,在令狐打败了护送公子雍的秦军,并追赶到刳首。

己丑日,先蔑投奔到秦国,士会也跟随着他。

先蔑出使秦国的时候,荀林父曾阻止他,说:"晋襄公的夫人、太子都还在国内,而要到外面寻找一个国君,这一定不能去。你假称得病推辞掉,怎么样?不这样做的话,将给你带来危害。让一个代理卿大夫的人去就行了,何必一定你去呢?一起做官就是同僚,我们曾经是同级的官吏,我哪敢对你不尽心考虑呢?"先蔑不听他的话。荀林父又诵《板》诗的第三节劝说他,先蔑又没有听。等到先蔑逃亡时,荀林父又把先蔑的妻子儿女和家里器物用度财产全部送到秦国,说:"因为我们是同僚的缘故。"

士会在秦国居住了三年,也没有见过先蔑。他的随从人们说:"他能和我们一起从晋国逃亡,倒不能在这里见一面,哪里用得着这样?"士会说:"我和他是一样的罪过,我又不觉得他正当,有什么可见的呢?"及至两人都回到晋国,士会从不去看先蔑。

晋侯使解扬归匡、戚之田于卫

题解

鲁文公七年(公元前620),晋国在夺取了卫国的一些领土后决定归还给它,目的是"示威示怀",即大国对小国既要用武力威胁,又用"德义"怀柔,使小国总由大国摆布。这是春秋时期大国征服小国的两面手段。

原文

晋郤缺言于赵宣子曰:"日卫不睦①,故取其地。今已睦矣,可以归之。叛而不讨,何以示威?服而不柔,何以示怀?非威非怀,何以示德?无德,何以主盟?子为正卿,以主诸侯,而不务德,将若之何?《夏书》曰②:'戒之用休,董之用威③,劝之以《九歌》,勿使坏。'九功之德皆可歌也,谓之《九歌》。六府、三事,谓之九功。水、火、金、木、土、谷,谓之六府,正德、利用、厚生,谓之三事。义而行之,谓之德、礼。无礼不乐,所由叛也。若吾子之德,莫可歌也,其谁来之?盍使睦者歌吾子乎?"宣子说之。

八年春,晋侯使解扬归匡、戚之田于卫,且复致公婿池之封,自申至于虎牢之境④。

①日:从前,即鲁文公元年(公元前626)。
②《夏书》:以下引文见于《尚书·大禹谟》。
③董:督促。
④申:郑地,当在今河南巩义市东、荥阳市西。

晋国的郤缺对赵盾进言说:"往日卫国跟我们不友好,所以我们夺取了他们的一些土地。现在他们跟我们友好了,可以归还这些土地了。背叛了而不加讨伐,怎么显示威力呢?归服了而不加抚绥,怎么显示恩德呢?没有威力也没有恩德,怎么显示德行呢？没有德行，怎么主持盟会呢？你是正卿，用这个身份做各国的盟主，而不急于提倡德行，将要怎么办？《夏书》说：'用善道告诫人，用威刑去督促人，用《九歌》来劝导人，不要使他们败坏。'九种事功的德行都是可以歌颂的，称之为《九歌》。六府、三事，称为九功。水、火、金、木、土、谷等物质，称为六府，修正德行、开发有用物资、加厚民生所需，称为三事。见义而实行，称为德行、礼数。没有德行、礼数就不会快乐，所以要引起叛变。如果你的德行、礼度，没有可歌颂的地方，那有谁会来归服呢？为何不让对我们友好的人们来歌颂你呢？"赵盾很高兴他这番话。

（鲁文公）八年春季，晋灵公派解扬把匡地、戚地归还给卫国。并且又送给郑国当年公婿池所划定的地方，从申地到达虎牢边境的地方。

楚子、蔡侯次于厥貉

楚国准备进攻宋国，宋国自知力量弱小，不能抵抗，便邀请楚穆公到宋游览、围猎。在围猎中，宋昭公违反楚王的命令，楚国的左司马就鞭打他的仆人来警告他，实际是以此威胁宋国。表明大国对小国的颐指气使。

【原文】

陈侯、郑伯会楚子于息。冬，遂及蔡侯次于厥貉①，将以伐宋。

宋华御事曰："楚欲弱我也，先为之弱乎？何必使诱我？我实不能，民何罪？"乃逆楚子，劳且听命。遂道以田孟诸②。宋公为右盂，郑伯为左盂。期思公复遂为右司马③，子朱及文之无畏为左司马，命夙驾载燧。宋公违命，无畏抶其仆以徇④。

或谓子舟曰："国君不可戮也。"子舟曰："当官而行，何强之有？《诗》曰：'刚亦不吐，柔亦不茹⑤。''毋纵诡随⑥，以谨罔极⑦'。是亦非辟强也。敢爱死以乱官乎？"

①厥貉：宋国边地，当在今河南项城市境内。
②孟诸：古代湖泽，在宋国境内。
③期思：楚国县邑，在今河南固始县西北。
④抶（chì）：笞打，鞭打。
⑤茹：吃，吞。这里二句引自《诗经·大雅·烝民》。次序颠倒。
⑥诡随：诡诈欺骗。
⑦极：标准。罔极，放荡胡来。这里二句引自《诗经·大雅·民劳》。

陈共公、郑穆公与楚穆王在息地相会。(鲁文公十年)冬天,三位又同蔡庄公停留在厥貉,准备进攻宋国。

宋国大夫华御事说:"楚国要削弱我们,我们是否先就让他看得软弱些?何必让他来诱逼我们?我们这些当官的实在无能,可咱们的老百姓有什么罪呢?"于是就把楚穆王迎到国内,慰劳他并且听从他的指令。引导楚穆王等到孟诸泽中去游猎。宋昭公在右面的圆形猎阵上,郑穆公在左面的圆形猎阵上。楚国期思公复遂担任右司马,楚国的子朱和文之无畏为左司马。命令早晨要驾车启程并装上取火的燧木。宋昭公违反命令没有这样做,文之无畏就鞭打了他的车夫来警示众人。

有人质问文之无畏说:"国君是不能侮辱的。"文之无畏说:"担当官职就要按职务做事,管什么谁的地位高呢?《诗经》说:'刚硬的东西不吐出来,柔软的东西不吃下去。''不要放纵诡诈欺哄的行为,用来警戒那些没有准则的行为。'这都是说的不要躲避强者。我敢怕死而放弃自己的职守吗?"

晋人、秦人战于河曲

鲁文公十二年(公元前615),秦国在令狐之役失败后,再次向晋国进攻。为秦国出谋划策的是晋国人士会。这次战争双方都未取胜,但晋国由此感到秦国对自己的威胁。

秦为令狐之役故,冬,秦伯伐晋,取羁马①。晋人御之。赵盾将中军,荀林父佐之。郤缺将上军,臾骈佐之。栾盾将下军,胥甲佐之。范无恤御戎,以从秦师于河曲。

臾骈曰:"秦不能久,请深垒固军以待之②。"从之。

秦人欲战。秦伯谓士会曰:"若何而战?"对曰:"赵氏新出其属曰臾骈,必实为此谋,将以老我师也③。赵有侧室曰穿,晋君之婿也,有宠而弱,不在军事,好勇而狂,且恶臾骈之佐上军也。若使轻者肆焉,其可。"秦伯以璧祈战于河。

十二月戊午,秦军掩晋上军。赵穿追之,不及。反,怒曰:"裹粮坐甲,固敌是求。敌至不击,将何俟焉?"军吏曰:"将有待也。"穿曰:"我不知谋,将独出。"乃以其属出。宣子曰:"秦获穿也,获一卿矣。秦以胜归,我何以报?"乃皆出战,交绥。

秦行人夜戒晋师曰:"两君之士皆未憖也④,明日请相见也。"臾骈曰:"使者目动而言肆,惧我也,将遁矣。薄诸河,必败之。"胥甲、赵穿当军门呼曰:"死伤未收而弃之,不惠也。不待期而薄人于险,无勇也。"乃止。秦师夜遁。复侵晋,入瑕。

①羁马:晋地,在今山西永济县南。
②深垒:高筑营垒。
③老:使……因相持长久而疲惫厌战。
④慭(yìn):满意。

秦国因为令狐战役失败的缘故,又于(鲁文公十二年)冬季,(在秦康公的率领下)进攻晋国,夺取了晋国的羁马。晋国抵抗秦国的进攻。赵盾统率中军,荀林父为副。郤缺统率上军,臾骈为副。栾盾统率下军,胥甲为副。范无恤为赵盾驾驭戎车,率军追击秦军到达河曲。

臾骈说:"秦军不能持久,我们高筑壁垒把军队固定下来等待他们。"赵盾听从了他的建议。

秦人想要发动战斗,秦康公对士会说:"用什么办法来战呢?"士会回答说:"赵盾新近提拔了他的下属臾骈,一定是臾骈出的这个计策,将用来使我们的军队长时间停留导致疲惫。赵盾有一庶出兄弟叫赵穿,是晋襄公的女婿,他受赵盾宠幸而年少,不懂得军事,好勇而狂妄,并且怨恨臾骈担任上军副统帅。如果让一些轻捷的战士进行挑战,晋军一定会出战。"秦康公用玉璧向河神祈求获胜。

(鲁文公十二年)十二月戊午,秦军掩袭晋国的上军而迅速撤退。赵穿追击秦军,没有追上,返回来,愤怒地说:"装起军粮披甲而坐,固定在这里等待敌人。敌人来了不攻打,将要等待什么?"军吏说:"将军待他们的疲惫。"赵穿说:"我不懂得计谋,我要单独出击。"就带着他的部属出击。赵盾说:"秦军若俘虏赵穿,就是俘虏一个卿大夫了。秦军以胜利回国,我们拿什么报答国人?"就全军出战,双方都退了兵。

秦军派到晋国的行人在晚上告诉晋军说:"两位国君的战士都不愿意撤退,明日请再相见。"臾骈说:"秦国的使者眼珠乱转言语失态,说明畏惧我们,就要偷跑了。把他们逼迫到河边,一定会打败他们。"胥甲、赵穿挡住营门呼叫说:"死的伤的还没有收留就抛弃他们,没有恩惠。不等待约好的战期逼迫人家到险境,太不勇敢了。"晋军就停下了。秦军就在当晚逃遁了。后来,再次侵犯晋国,进入瑕地。

晋六卿相见于诸浮

题解

晋国为缓和秦国对自己的威胁，执政的六卿秘密相会，决定用计策诱使士会回国，以争夺谋士。这一计谋成功，士会后来又成为晋国的主要谋臣。

原文

十三年春，晋侯使詹嘉处瑕，以守桃林之塞①。

晋人患秦之用士会也，夏，六卿相见于诸浮②。赵宣子曰："随会在秦③，贾季在狄，难日至矣，若之何？"中行桓子曰："请复贾季，能外事，且由旧勋。"郤成子曰④："贾季乱，且罪大，不如随会。能贱而有耻，柔而不犯，其知足使也。且无罪。"

乃使魏寿余伪以魏叛者，以诱士会。执其帑于晋，使夜逸。请自归于秦，秦伯许之。履士会之足于朝。秦伯师于河西，魏人在东。寿余曰："请东人之能与夫二三有司言者，吾与之先。"使士会，士会辞，曰："晋人，虎狼也，若背其言，臣死，妻子为戮，无益于君，不可悔也。"秦伯曰："若背其言，所不归尔帑者，有如河！"乃行。绕朝赠之以策，曰："子无谓秦无人，吾谋适不用也。"既济，魏人噪而还，秦人归其帑。其处者为刘氏。

注释

①桃林：指今河南灵宝西至陕西潼关一带。
②诸浮：晋国国都郊外之地。
③随会：即士会，因采邑在随、范，又称随会、范会。
④郤成子：郤缺。

译文

（鲁文公）十三年春，晋国国君派詹嘉到瑕地驻守，以便防守秦国东部的桃林关塞。

晋国忧虑秦国任用士会而图谋侵害晋国，夏季，六位卿大夫秘密在绛都郊外的诸浮相会。赵盾说："士会在秦国，狐射姑在狄人那里，我们的灾难每日都有可能到来，有什么办法能对付呢？"荀林父说："请让狐射姑再回来，他懂得外境的事情，而且他父亲狐偃是原来的功勋。"郤缺说："狐射姑好作乱，罪恶又大，不如士会。士会能做到处于卑贱而懂得耻辱，性格和顺但不可侵犯，他的智慧也足够用，又没有罪。"

这样，晋国就让魏邑的魏寿余假装成魏邑的叛徒，(跑到秦国)来诱骗士会回晋国。晋国公开地拘禁了魏寿余的妻子,又在晚上放开了她。(魏寿余到秦国后,)说他要把魏邑和当地人民都归到秦国,秦康公答应了。魏寿余又跟着士会上朝暗中踩一下他的脚来示意。秦康公带领军队在黄河西岸接应魏邑人民到秦国,魏邑人都站在黄河东岸,魏寿余对秦康公说:"请你让在秦国的晋国人能与对岸魏邑几个管事的说上话的人过去,我带他先过去接应魏人。"秦康公就让士会去。士会推辞不去,说:"晋国人,都是虎狼。如果他们反悔了,我就会死去,留在秦国的妻儿也会被你杀死,这对君主你是没有好处的,你不要因为我去了办不成后悔啊。"秦康公说:"如果魏邑的人反悔了,而我不归还你的妻子,有河神来监视。"于是魏寿余和士会就起身过河。秦国大夫绕朝赠给士会策书,对士会说:"你不要以为秦国就没有人才,只是我的计谋正好没有被采用。"士会和魏寿余过河之后,魏邑的人带着他们呐喊一声回去了,秦国也把士会的妻儿送回晋国,士会家族留在秦国的就改为刘姓。

楚人、秦人、巴人灭庸

题解

鲁文公十六年(公元前611),楚国发生严重的饥荒,它的属国乘机背叛,并联合起来向它发动进攻。楚国人民团结一致,庸国却骄傲轻敌,终于被楚国消灭了。

原文

楚大饥,戎伐其西南①,至于阜山②,师于大林③。又伐其东南,至于阳丘,以侵訾枝④。

庸人帅群蛮以叛楚⑤,麇人率百濮聚于选⑥,将伐楚。于是申、息之北门不启。

楚人谋徙于阪高⑦,蒍贾曰:"不可。我能往,寇亦能往,不如伐庸。夫麇与百濮,谓我饥不能师,故伐我也。若我出师,必惧而归。百濮离居,将各走其邑,谁暇谋人?"乃出师。旬有五日,百濮乃罢。

自庐以往⑧,振廪同食⑨。次于句澨⑩。使庐戢梨侵庸,及庸方城⑪。庸人逐之,囚子扬窗。三宿而逸,曰:"庸师众,群蛮聚焉,不如复大师,且起王卒,合而后进。"师叔曰⑫:"不可。姑又与之遇以骄之。彼骄我怒,而后可克。先君蚡冒所以服陉隰也⑬。"又与之遇,七遇皆北,唯裨、儵、鱼人实逐之⑭。

庸人曰:"楚不足与战矣。"遂不设备。楚子乘驲⑮,会师于临品⑯,分为二队,子越自石溪,子贝自仞以伐庸⑰。秦人、巴人从楚师。群蛮从楚子盟,遂灭庸。

①戎：指楚国南部地区居住于山间的少数族，亦称山戎。

②阜山：楚地，当在今湖北房县南。

③大林：楚地，当在今湖北荆门市西北。

④訾枝：楚地，在今湖北钟祥市境内。

⑤庸：国名，今湖北竹山县境内上庸故邑为其都邑所在地。

⑥麇：国名，即今湖北十堰市郧阳区。百濮：楚国周边地区分散的少数族的总称，主要集中于长江、汉水之间。选：楚地，当在今湖北枝江市境内。

⑦阪高：楚地，在今湖北襄阳市境内。

⑧庐：楚地，在今湖北南漳县东。

⑨振：发，开。

⑩潨（shì）：楚地，在今湖北丹江口市均县废治西。

⑪庸方城：庸国边疆防护设施。高士奇《春秋地名考略》称："今竹山县东四十五里有方城，山上平坦，四面险固，山南有城周十余里，即春秋时庸方城也。"

⑫师叔：楚国大夫潘廷。

⑬陉隰：一说为春秋时小国，为楚所灭。一说为区域名，即指荆州以东山险地区。

⑭裨：庸国所属的部落，今地不详。鯈：庸国所属部落名，今地不详。鱼：庸国所率部落名，在今重庆奉节县东。

⑮馹（rì）：行路用的车子。

⑯临品：楚与庸交界地，在今湖北丹江口市境。

⑰石溪、仞：均在今湖北丹江口市境。

（鲁文公十六年夏天），楚国遭受了严重的饥荒，山戎族乘机侵伐楚国的西南地区，进入到阜山，楚国派军在大林防御。山戎又侵伐楚国的东南部，进入到阳丘，进一步侵入訾枝。

庸国也乘机率领各蛮族背叛楚国，麇国人又率领百濮聚集于选地，都准备进攻楚国。这时，(楚国为防止北方诸侯的入侵，)它的北边防守重地申、息都不敢开启北城门了。

楚国内部正在计划迁都到阪高。楚大夫蒍贾说："不能迁都。我们能去的地方，敌寇也能去，不如向庸国进攻。麇国和百濮人，都认为我们遭饥荒而不能出兵，所以要进攻我们。如果我们出兵，他们一定害怕而退回去。百濮各部属分散地居处，将会各归各的处所，谁还顾得了管别人呢？"于是楚国出了兵，经过一旬又五天，百濮就散去了。

楚国从庐地向庸国进军，沿途地方打开仓库平均分配将士粮食，到句潨停留下来。让庐地人庐戢梨率兵侵犯庸国，到达庸国的方城。庸国军队把他们驱逐出去,并俘虏了前去的子扬窗。过了三天三夜,子扬窗逃脱回到楚军中,他说:"庸国军队很多,各蛮人部落都聚集在他那里,咱们不如再调大部队,并且调动国王亲兵,汇合而后进兵。"楚国大夫师叔说:"不可以。暂且还由小部队与庸人遭遇使他们骄傲,他们骄傲我们愤怒,然后就可战胜他们,这是先君蚡冒战服陉隰的办法。"于是楚军又向庸国进军,但进攻七次都伪装败退下来,只有裨、鯈、鱼等部落实际在追赶楚国军队的进攻。

庸国人说:"楚国经不住我们跟他打了。"因而不设置防御工事。楚穆王坐着普通的传车,率兵在临品与楚军会合,将军队分为两部分,一部分由子越率领,从石溪出发,一部分由子贝率领,由仞出发,同时进攻庸国。秦国、巴国的军队跟随着楚军,各蛮族部落首领又同楚穆王结成联盟,于是消灭了庸国。

宋人弑其君杵臼

【题解】

宋昭公当政后,国内贵族之间的斗争仍在继续。鲁文公十六年(公元前611),其弟公子鲍联合一部分贵族,杀死宋昭公,自己当了国君。

【原文】

宋公子鲍礼于国人。宋饥,竭其粟而贷之。年自七十以上,无不馈诒也①,时加羞珍异。无日不数于六卿之门。国之材人,无不事也。亲自桓以下,无不恤也。公子鲍美而艳,襄夫人欲通之,而不可,乃助之施。昭公无道,国人奉公子鲍以因夫人。

于是华元为右师,公孙友为左师,华耦为司马,鳞鱹为司徒,荡意诸为司城,公子朝为司寇。初,司城荡卒,公孙寿辞司城,请使意诸为之。既而告人曰:"君无道,吾官近,惧及焉。弃官,则族无所庇。子,身之贰也,姑纾死焉,虽亡子,犹不亡族。"

既,夫人将使公田孟诸而杀之。公知之,尽以宝行。荡意诸曰:"盍适诸侯?"公曰:"不能其大夫至于君祖母以及国人②,诸侯谁纳我?且既为人君,而又为人臣,不如死。"尽以其宝赐左右而使行。

夫人使谓司城去公。对曰:"臣之而逃其难,若后君何?"

冬十一月甲寅,宋昭公将田孟诸,未至,夫人王姬使帅甸攻而杀之③。荡意诸死之。书曰"宋人弑其君杵臼",君无道也。

文公即位,使母弟须为司城。华耦卒,而使荡虺为司马。

①馈诒:即馈赠。

②能:跟……和睦相处。

③帅甸:有三种解释,一说为管理公田的大夫;一说为主管公族刑狱的官;一说为管理军役的官。今从第二种解释。

宋国的公子鲍对国人恭敬优待。宋国发生饥荒,他竭尽家中粮食,借贷给他们,国人年纪在七十以上的,他都把食品赠送给他们,经常还给他们增添一些珍肴美味。没有一天不去六卿的门上拜谒,国内有才干的人,他都虚心对待。亲戚们自桓公以下的人,他都体恤救济。公子鲍长得漂亮而且光彩照人,宋襄公的夫人想要和他通奸,公子鲍不同意,夫人就帮助公子鲍给国人施舍。宋昭公荒淫无道,国人拥护公子鲍以响应宋襄公的夫人。

当时华元为右师,公孙友为左师,华耦为司马,鳞鱹为司徒,荡意诸为司城,公子朝为司寇。当初,司城荡死去,他的儿子公孙寿辞掉了司城的职务,请求让自己的儿子荡意诸做司城。不久公孙寿对人说:"国君荒淫无道,我的职位使我经常在他身边,我害怕祸难也会危及到我。弃官不做,那宗族就得不到保护。儿子,是我身子的另一部分,他代我做官虽然死了,还不至于灭亡了宗族。"

不久,宋襄公的夫人就准备让宋昭公到孟诸泽中游猎而杀掉他。宋昭公了解到宋襄公夫人的计划,把全部宝物都准备带出去。荡意诸对他说:"为什么不到其他国家呢?"宋昭公说:"不能跟大夫们以至于自己的祖母、国人合得来,别国谁会容纳我?又且既然当了人君,到别国做人家的人臣,不如一死。"把宝物都分赐给他的左右让他们出逃。

宋襄公夫人派人告诉司城荡意诸离开宋昭公。荡意诸对使者说:"为臣的逃避国君的灾难,怎么对待以后的君主呢?"

(鲁文公十六年)十一月甲寅,宋昭公就要到孟诸泽去游猎,还没有到达,宋襄公的夫人就派管理公族的帅甸带领徒兵攻打而杀死了他。荡意诸也为宋昭公而死去了。《春秋》写道,"宋人杀了他们的国君杵臼",意思是说国君荒淫无道。

次年公子鲍即位,为宋文公。让他的同母弟弟须做了司城。华耦死去,使荡意虺做了司马。

郑子家告赵宣子

晋灵公当政后,晋国仍保持霸主的地位,蔑视欺压郑国。因此,郑国大臣就写信提出质问,并义正词严地说,如果这样对待郑国,郑国定会"铤而走险",反抗晋国。这封信迫使晋国与郑国订立了和约。

[原文]

晋侯蒐于黄父①,遂复合诸侯于扈②,平宋也。公不与会,齐难故也。书曰"诸侯",无功也。

于是晋侯不见郑伯,以为贰于楚也。郑子家使执讯而与之书,以告赵宣子,曰:"寡君即位三年,召蔡侯而与之事君。九月,蔡侯入于敝邑以行。敝邑以侯宣多之难,寡君是以不得与蔡侯偕。十一月,克减侯宣多而随蔡侯以朝事于执事③。十二年六月,归生佐寡君之嫡夷,以请陈侯于楚而朝诸君。十四年七月,寡君又朝以蒇陈事④。十五年五月,陈侯自敝邑往朝于君。往年正月,烛之武往,朝夷也。八月,寡君又往朝。以陈、蔡之密迩于楚,而不敢贰焉,则敝邑之故也。虽敝邑之事君,何以不免?在位之中,一朝于襄,而再见于君。夷与孤之二三臣相及于绛。虽我小国,则蔑以过之矣。今大国曰:'尔未逞吾志。'敝邑有亡,无以加焉。古人有言曰:'畏首畏尾,身其余几?'又曰:'鹿死不择音。'小国之事大国也,德则其人也;不德则其鹿也,铤而走险,急何能择?命之罔极,亦知亡矣。将悉敝赋以待于儵⑤,唯执事命之。文公二年六月壬申,朝于齐。四年二月壬戌,为齐侵蔡,亦获成于楚。居大国之间,而从于强令,岂其罪也?大国若弗图,无所逃命。"

晋巩朔行成于郑,赵穿、公婿池为质焉⑥。

①黄父:晋地,亦名黑壤。即今山西翼城东北的乌岭。
②扈:郑地,当在今河南原阳县西。
③减:同"咸",消灭。
④蒇(chǎn):办成事情。
⑤儵:晋国与郑国交界之处,今地不详。
⑥质:人质。

晋灵公在黄父举行大型军事训练,于是借机又召集各国诸侯在郑国的扈地会合,目的是要与宋国谈和。鲁文公没有来参加,因为有齐国侵伐鲁国的患难。《春秋》写道"诸侯会于扈",意思是说这次会合没有效果。

当时晋灵公拒绝与郑穆公见面,认为郑国既服从晋国又投靠楚国。郑国大夫子家就派一位送信的官员到晋国送了一封信,信写给赵盾,信中说:"我们君主即位的第三年,就邀请蔡庄公一起服从你们君主。这年九月,蔡庄公来到我国准备同我们国君一起去晋国,但因为我国发生了侯宣多恃宠专权的患难,我们君主因此而不能与蔡庄公一起去。这年十一月,战胜灭绝了侯宣多,我们君主就与蔡庄公相随朝见服事于你这位执政。我们君主即位后第十二年六月,归生辅佐我们君主的太子夷,为了向楚国请求他们与陈灵公讲和,特地去朝见了你们君主。十四年七月,我们君主又以完成了陈国的事情朝见你们。十五年五月,陈灵公从我国去朝见你们君主。去年正月,烛之武去,陪同太子夷去朝见你们。八月,我们君主又去。作为陈、蔡,与楚国如此亲密相近,却不敢投靠楚国,那是有我们的缘故。虽然我们如此对待贵国君主,却为何不免得到你们的责罚呢?你们在位的君主当中,我们朝见过晋襄公一次,而朝见过在位君主两次。太子夷与我们国君的一些臣僚一个接一个地去到绛都。虽则我们是小国,这样做也没有哪个国家能超过了吧。现在你作为大国说:'你们还做得不快我们的心意。'我国(要像这么被要求)就只有灭亡,再不能增加什么了。古人有言说:'头也害怕尾也害怕,留下身子还能剩余多少不害怕呢?'又说:'鹿要死也就不管自己的声音了。'小国服侍大国,大国以仁德对待它,它就是人;不用仁德对待它,它就是一只鹿,着急了就会疾速走入险境,着急了还能选择吗?大国无准则地下命令,我们也知道要灭亡了,只能把我国的全部军资集中起来在儵地等待了,任凭你执政命令我们吧。我们文公即位的第二年六月壬申,到齐国朝见。四年二月壬戌,因为齐国侵伐蔡国,我们也只得与楚国谈和。处在大国之间,都要求我们服从强者的命令,难道成了我们的罪过?你们大国如果不考虑这些,那我们就无处逃避性命了。"

(赵盾看到信后)派巩朔到郑国和谈,赵穿、公婿池也到郑国做了人质。

鲁文公夫人姜氏归于齐

[题解]

鲁文公死后,公室大夫操纵政权,废嫡立庶,使鲁国的君权逐渐削弱,为卿大夫专政提供了条件。

[原文]

六月,葬文公。

秋,襄仲、庄叔如齐①,惠公立故,且拜葬也。

文公二妃,敬嬴生宣公②。敬嬴嬖,而私事襄仲。宣公长,而属诸襄仲,襄仲欲立之,叔仲不可。仲见于齐侯而请之。齐侯新立,而欲亲鲁,许之。

冬十月,仲杀恶及视,而立宣公。书曰"子卒",讳之也。

仲以君命召惠伯,其宰公冉务人止之,曰:"入必死。"叔仲曰:"死君命可也。"公冉务人曰:"若君命,可死;非君命,何听?"弗听,乃入,杀而埋之马矢之中③。

公冉务人奉其币以奔蔡,既而复叔仲氏。

夫人姜氏归于齐,大归也④。将行,哭而过市,曰:"天乎!仲为不道,杀嫡立庶。"市人皆哭。鲁人谓之哀姜。

①襄仲:鲁公子遂。庄叔:鲁臣叔孙得臣。
②敬嬴生宣公:按:杨伯峻《春秋左传注》引《史记·鲁世家》、刘文淇《春秋左传疏证》谓,此句上有脱文,应为:"文公二妃,元妃齐姜,生恶及视;次妃敬嬴,生宣公。"
③矢:通"屎"。
④大归:返回祖国,再不回夫家来。

(鲁文公十八年)六月,埋葬鲁文公。

秋季,鲁国的襄仲、庄叔到了齐国,是因为齐惠公刚即位的缘故,同时答谢齐国参加鲁文公的葬礼。

鲁文公有两个夫人,第二个夫人敬嬴生了宣公。敬嬴受到鲁文公的宠幸,而又与襄仲勾结。宣公长大以后,敬嬴就把他托付给襄仲。襄仲想要把宣公立为君主,叔仲不同意。襄仲去齐国见到齐惠公请求援助。齐惠公刚刚即位,想与鲁国亲善,就答应了。

冬季十月,襄仲杀害了鲁文公的第一个夫人齐姜的儿子恶及视,立宣公。《春秋》写道"子卒",是为这件事隐讳。

襄仲(在叔仲不知道恶及视已死的情况下)假借恶的命令让叔仲来,叔仲家中管理家臣的人公冉务人不让他去,说:"去了一定要死。"叔仲说:"为君命而死就行了。"公冉务人说:"如果是君命的话,那可以去死;不是君命的话,为什么要听从呢?"叔仲不听劝告,就去了,襄仲把他杀死埋在了马粪之中。公冉务人带着叔仲的妻子出逃到蔡国。不久,襄仲又让叔仲的儿子继承了他父亲的职位。

鲁文公的元妃齐姜回到齐国,再不会回鲁国了。即将离开鲁国的时候,哭着走过市区,说:"上天啊,襄仲太没有道义了,杀了嫡长子而立起庶子。"街市上的人们都哭了。鲁国人称她为哀姜。

季文子使大史克对

鲁文公十八年(公元前609),莒国太子仆杀了其父纪公而逃奔到鲁国,鲁宣公让给他一处地方,而鲁国国相季文子则命令把他赶出国境,并让太史向鲁宣公说明驱逐太子仆的原因,是太子仆不孝敬、不忠诚,"莫可则也"。从中可以看到季文子对西周礼法的极力维护。

【原文】

莒纪公生大子仆,又生季佗。爱季佗而黜仆,且多行无礼于国。仆因国人以弑纪公,以其宝玉来奔,纳诸宣公。公命与之邑,曰:"今日必授。"季文子使司寇出诸竟①,曰:"今日必达②。"公问其故,季文子使大史克对曰:

"先大夫臧文仲教行父事君之礼,行父奉以周旋,弗敢失队。曰:'见有礼于其君者,事之,如孝子之养父母也;见无礼于其君者,诛之,如鹰鹯之逐鸟雀也③。'先君周公制《周礼》曰:'则以观德,德以处事,事以度功,功以食民。'作《誓命》曰:'毁则为贼,掩贼为藏。窃贿为盗,盗器为奸。主藏之名,赖奸之用,为大凶德,有常无赦。在九刑不忘。'行父还观莒仆,莫可则也。孝敬忠信为吉德,盗贼藏奸为凶德。夫莒仆,则其孝敬,则弑君父矣;则其忠信,则窃宝玉矣。其人,则盗贼也;其器,则奸兆也。保而利之,则主藏也。以训则昏,民无则焉。不度于善,而皆在于凶德,是以去之。

"昔高阳氏有才子八人,苍舒、隤敳、梼戭、大临、尨降、庭坚、仲容、叔达④,齐、圣、广、渊、明、允、笃、诚,天下之民谓之八恺⑤。高辛氏有才子八人,伯奋、仲堪、叔献、季仲、伯虎、仲熊、叔豹、季狸,忠、肃、共、懿、宣、慈、惠、和,天下之民谓之八元。此十六族也,世济其美,不陨其名。以至于尧,尧不能举。舜臣尧,举八恺,使主后土,以揆百事,莫不时序,地平天成;举八元,使布五教于四方,父义、母慈、兄友、弟共、子孝,内平外成。

"昔帝鸿氏有不才子,掩义隐贼,好行凶德,丑类恶物,顽嚚不友,是与比周。天下之民谓之浑敦⑥。少皞氏有不才子,毁信废忠,崇饰恶言,靖谮庸回,服谗蒐慝,以诬盛德,天下之民谓之穷奇⑦。颛顼氏有不才子,不可教训,不知话言;告之则顽,舍之则嚚,傲很明德,以乱天常,天下之民谓之梼杌⑧。此三族也,世济其凶,增其恶名,以至于尧,尧不能去。缙云氏有不才子,贪于饮食,冒于货贿,侵欲崇侈,不可盈厌,聚敛积实,不知纪极,不分孤寡,不恤穷匮,天下之民以比三凶,谓之饕餮⑨。舜臣尧,宾于四门,流四凶族,浑敦、穷奇、梼杌、饕餮,投诸四裔,以御螭魅。是以尧崩而天下如一,同心戴舜,以为天子,以其举十六相,去四凶也。故《虞书》数舜之功,曰'慎徽五典,五典克从',无违教也。曰'纳于百揆,百揆时序',无废事也。曰'宾于四门,四门穆穆',无凶人也。

"舜有大功二十而为天子,今行父虽未获一吉人,去一凶矣,于舜之功,二十之一也。庶几免于戾乎⑩?"

①季文子：鲁国当时的执政大臣季孙行父，谥号文。
②达：做到。
③鹰鹯（zhān）：鹰、鹯皆为凶猛的鸟，食肉。
④隤（tuí）敳（kǎi）：人名。 梼（táo）戭（yǎn）：人名。 尨（páng）降：人名。
⑤恺（kǎi）：和乐。
⑥浑敦：不开通的样子。
⑦穷奇：贫乏而怪异的样子。
⑧梼杌：凶顽没有可比的样子。
⑨饕餮（tāotiè）：贪财的样子。
⑩庆：罪恶。

莒国的纪公生了太子仆，又生了季佗，他喜爱季佗废了仆的太子位，同时又在国内做了很多不守礼法的事。太子仆就利用国人的势力把纪公杀掉了，带着国内的宝物逃奔到鲁国，把这些宝器送给鲁宣公。鲁宣公命令给太子仆一处地方，说："今天必须授给他。"鲁大夫季文子让司寇把太子仆逐出鲁国，说："今天必须把他赶出境外。"鲁宣公问季文子为什么这样做。季文子让太史克对鲁宣公说：

"先头去世的大夫臧文仲教导季文子对待君主的礼法，季文子奉行这些礼法服务于君主面前，不敢有缺失和丢弃。这些礼法是：'看到对待君主有礼度的人，就服侍他，好像孝子对父母的赡养；看到对待自己君主不守礼度的人，就诛罚他，要像鹰鹯一类凶猛的鸟追捕小鸟雀一样。'我们的祖先周公制定《周礼》时说：'礼法的原则是用来衡量观察德性的，德性是用来处理事务的，事务是用来衡量功绩的，功绩是用来供养人民的。'他作《誓命》说：'毁弃礼法就是贼子，隐藏贼人就是窝赃；偷窃财物就是盗寇，盗窃国家宝器就是窃取君位。担当窝赃的名声，依恃奸贼的器用，都是大的凶恶的德性，都在常刑无赦的范围，用九种刑法的任一种处理都不过分。'季文子回顾这些原则用来观察莒国仆的行为，没有一点是可以效法的。孝敬、忠信都是善良美好的德性，盗贼、窝赃都是凶恶的德性。那个仆，如果效法他的孝敬，那么他杀了他的君父；如果效法他的忠信，那么他盗窃了国家的宝玉。看他的人，那就是一个盗贼；看他的器物，那就是窃夺君位的象征。保护他并以他的器物为利，就是窝赃的主人。用他的行为来训导人民就会昏乱，人民就没有准则可以效法。他的行为都不属于善德，而都属于凶德，所以驱逐了他。

"过去高阳氏有贤良的儿子八人，称为苍舒、隤敳、梼戭、大临、尨降、庭坚、仲容、叔达，(他们有八种美德：)举措都合礼法的'齐'、宽博通达的'圣'、度量宽宏的'广'、思虑深远的'渊'、洞见幽微的'明'、言行相符的'允'、交游厚道的'笃'、秉心纯直的'诚',天下的人民称他们是八位和乐的人。高辛氏也有贤良的儿子八人,叫伯奋、仲堪、叔献、季仲、伯虎、仲熊、叔豹、季狸,(他们也有八种美德:)谨心奉上的'忠'、临事勤敏的'肃'、治身唯谨的'共'、行为精粹的'懿'、思虑周详的'宣'、善良友爱的'慈'、拯救贫乏的'惠'、与物无争的'和',天下人民称他们为八位善良的人。这十六个族系,每一代都继承着美德,不使美名陨落。一直延续到尧统治天下,尧不能推举他们的后代为官。舜做尧的臣子,推举八位和乐之人的后代做官,让他们管理土地,从而管理国家各种事务,使各种事务都能依时完成而有条不紊,达到土地平整上天和顺。舜又推举八位善良的人的后代,让他们传布声教于全国,使全国做到为父者有恩义,为母者有慈爱,为兄者友爱,为弟者恭顺,为子者孝敬,家国内外和睦亲切。

"过去帝鸿氏有没有贤才的儿子,掩蔽仁义隐藏盗贼,喜好做凶恶的事,与凶恶的东西相比类,顽劣不讲友好,与他们的同类者互相联属,天下人民称他们为不开通的浑敦。少皞氏也有没有贤才的儿子,他们毁灭信义废弃忠诚,掩饰恶言,安于听谗言,信用邪僻之人,施行谗佞隐藏罪恶,用来诬蔑盛德,天下人民称他们为穷乏而怪异的人。颛顼氏有没有贤才的儿子,不可教育训导,不懂得善言,教训他顽劣不通,舍弃了他,他更顽劣,践踏光明的德行,用来扰乱上天规定的秩序,天下的人民称他们是再不能凶顽的人了。这三个族系,世代继承了凶恶,不断增加他们的恶名。到尧统治天下的时候尧不能把他们去掉。缙云氏有没有贤才的儿子,贪吃饮食,贪占财物,没有满足,聚积搜刮粮食财物,不知有限度,不管孤贫寡弱,不体恤穷乏的人,天下人民把他们与以上三个凶族相比,称他们为无限贪婪之人。舜做尧的臣子,敞开四门以接纳宾客,流放了四家凶族,浑敦、穷奇、梼杌、饕餮,都被投放到四方荒远之地,让他们去抵御山神怪物。所以当尧死后天下人团结如一,同心拥戴舜,让他做天子,因为他推举了十六个辅佐国家的人,去掉了四家凶族。所以《虞书》历数舜的功劳,说:'敬重宣扬父义、母慈、兄友、弟恭、子孝的五种道德,使五种道德都得以推行。'这是说舜不背弃教化。又说:'事情都各有各的管理,都做到有条不紊。'是说他没有废弃一切事情。又说:'在四门接待宾客贤才,远方的诸侯都恭恭敬敬地来到。'是说国内没有凶恶的人。

"舜建立的大功有二十项才做了天子,现在季文子虽然还没有得到一个善人,但去掉了一个凶人,与舜的功劳相比,只有二十分之一,这总可有望免去罪过了吧?"

◎宣 公

宋、郑战于大棘

题解

鲁宣公二年(公元前607),郑国接受楚国的命令,进攻宋国。宋国将领狂狡将已掉入井中的郑国军士救出来,使自己被俘;宋国将领内部不团结而导致全军覆没。这次战争,再次说明宋国一些大臣不懂得战争,也缺乏为国牺牲的精神。

原文

二年春,郑公子归生命于楚,伐宋。宋华元、乐吕御之。二月壬子,战于大棘。宋师败绩。囚华元,获乐吕,及甲车四百六十乘,俘二百五十人,馘百①。

狂狡辂郑人②,郑人入于井,倒戟而出之,获狂狡。君子曰:"失礼违命,宜其为禽也。戎,昭果毅以听之之谓礼。杀敌为果,致果为毅。易之,戮也。"

将战,华元杀羊食士,其御羊斟不与。及战,曰:"畴昔之羊,子为政;今日之事,我为政。"与入郑师,故败。君子谓:"羊斟,非人也,以其私憾,败国殄民,于是刑孰大焉?《诗》所谓'人之无良'者,其羊斟之谓乎!残民以逞。"

宋人以兵车百乘、文马百驷,以赎华元于郑。半入,华元逃归。立于门外,告而入。见叔牂,曰:"子之马然也?"对曰:"非马也,其人也。"既合而来奔。

宋城,华元为植,巡功。城者讴曰:"睅其目③,皤其腹④,弃甲而复。于思于思⑤,弃甲复来。"使其骖乘谓之曰:"牛则有皮,犀兕尚多⑥,弃甲则那?"役人曰:"从有其皮⑦,丹漆若何?"华元曰:"去之!夫其口众我寡。"

①馘(guó):指战争中割取的敌人的左耳。
②辂(yà):迎战。
③睅(kàn):眼球突出。
④皤(pó):腹大的样子。
⑤于思:胡须多的样子。
⑥犀兕(sì):犀牛。兕为犀牛的雌者。
⑦从:同"纵"。

(鲁宣公)二年春,郑国的公子归生受楚国的命令进攻宋国,宋国的华元、乐吕率军抵抗。二月壬子日,在大棘展开战争。宋军被打败了。俘虏了华元,乐吕战死被收回郑国。郑国还俘虏了宋国的兵车四百六十乘,俘虏兵士二百五十人,打死宋军而割下左耳一百个。

宋国的狂狡迎战郑国军队,郑军士卒落入田野的井中,狂狡倒过战戟让这些人抓住戟柄上来,郑军俘获了狂狡。君子评论说:"狂狡失掉礼法违背命令,正应当被擒获。兵戎,是要发扬果毅精神并把这种精神存在心内表现在外,才称得上礼法。杀伤敌人为勇敢,把勇敢用来立功就为强毅,反过来,就应遭到刑戮。"

就要打仗的时候,华元杀了羊给战士吃,为他驾车的羊斟却不分给吃。到打起来的时候,羊斟说:"前日的羊,是你主管;今天的事情,是我主管。"就把华元的戎车驾到郑国军队中,所以失败了。君子说:"羊斟不是人,因为私人的怨恨,败坏国家残害人民,对他该用多大的刑罚呀?《诗经》所说'人没有好德行'的话,说的不正是羊斟吗?他残害人民以快自己的心意。"

宋国用兵车百乘、毛色华丽的马四百匹去郑国赎华元,兵车、马匹已经有一半进入郑国,华元逃回来了。他站立在城门外,让人通告了才进去。华元见到了羊斟,问他:"你驾驭的马要跑到郑军那里去吗?"回答说:"不是马要去,是人让去的。"华元从羊斟这里证实他的被俘是羊斟干的,羊斟就害怕了,出逃到鲁国。

宋国筑城垣,华元为主管,出去巡察工程。筑城的人唱道:"鼓起他的眼睛,挺起他的大肚,丢弃了衣甲又回来了。络腮胡子呀络腮胡子,丢弃了衣甲又回来了。"华元让他的护车武士回答筑城的人说:"牛皮是有的,犀牛的皮子更多,弃甲又怎么样?"筑城的人回答他说:"纵然有犀牛的皮子,油漆弓箭的丹漆又从哪里来呢?"华元说:"离开他们,他们口多我少。"

晋灵公不君

题解

晋灵公暴虐残忍,不听劝谏,终被臣下杀死。《春秋》引孔子的话,赞赏主张杀灵公的赵盾是"良大夫",说明对此事是赞同的。

原文

晋灵公不君,厚敛以雕墙;从台上弹人,而观其辟丸也。宰夫胹熊蹯不熟①,杀之,置诸畚,使妇人载以过朝。赵盾、士季见其手,问其故而患之。将谏,士季曰:"谏而不入,则莫之继也。会请先,不入,则子继之。"三进,及溜②,而后视之,曰:"吾知所过矣,将改之。"稽首而对曰:"人谁无过,过而能改,善莫大焉。《诗》曰:'靡不有初,鲜克有终③。'夫如是,则能补过者鲜矣。君能有终,则社稷之固也,岂惟群臣赖之。又曰：'衮职有阙④，惟仲山甫补之。'能补过也。君能补过，衮不废矣。"

犹不改。宣子骤谏，公患之。使鉏麑贼之⑤。晨往，寝门辟矣，盛服将朝，尚早，坐而假寐⑥。麑退，叹而言曰："不忘恭敬，民之主也。贼民之主，不忠；弃君之命，不信，有一于此，不如死也。"触槐而死。

秋九月，晋侯饮赵盾酒，伏甲将攻之。其右提弥明知之⑦，趋登，曰："臣侍君宴，过三爵，非礼也。"遂扶以下。公嗾夫獒焉⑧，明搏而杀之。盾曰："弃人用犬，虽猛何为？"斗且出，提弥明死之。

初，宣子田于首山⑨，舍于翳桑。见灵辄饿，问其病，曰："不食三日矣。"食之，舍其半。问之，曰："宦三年矣，未知母之存否，今近焉，请以遗之。"使尽之，而为之箪食与肉，置诸橐以与之。既而与为公介⑩，倒戟以御公徒而免之。问何故，对曰："翳桑之饿人也。"问其名居，不告而退，遂自亡也。

乙丑，赵穿杀灵公于桃园。宣子未出山而复。大史书曰："赵盾弑其君。"以示于朝。宣子曰："不然。"对曰："子为正卿，亡不越竟，反不讨贼，非子而谁？"宣子曰："乌呼！诗曰：'我之怀矣，自诒伊戚。'其我之谓矣。"孔子曰："董狐，古之良史也，书法不隐。赵宣子，古之良大夫也，为法受恶。惜也，越竟乃免。"

宣子使赵穿逆公子黑臀于周而立之。壬申，朝于武宫。

初，丽姬之乱，诅无畜群公子，自是晋无公族。及成公即位，乃宦卿之適而为之田，以为公族。又宦其余子，亦为余子，其庶子为公行。晋于是有公族、余子、公行。

赵盾请以括为公族，曰："君姬氏之爱子也。微君姬氏，则臣狄人也。"公许之。冬，赵盾为旄车之族⑪，使屏季以其故族为公族大夫。

①胹（ér）：煮。 蹯（fán）：兽足。
②溜：同"霤"，檐下水溜之处。
③鲜（xiǎn）：很少。此处二句见于《诗经·大雅·荡》。
④衮（gǔn）：天子及上公礼服，指天子。
⑤鉏（chú）麑（ní）：武士。
⑥假寐：穿着衣服打瞌睡。
⑦右：车右，负责护卫。
⑧獒（áo）：凶猛的狗。
⑨首山：即首阳山，在今山西永济市南。
⑩与（yù）：参与。 介：甲士。
⑪旄车：指戎车。旄车之族，即余子。平时训练，战时随军，故称旄车之族。

晋灵公不像个君主的样子,加重赋税收入用来雕饰墙壁;又从高台上射弹丸打人,观看那些躲避弹丸的人的样子;他的伙夫煮熊掌而没有煮熟,他就杀掉伙夫,把尸体放到竹畚中,让妇人们抬着这个畚经过朝堂。赵盾、士会都看到畚里死者的手,问明原委,都感到很担心。赵盾准备劝谏晋灵公,士会对赵盾说:"你去劝谏,如果他不接受,就不会有人继续劝谏了。我士会请先去,如果他听不进去,那你就接着劝谏。"士会前进三次,到了朝堂,到达了檐下滴水的地方,晋灵公才看他,说:"我知道自己所犯的过失了,正准备改。"士会低头对他说:"人谁能没有过错,有过错而能改,那就最好了。《诗经》说:'人们莫不有好的开始,但很少有好的结果。'这样看来,能够补救过错的人是极少的。君能有好的结果,那就是社稷的保障了,也不只是群臣的依赖。《诗经》又说:'君王或公侯职务上做得有过失的地方,只有仲山甫能补救它。'是讲的可以补救过失。君主能补救过失,君主的大位就可以不坏了。"

　　但晋灵公仍然不改过。赵盾就激烈地劝谏,晋灵公害怕了,就派钮麑去暗杀赵盾。钮麑清晨去赵盾家中,看到赵盾寝室的门已打开,赵盾穿起朝服准备上朝,时间太早,他坐着假睡。钮麑退了出来,叹息道:"不忘恭敬,真是人民的主人啊!暗杀人民的主人,不是忠义;背弃了君主的命令,不守信用。与其二者要选择一种,还不如死。"头撞槐树死去了。

　　秋季九月,晋灵公又请赵盾去喝酒,埋伏下甲士,要杀害赵盾。赵盾的车右提弥明知道了宫中有伏兵,急步登上朝堂,说:"大臣陪侍君主吃宴席,饮过三杯酒,就不守礼法了。"于是把赵盾扶下朝堂。晋灵公又嗾使恶狗来咬赵盾,提弥明与恶狗搏斗而杀死它。赵盾说:"不用人而用狗,虽猛又能做什么呢!"边斗边退出去了,提弥明被伏兵杀死了。

　　当初,赵盾在首阳山游猎,住在翳桑。在那里看见灵辄饿倒了,赵盾问他的病痛,灵辄说:"不吃饭已经三天了。"赵盾给他饭食,他留了一半。问他为何留下,灵辄说:"游学在外已三年了,不知道母亲是否还活着,现在离家近了,请用这一半给她。"赵盾就让他把这些吃完,又为他装上食物与肉,放在大袋子里给了他。不久灵辄同一些人成为晋灵公的甲士。(晋灵公让伏兵攻打赵盾的时候,)灵辄倒戈抵抗晋灵公的甲士使赵盾免于死亡。赵盾问他为何倒戈,他回答说:"我是翳桑地方的那个挨饿的人。"赵盾问他的姓名居处,他不告诉就走了。后来灵辄逃亡了。

　　九月乙丑,赵穿在桃园里杀死了灵公。赵盾没有走出晋国边境的山岭就又返回来了。晋太史写道:"赵盾杀了他的君主。"并展示在朝堂上。赵盾看后说:"不是这样的。"太史回答说:"你作为正卿,出逃不出国境,返回来又不讨伐凶手,不是你杀是谁杀?"赵盾说:"啊呀!《诗经》里说:'我的怀恋,自己给自己留下忧愁。'这不是说我吗?"孔子说:"董狐,古代的优良史官,记载史事的法则是不隐讳。赵盾,古代的好大夫,服从这种法则而受了恶名。可惜了,如果他逃出境外就免了这恶名了。"

赵盾派赵穿到东周迎接晋襄公的弟弟黑臀而立为君主。壬申日,正式在武宫朝拜祖先,宣布即位。

当初,骊姬乱了晋国的时候,骊姬、晋献公和晋国大夫举行了诅盟,不许养群公子,从此以后,晋国就没有公族大夫这个职官了。到晋成公即黑臀为君主后,就让卿大夫的嫡子任官并分给他们田地,把这些人作为公族大夫,又让这些嫡子的同母兄弟任官,这些官称为余子;同时,任卿大夫的庶出子弟为公行。于是晋国就产生了公族大夫、余子、公行三种官。

赵盾请求让异母兄弟赵括为公族大夫,说:"赵括是我母赵姬的爱子,如果不是赵姬,我就属于狄人了。"晋成公答应了他。冬天,赵盾担任了管理君主车辆的余子,使赵括统领赵氏原来的宗族而担任了公族大夫。

王孙满对楚子

题解

鲁宣公三年(公元前606),楚庄王率兵攻伐东周国境的陆浑之戎,进入洛邑,问周鼎的大小、轻重,说明周天子的地位受到挑战,诸侯势力更强大起来。

原文

楚子伐陆浑之戎①,遂至于雒,观兵于周疆。定王使王孙满劳楚子。楚子问鼎之大小、轻重焉。对曰:"在德不在鼎。昔夏之方有德也,远方图物,贡金九牧②,铸鼎象物,百物而为之备,使民知神奸。故民入川泽山林,不逢不若③,螭魅罔两④,莫能逢之,用能协于上下,以承天休⑤。桀有昏德,鼎迁于商,载祀六百。商纣暴虐,鼎迁于周。德之休明,虽小,重也。其奸回昏乱,虽大,轻也。天祚明德,有所底止⑥。成王定鼎于郏鄏⑦,卜世三十,卜年七百,天所命也。周德虽衰,天命未改,鼎之轻重,未可问也。"

①陆浑之戎:散居于东周王城周围的少数族,主要分布在今河南嵩县、伊川县等境内。
②九牧:夏代天下分为九州,州长称牧。
③不若:不顺,不利,害人之物。若,顺。

④螭(chī)魅罔两:螭魅即魑魅,传说中的山林精怪;罔两,亦作"魍魉",亦为山川怪物。
⑤休:祐,赐。
⑥厎(zhǐ)止:固定。厎,定。
⑦郏(jiá)鄏(rǔ):即周朝的王城,在今河南洛阳市。

楚庄王率兵攻伐陆浑之戎,于是到了东周的雒邑,在东周的疆界上陈兵示威。周定王派大夫王孙满去慰劳楚庄王。楚庄王问周朝九鼎的大小、轻重。王孙满对他说:"鼎的大小、轻重在于君主的德行,而不在鼎本身。过去夏朝在它的君主德行好的时候,描绘远方的各种物象,让九州的牧伯来献金,用这些金铸成带有各种物象的九鼎,万物都在鼎上完备地显现出来,使人民知道神灵、奸伪。所以人民进入河川、湖泽、山林中,就遇不到不利于自己的物类。魑魅魍魉等山林鬼怪,就不能遇到。因而人民上下和睦,来承受上天的恩赐。到夏桀时德行昏乱,九鼎就迁移到了商朝。商朝享国六百年。商朝的纣王横暴残忍,九鼎就迁移到周朝。德行达到美善光明,九鼎虽小,也是重而不可转移。德行奸回昏乱,九鼎虽大,也是没有分量的。上天赐福给有光明德行的人,是有所限定的。周成王把九鼎安放在郏鄏,占卜说要经过三十代王、共七百年的时间才会改变,这是上天赐予的命数。现在周朝的德行虽然衰落,但上天的赐命却没有改变。所以,九鼎的大小、轻重,是不可以问的。"

郑穆公卒

郑文公先后娶妻生子,都不得嗣立为君,只有贱妾燕姞因梦天使授兰花而生子,其子继立为君,即为郑穆公。而兰花死去,郑穆公也就死了。故事颇具神话味道,同时也说明贵族的腐朽。

冬,郑穆公卒。

初,郑文公有贱妾曰燕姞,梦天使与己兰,曰:"余为伯儵,余,而祖也,以是为而子。以兰有国香,人服媚之如是。"既而文公见之,与之兰而御之①。辞曰:"妾不才,幸而有子,将不信,敢征兰乎?"公曰:"诺。"生穆公,名之曰兰。

文公报郑子之妃曰陈妫②,生子华、子臧。子臧得罪而出。诱子华而杀之南里③,使盗杀子臧于陈、宋之间。又娶于江④,生公子士。朝于楚,楚人鸩之,及叶而死⑤。

又娶于苏⑥,生子瑕、子俞弥。俞弥早卒。泄驾恶瑕,文公亦恶之,故不立也。公逐群公子,公子兰奔晋,从晋文公伐郑。石癸曰:"吾闻姬、姞耦,其子孙必蕃。寻味仓,姞,吉人也,后稷之元妃也。今公子兰,姞甥也,天或启之,必将为君,其后必蕃。先纳之,可以亢宠。"与孔将鉏、侯宣多纳之,盟于大宫而立之,以与晋平。

  穆公有疾,曰:"兰死,吾其死乎!吾所以生也。"刈兰而卒。

①御:君主与妃妾同床。
②报:通奸。郑子:郑文公叔父子仪。
③南里:郑地,在今河南新郑市南。
④江:春秋时小国,在今河南正阳县。
⑤叶:楚地,在今河南叶县南30里。
⑥苏:原为小国,后为西周武王时司寇苏忿生封邑,即今河南温县。

  (鲁宣公三年)冬天,郑穆公死去。

  当初,郑文公有一个地位低下的妾叫燕姞,有天夜里梦见上天的使者给了她一枝兰花,对她说:"我是伯鯈,我,是你的祖先,因为兰花的香气甲于一国,所以人们佩戴它喜爱它。"不久,郑文公见了燕姞,就送给她兰花而与他同床。燕姞推辞说:"我没有才能,咱们同床生了孩子以后,假若你不相信是你的孩子的话,是否可用这兰花作证呢?"郑文公说:"可以。"后来生下郑穆公,取名叫兰。

  郑文公与他叔父郑子的妃陈妫通奸,生了子华、子臧。子臧得罪了郑文公出逃到外地,郑文公把子华诱骗到南里杀害了他,又派人把子臧暗杀在陈国、宋国交界地。郑文公又从江国娶了妃子,生了公子士。公子士到楚国朝见,楚国人给他酒里下了毒药,他喝了后在回郑国途中走到叶地便死去了。郑文公又从苏地娶了妃子,生了子瑕、子俞弥。子俞弥早死了。大夫泄驾很讨厌子瑕,郑文公也讨厌他,所以没有把子瑕立为太子。郑文公又驱逐群公子,公子兰逃奔到晋国,曾跟随晋文公进攻郑国。当时郑国大夫石癸说:"我听说姬姓、姞姓配偶,生下子孙一定会壮大。姞字,是善人的意思,后稷的原配夫人就姓姞。现在公子兰,是姞姓的外甥,上天也许正在引导他,一定会成为君主,他的后代一定会壮大。先迎他回国,将来可以让我的宠幸达到极点。"石癸与郑国大夫孔将鉏、侯宣多把公子兰迎回国,在郑国的祖庙里盟誓后把他立为太子,用他来和晋国达成了和议。

  郑穆公得了病,说:"兰花要死去,我是否也要死,我是因为兰花而出生的。"有人割了兰花而郑穆公就死了。

郑公子归生弑其君夷

题解

郑国公子宋想做君主,郑灵公就抵制他。公子宋胁迫公子归生和他一起杀掉了郑灵公。这说明"臣弑君,子弑父"是春秋时期的普遍现象。

原文

楚人献鼋于郑灵公①。公子宋与子家将见。子公之食指动,以示子家,曰:"他日我如此,必尝异味。"及入,宰夫将解鼋,相视而笑。公问之,子家以告。及食大夫鼋②,召子公而弗与也。子公怒,染指于鼎,尝之而出。公怒,欲杀子公。子公与子家谋先。子家曰:"畜老,犹惮杀之,而况君乎?"反谮子家。子家惧而从之,夏,弑灵公。

书曰"郑公子归生弑其君夷",权不足也。君子曰:"仁而不武,无能达也。"凡弑君,称君,君无道也。称臣,臣之罪也。

郑人立子良。辞曰:"以贤,则去疾不足;以顺,则公子坚长。"乃立襄公。

襄公将去穆氏,而舍子良。子良不可,曰:"穆氏宜存,则固愿也。若将亡之,则亦皆亡,去疾何为?"乃舍之,皆为大夫。

注释

鼋(yuán):大鳖,俗名团鱼。
食(sì):给……吃,请……吃。

译文

楚国给郑灵公进献了一只大鳖。公子宋与公子归生准备去觐见国君,公子宋的食指动了一下,让公子归生看,对他说:"以前我的食指动弹,一定要尝美味。"进入朝堂后,厨师正要杀掉分解这只大鳖,公子宋与公子归生互相看着笑,郑灵公问他们为何笑,公子归生就把公子宋说的话告诉了他。等到给大夫们吃大鳖的时候,把公子宋召到面前却不给他吃。公子宋恼怒了,把手伸到鼎里,尝了一点鳖肉汤出去了。郑灵公一看愤怒了,就要杀公子宋。公子宋与公子归生预先就谋划要杀掉郑灵公,公子归生说:"牲畜老了,还怕杀它,何况是君主呢?"这时公子宋就在郑灵公面前说公子归生要杀郑灵公。公子归生害怕郑灵公杀自己就听从了公子宋。夏季,公子宋与公子归生杀了灵公。

《春秋》写道:"郑国的公子归生杀害了君主姬夷。"意思是公子归生的权力比不上公子宋,听从公子宋而杀君主。君子说:"公子归生不想杀君主是仁,但不能讨伐公子宋是不武,所以他不能达到仁道。"《春秋》的体例,凡说弑君,只称君的名字,是指君主无道。称臣的名字,是说臣有罪恶。

郑国大夫要立公子去疾为君,公子去疾推辞说:"以贤而论,那我去疾不很贤,以长少的顺序而论,那公子坚比我为长。"于是立了公子坚为君主,即郑襄公。

郑襄公准备清除他的其他兄弟,而要放了公子去疾,公子去疾不同意,说:"穆公的其他儿子都在国内,那是原本的愿望,如果让他们逃亡,那就都要逃亡,留下我干什么呢?"于是都放过了,让他们都做了大夫。

楚灭若敖氏

题解

鲁宣公四年(公元前605),楚国的若敖氏自恃强大,发动内乱,最终被王族消灭。这反映出春秋时期王族与宗族之间的激烈斗争。

原文

初,楚司马子良生子越椒,子文曰:"必杀之。是子也,熊虎之状而豺狼之声,弗杀,必灭若敖氏矣。谚曰:'狼子野心。'是乃狼也,其可畜乎?"子良不可。子文以为大戚。及将死,聚其族,曰:"椒也知政,乃速行矣,无及于难。"且泣曰:"鬼犹求食,若敖氏之鬼,不其馁而①?"

及令尹子文卒,斗般为令尹,子越为司马,蒍贾为工正,谮子扬而杀之,子越为令尹,己为司马。子越又恶之,乃以若敖氏之族,圉伯嬴于轑阳而杀之②,遂处烝野③,将攻王,王以三王之子为质焉,弗受,师于漳澨④。秋七月戊戌,楚子与若敖氏战于皋浒⑤。伯棼射王,汰辀⑥,及鼓跗⑦,著于丁宁⑧。又射,汰辀,以贯笠毂。师惧,退。王使巡师曰:"吾先君文王克息,获三矢焉,伯棼窃其二,尽于是矣。"鼓而进之,遂灭若敖氏。

初,若敖娶于䢵⑨,生斗伯比。若敖卒,从其母畜于䢵,淫于䢵子之女,生子文焉。䢵夫人使弃诸梦中⑩,虎乳之。䢵子田,见之,惧而归,夫人以告,遂使收之。楚人谓乳谷,谓虎於菟,故命之曰斗谷於菟。以其女妻伯比,实为令尹子文。

其孙箴尹克黄使于齐,还及宋,国乱。其人曰:"不可以入矣。"箴尹曰:"弃君之命,独谁受之?君,天也,天可逃乎?"遂归,复命,而自拘于司败。王思子文之治楚国也,曰:"子文无后,何以劝善?"使复其所,改命曰生。

冬,楚子伐郑,郑未服也。

①馁：饥饿。 而：语气助词。
②圉（yǔ）：囚禁。
③烝野：今地不确。一说在今湖北荆州市境，一说在今河南新野县境内。
④漳澨（shì）：澨为水涯，漳澨即漳水边。漳水源于今湖北南漳县西南，流经钟祥市、当阳市，至荆入江。
⑤皋浒：楚地，今地不确。一说在今湖北枝江市，一说在今襄阳市。
⑥汏辀（tài zhōu）：辀为车辕，汏为箭头穿过的意思。即箭头穿过车辕。
⑦鼓跗（fū）：支撑鼓的架子。
⑧丁宁：古代打仗时用的钲。
⑨䢵（yún）：即"郧"。春秋小国，今地不确，一说在今湖北安陆市，一说在今十堰郧阳区。
⑩梦：云梦泽，在今湖北。

当初，楚国的司马子良生了儿子叫越椒，令尹子文对子良说："一定要杀掉越椒。这个儿子，长得像熊虎，声音像豺狼，不杀掉他，一定会让他把咱若敖氏族灭掉。谚语说：'狼子野心。'他就是一只狼，哪里可以养他？"子良不同意。子文认为这是最大的忧虑。在他快要死的时候，把全宗族的人聚集起来，说："如果越椒掌管政权的话，你们就赶快出逃吧，不要等到危难来临。"并且哭泣着说："鬼还要要求饭食，可若敖氏的鬼不是要饥饿吗？"

等到令尹子文死后，斗般任为令尹，越椒任为司马，蒍贾任为工正。越椒在楚庄王面前进谗言让楚庄王杀了斗般，这样越椒就担任了令尹，蒍贾当了司马。可越椒又憎恶蒍贾，就用若敖氏的族人，把蒍贾囚禁到轑阳后而杀害了他。他自己住在烝野，准备向楚庄王发动进攻。楚庄王用楚文王、成王、穆王的子孙做人质，越椒不接受。越椒带领军队驻扎在漳水之边。(鲁宣公四年)秋季七月戊戌日，楚庄王同若敖氏的宗族在皋浒展开战斗。越椒用箭射楚庄王，箭头穿过楚庄王戎车的车辕，到达战鼓的架子边，停在钲上。他再次用箭射楚庄王，箭头再次穿过楚庄王的车辕，射穿了车盖的支架。楚庄王的军队畏惧了，便后退了。楚庄王派人巡视他的队伍说："我的先君楚文王消灭息国，获得了三支箭，越椒偷盗了其中的两支，这两次射箭已经用完了。"擂鼓发动进攻，于是消灭了若敖氏全宗族。

当初，若敖从䢵国娶了妻子，生了斗伯比。若敖死了以后，斗伯比就跟随他母亲在䢵国养大，与䢵国君主的闺女通奸，生了子文。若敖的妻子让人把子文抛弃到云梦泽中，老虎给他哺乳。䢵国君主出猎，看见子文，害怕地返回，若敖的妻子将实情相告，就把他收养起来。楚国人称乳为谷，称虎为於菟，所以子文的名字就叫斗谷於菟。䢵国君主就把闺女嫁给斗伯比。斗谷於菟就是令尹子文。

斗伯比的孙子、任箴尹的克黄这时正好出使齐国，返回时到达宋国，听到国内动乱的消息。跟随他的人说:"不可以回去了。"箴尹克黄说:"抛弃君王的命令,又有谁能接受我们呢?君王,就是上天,上天可以逃避吗?"就回到楚国,回复了出使的命令,就自己到法官司败那里拘禁起来。楚庄王回想起子文对楚国的治理,说:"子文如果没有了后代,还怎么去劝人行善呢?"就让克黄仍任原来的官职,给他改名叫生。

冬季,楚庄王进攻郑国,因为郑国没有服从他。

楚子入陈

【题解】

鲁宣公十一年(公元前598),陈灵公淫乱而被大臣夏徵舒杀掉,楚庄王乘机灭掉陈国。楚国大臣申叔时认为楚庄王只应该讨伐夏徵舒,而不该连陈国一起灭亡。于是楚庄王又恢复陈国原有的疆土。从中可以看到大国吞并小国的各种方式。

【原文】

冬,楚子为陈夏氏乱故①,伐陈。谓陈人"无动,将讨于少西氏②"。遂入陈,杀夏徵舒,轘诸栗门③,因县陈④。陈侯在晋。

申叔时使于齐,反,复命而退。王使让之,曰:"夏徵舒为不道,弑其君,寡人以诸侯而讨之,诸侯、县公皆庆寡人,女独不庆寡人,何故?"对曰:"犹可辞乎?"王曰:"可哉。"曰:"夏徵舒弑其君,其罪大矣;讨而戮之,君之义也。抑人亦有言曰:'牵牛以蹊人之田⑤,而夺之牛。'牵牛以蹊者,信有罪矣;而夺之牛,罚已重矣。诸侯之从也,曰讨有罪也。今县陈,贪其富也。以讨召诸侯,而以贪归之,无乃不可乎?"王曰:"善哉!吾未之闻也。反之,可乎?"对曰:"吾侪小人所谓'取诸其怀而与之'也。"乃复封陈。乡取一人焉以归,谓之夏州⑥。故书曰"楚子入陈,纳公孙宁、仪行父于陈",书有礼也。

①夏氏:夏徵舒,陈国大夫,鲁宣公十年杀陈灵公,陈国大乱。
②少西氏:即夏氏,夏徵舒祖父名少西。
③轘(huán):用车分裂人体的酷刑。
④县:把……当作属县。
⑤蹊(xī):小路,这里指踩。
⑥夏州:楚国俘虏了陈国人,在楚地设一地区管理。夏州今地在湖北汉阳北。

（鲁宣公十一年）冬，楚庄王因为陈国发生了夏徵舒杀君的动乱，进攻陈国。对陈国人说："不要惊动，我们仅是要对夏徵舒的氏族进行讨伐。"于是进入陈国，杀了夏徵舒，在陈国国都的城门栗门用车分裂了夏氏的肢体。于是将陈国列为楚国的县。这时，陈灵公的太子出逃在晋国。

当时，楚国大夫申叔时出使到齐国，回到国内，回复了出使的命令就退下朝堂。楚庄王让人指责他，说："夏徵舒不讲道义，杀害了他的君主，我带领各诸侯们讨伐他并把他杀死，各国诸侯、楚国的县公们都来庆贺我，唯独你不庆贺我，什么原因？"申叔时对他说："我还可以说话吗？"楚庄王说："可以啊。"申叔时说："夏徵舒杀了他的君主，他的罪过是大的；你讨伐并杀他，是你的大义。可人们常有一句话说：'牵着牛从别人的庄稼地里走出小路，田主就把牛夺走了。'牵着牛走小路的人，确实是有过错的；但把牛夺走，惩罚就太重了。各诸侯跟随你，是因为你说是讨伐有罪的人。现在把陈国划作楚国的县，则是贪图陈国的富庶。以讨伐有罪的人而召集诸侯，而以贪占为结果，这不是不可以吗？"楚庄王说："你说得很好！我还没有听过这样的话。现在再恢复陈国，可以吗？"申叔时回答说："这就是我们这班小人物常说的'从人家怀里夺走再送还给人家'了。"于是楚庄王重新恢复了陈国的封土，只从陈国各个乡里抽出一人到楚国，把这些人集中到一地设立了夏州。所以《春秋》写道"楚庄王进入陈国，把公孙宁、仪行父送回陈国"，是写楚庄王对待陈国有礼法。

楚子围郑

题解

鲁宣公十二年(公元前597)，楚庄王北上进攻郑国，占领郑国国都，迫使郑国与之议和而成为他的附庸。

十二年春，楚子围郑，旬有七日。郑人卜行成，不吉；卜临于大宫①，且巷出车，吉。国人大临，守陴者皆哭②。楚子退师。郑人修城。进复围之，三月，克之。入自皇门，至于逵路。郑伯肉袒牵羊以逆，曰："孤不天，不能事君，使君怀怒以及敝邑，孤之罪也，敢不唯命是听？其俘诸江南，以实海滨，亦唯命；其翦以赐诸侯③，使臣妾之，亦唯命！若惠顾前好，徼福于厉、宣、桓、武，不泯其社稷，使改事君，夷于九县④，君之惠也，孤之愿也，非所敢望也。敢布腹心，君实图之。"左右曰："不可许也,得国无赦。"王曰:"其君能下人,必能信用其民矣,庸可几乎⑤!"退三十里而许之平。潘尫入盟,子良出质。

① 临（lìn）：哭吊。
② 陴（pí）：城上女墙。
③ 翦（jiǎn）：消灭。
④ 夷：等。
⑤ 几：希望。

（鲁宣公）十二年春季,楚庄王率军包围了郑国国都,一直包围了一旬又七天。郑国的大夫们占卜看是否可以与楚国议和,结果不好;又占卜在郑国的祖庙哭泣,并陈兵于街巷,结果是吉利的。于是国人都在城中大哭,守城的士兵也都哭泣。楚庄王率军后退,郑国人就修筑加固城墙。楚庄王再次进兵包围,经过三个月,攻破了郑国国都。楚军从郑国都城皇门中进入城中,郑襄公露出上身牵着羊迎接楚国军队,对楚庄王说:"我不能奉承上天的旨意,不能服从于你,使你怀着愤怒来到我们这里,是我的罪过了,哪里敢不听从你的命令?你要把我们俘虏到长江以南,让我们去海滨地区,我们也只能听你的命令;你要消灭郑国把我们分配给各诸侯国,让我们给人家做臣做妾,也只能听从你的命令。如果你能顾及我们两国以前的友好,求得郑厉公、宣公、桓公、武公等祖先的保佑,使我们的国家不至于灭亡,让我们重新侍奉你,把我国等同于你们的九个县,那是你对我们的恩惠,是我的愿望,可我又不敢有这些希望。我向你展示内心,请你考虑我的意见。"楚庄王的左右随从说:"不能答应郑襄公的请求,得到他的国家就没有赦免二字。"楚庄王说:"郑国国君能处于人下,就一定能相信任用他的人民,以后是有希望的。"率军后退三十里而答应与郑议和。楚国大夫潘尫到郑国国都与郑襄公订立了盟约,郑国的子良到楚国当了人质。

晋荀林父帅师及楚子战于邲

邲之战是春秋中期晋、楚争霸的又一次大的战争。晋国一些将领不顾楚国一时强盛、晋国相对力量不足的客观形势,只凭着为保持霸业的主观愿望,与楚国打仗,结果被楚国打败。

夏六月,晋师救郑。荀林父将中军,先縠佐之;士会将上军,郤克佐之;赵朔将下军,栾书佐之。赵括、赵婴齐为中军大夫,巩朔、韩穿为上军大夫,荀首、赵同为下军大夫。韩厥为司马。

及河,闻郑既及楚平,桓子欲还,曰:"无及于郑而剿民①,焉用之?楚归而动,不后。"随武子曰:"善!会闻用师,观衅而动。德、刑、政、事、典、礼不易,不可敌也,不为是征。楚君讨郑,怒其贰而哀其卑,叛而伐之,服而舍之,德、刑成矣。伐叛,刑也;柔服,德也,二者立矣。昔岁入陈,今兹入郑,民不罢劳,君无怨讟②,政有经矣。荆尸而举,商农工贾不败其业,而卒乘辑睦,事不奸矣。蒍敖为宰,择楚国之令典,军行,右辕③,左追蓐④,前茅虑无⑤,中权,后劲。百官象物而动,军政不戒而备,能用典矣。其君之举也,内姓选于亲,外姓选于旧,举不失德,赏不失劳,老有加惠,旅有施舍。君子小人,物有服章。贵有常尊,贱有等威,礼不逆矣。德立、刑行、政成、事时、典从、礼顺,若之何敌之?见可而进,知难而退,军之善政也。兼弱攻昧,武之善经也。子姑整军而经武乎!犹有弱而昧者,何必楚?仲虺有言曰:'取乱侮亡',兼弱也。《汋》曰:'於铄王师,遵养时晦',耆昧也。《武》曰:'无竞惟烈。'抚弱耆昧,以务烈所,可也。"彘子曰:"不可。晋所以霸,师武臣力也。今失诸侯,不可谓力;有敌而不从,不可谓武。由我失霸,不如死。且成师以出,闻敌强而退,非夫也。命为军帅,而卒以非夫,唯群子能,我弗为也。"以中军佐济。

知庄子曰:"此师殆哉!《周易》有之,在《师》☷☵之《临》☷☱,曰:'师出以律,否臧,凶。'执事顺成为臧,逆为否。众散为弱,川壅为泽。有律以如己也,故曰律。否臧,且律竭也。盈而以竭,夭且不整,所以凶也。不行之谓《临》,有帅而不从,临孰甚焉?此之谓矣。果遇,必败,彘子尸之;虽免而归,必有大咎。"韩献子谓桓子曰:"彘子以偏师陷,子罪大矣。子为元帅,师不用命,谁之罪也?失属亡师,为罪已重,不如进也。事之不捷,恶有所分;与其专罪,六人同之,不犹愈乎?"师遂济。

楚子北师次于郔⑥。沈尹将中军,子重将左,子反将右,将饮马于河而归。闻晋师既济,王欲还,嬖人伍参欲战,令尹孙叔敖弗欲,曰:"昔岁入陈,今兹入郑,不无事矣。战而不捷,参之肉其足食乎?"参曰:"若事之捷,孙叔为无谋矣;不捷,参之肉将在晋军,可得食乎?"令尹南辕,反旆。伍参言于王曰:"晋之从政者新,未能行令,其佐先縠,刚愎不仁,未肯用命。其三帅者,专行不获,听而无上,众谁适从?此行也,晋师必败!且君而逃臣,若社稷何?"王病之,告令尹改乘辕而北之,次于管以待⑦。

晋师在敖、鄗之间⑧。郑皇戌使如晋师,曰:"郑之从楚,社稷之故也,未有贰心。楚师骤胜而骄⑨,其师老矣,而不设备。子击之,郑师为承,楚师必败。"彘子曰："败楚、服郑，于此在矣。必许之。"栾武子曰："楚自克庸以来，其君无日不讨国人而训之：于民生之不易，祸至之无日，戒惧之不可怠；在军，无日不讨军实而申儆之：于胜之不可保，纣之百克而卒无后。训之以若敖、蚡冒筚路蓝缕，以启山林。箴之曰：'民生在勤，勤则不匮。'不可谓骄。先大夫子犯有言曰：'师直为壮，曲为老。'我则不德，而徼怨于楚。我曲楚直，不可谓老。其君之戎分为二广，广有一卒，卒偏之两。右广初驾，数及日中，左则受之，以至于昏。内官序当其夜，以待不虞。不可谓无备。子良，郑之良也；师叔，楚之崇也。师叔入盟，子良在楚，楚、郑亲矣！来劝我战，我克则来，不克遂往，以我卜也，郑不可从。"赵括、赵同曰："率师以来，唯敌是求。克敌得属，又何俟？必从彘子！"知季曰："原、屏，咎之徒也。"赵庄子曰："栾伯善哉，实其言，必长晋国。"

楚少宰如晋师，曰："寡君少遭闵凶，不能文，闻二先君之出入此行也，将郑是训定，岂敢求罪于晋？二三子无淹久。"随季对曰："昔平王命我先君文侯曰：'与郑夹辅周室，毋废王命。'今郑不率，寡君使群臣问诸郑，岂敢辱候人？敢拜君命之辱！"彘子以为谄，使赵括从而更之，曰："行人失辞。寡君使群臣迁大国之迹于郑，曰：'无辟敌！'群臣无所逃命。"

楚子又使求成于晋，晋人许之，盟有日矣。楚许伯御乐伯，摄叔为右，以致晋师。许伯曰："吾闻致师者，御靡旌、摩垒而还。"乐伯曰："吾闻致师者，左射以菆⑩，代御执辔，御下，两马、掉鞅而还。"摄叔曰："吾闻致师者，右入垒，折馘、执俘而还。"皆行其所闻而复。晋人逐之，左右角之。乐伯左射马，而右射人，角不能进。矢一而已。麋兴于前，射麋，丽龟。晋鲍癸当其后，使摄叔奉麋献焉，曰："以岁之非时，献禽之未至，敢膳诸从者！"鲍癸止之，曰："其左善射，其右有辞，君子也。"既免。

晋魏锜求公族未得而怒，欲败晋师。请致师，弗许，请使，许之。遂往，请战而还。楚潘党逐之，及荧泽，见六麋，射一麋以顾献，曰："子有军事，兽人无乃不给于鲜？敢献于从者。"叔党命去之。赵旃求卿未得，且怒于失楚之致师者，请挑战，弗许。请召盟，许之，与魏锜皆命而往。郤献子曰："二憾往矣，弗备，必败。"彘子曰："郑人劝战，弗敢从也；楚人求成，弗能好也。师无成命，多备何为？"士季曰："备之善！若二子怒楚，楚人乘我，丧师无日矣，不如备之。楚子无恶，除备而盟，何损于好？若以恶来，有备不败。且虽诸侯相见，军卫不撤，警也。"彘子不可。

士季使巩朔、韩穿帅七覆于敖前，故上军不败。赵婴齐使其徒先具舟于河，故败而先济。

潘党既逐魏锜，赵旃夜至于楚军，席于军门之外，使其徒入之。楚子为乘广三十乘，分为左右。右广鸡鸣而驾，日中而说；左则受之，日入而说。许偃御右广，养由基为右；彭名御左广，屈荡为右。乙卯，王乘左广以逐赵旃。赵旃弃车而走林，屈荡搏之，得其甲裳。晋人惧二子之怒楚师也，使轩车逆之⑪。潘党望其尘，使骋而告曰:"晋师至矣。"楚人亦惧王之入晋军也,遂出陈。孙叔曰:"进之!宁我薄人,无人薄我。《诗》云,'元戎十乘,以先启行',先人也。《军志》曰,'先人有夺人之心',薄之也。"遂疾进师,车驰,卒奔,乘晋军。桓子不知所为,鼓于军中曰:"先济者有赏!"中军、下军争舟,舟中之指可掬也。

晋师右移,上军未动,工尹齐将右拒卒以逐下军。楚子使唐狡与蔡鸠居告唐惠侯曰⑫:"不穀不德而贪,以遇大敌,不穀之罪也。然楚不克,君之羞也。敢藉君灵,以济楚师。"使潘党率游阙四十乘⑬,从唐侯以为左拒,以从上军。驹伯曰:"待诸乎?"随季曰:"楚师方壮,若萃于我,吾师必尽,不如收而去之。分谤生民,不亦可乎?"殿其卒而退,不败。

王见右广,将从之乘。屈荡户之,曰:"君以此始,亦必以终。"自是楚之乘广先左。

晋人或以广队不能进,楚人惎之脱扃⑭。少进,马还,又惎之拔旆投衡,乃出。顾曰:"吾不如大国之数奔也。"

赵旃以其良马二济其兄与叔父,以他马反。遇敌不能去,弃车而走林。逢大夫与其二子乘,谓其二子:"无顾。"顾曰:"赵傁在后。"怒之,使下,指木曰:"尸女于是!"授赵旃绥,以免。明日,以表尸之,皆重获在木下。

楚熊负羁囚知罃,知庄子以其族反之,厨武子御,下军之士多从之。每射,抽矢,菆,纳诸厨子之房。厨子怒曰:"非子之求,而蒲之爱,董泽之蒲,可胜既乎?"知季曰:"不以人子,吾子其可得乎?吾不可以苟射故也。"射连尹襄老,获之,遂载其尸;射公子谷臣,囚之,以二者还。

及昏,楚师军于邲⑮。晋之余师不能军,宵济,亦终夜有声。

丙辰,楚重至于邲,遂次于衡雍⑯。潘党曰:"君盍筑武军而收晋尸以为京观⑰?臣闻克敌必示子孙,以无忘武功。"楚子曰:"非尔所知也。夫文,止戈为武。武王克商,作《颂》曰:'载戢干戈,载櫜弓矢。我求懿德,肆于时夏,允王保之。'又作《武》,其卒章曰:'耆定尔功。'其三曰:'铺时绎思,我徂惟求定。'其六曰:'绥万邦,屡丰年。'夫武,禁暴、戢兵、保大、定功、安民、和众、丰财者也,故使子孙无忘其章。今我使二国暴骨,暴矣;观兵以威诸侯,兵不戢矣;暴而不戢,安能保大?犹有晋在,焉得定功?所违民欲尤多,民何安焉?无德而强争诸侯,何以和众?利人之几,而安人之乱,以为己荣,何以丰财?武有七德,我无一焉,何以示子孙?其为先君宫,告成事而已,武非吾功也。古者明王伐不敬,取其鲸鲵而封之,以为大戮,于是乎有京观,以惩淫慝。今罪无所,而民皆尽忠以死君命,又可以为京观乎?"祀于河,作先君宫,告成事而还。

是役也,郑石制实入楚师,将以分郑,而立公子鱼臣。辛未,郑杀仆叔及子服。君子曰:"史佚所谓'毋怙乱'者,谓是类也。《诗》曰,'乱离瘼矣,爰其适归',归于恬乱者也夫。"

郑伯、许男如楚。

秋,晋师归,桓子请死,晋侯欲许之。士贞子谏曰:"不可!城濮之役,晋师三日谷,文公犹有忧色。左右曰:'有喜有忧,如有忧而喜乎?'公曰:'得臣犹在,犹未歇也。困兽犹斗,况国相乎?'及楚杀子玉,公喜而后可知也。曰:'莫余毒也已!'是晋再克,而楚再败也,楚是以再世不竞。今天或者大警晋也,而又杀林父以重楚胜,其无乃久不竞乎?林父之事君也,进思尽忠,退思补过,社稷之卫也,若之何杀之?夫其败也,如日月之食焉,何损于明?"晋侯使复其位。

①剿:劳苦。
②怨讟(dú):讟为痛怨,怨讟为同义连用,即埋怨、怨恨。
③右辕:指行军打仗时军队的部署。辕指将军的车辕,右辕指右军跟随将军的戎车进退。
④左追蓐(rù):与上右辕相对。杜预解为"追求草蓐为宿卫",后人疑此为当时方言,不明其意。疑是左军为右军的蓐垫,亦即左军追随右军在后的意思。
⑤前茅:指前军用旌旗引导,茅指茅旌。
⑥郔(yán):郑地,当今郑州市北。
⑦管:郑地,在今河南郑州市境内。
⑧敖、鄗:两山名,均在今河南荥阳市北,黄河经过其山间。
⑨骤:屡次。
⑩鞦(zōu):好箭。
⑪轒(tún)车:兵车的一种,用于守卫。
⑫唐惠侯:唐为春秋初小国,后成为楚的附庸,在今湖北随县之唐县镇,唐惠侯即唐国国君。
⑬游阙:随时可供调用的游动的兵车。
⑭綦(jī)之脱扃(jiōng):綦,教;扃,车前横木。意思是教给他们把车前横木卸去。
⑮邲(bì):郑地,邲本为汴水,这里指汴水受河之处,荥阳市之东北。
⑯衡雍:郑地,在今河南原阳县原武废县。
⑰武军:古代战胜一方将战败者的尸体埋葬,筑起土堆,称为武军,再插木以标识,称为京观。

(鲁宣公十二年)夏六月,晋国的军队去援救郑国。荀林父为中军统帅,先縠为副统帅;士会为上军统帅,郤克为副统帅;赵朔为下军统帅,栾书为副统帅。赵括、赵婴齐为中军大夫,巩朔、韩穿为上军大夫,荀首、赵同为下军大夫。韩厥为主管军法的司马。

晋军到达黄河北岸,得到郑国已经与楚国议和的消息,荀林父想要回国,说:"没有能够救得郑国而劳苦人民,有什么用呢?楚已回归而我们再动兵伐郑,不为迟后。"士会说:"很好。我士会听说,用兵要观察对方的漏洞而行动。道德、兵刑、政治、戎事、制度、礼仪不随意变化的国家,是不可与他为敌的,也不能征伐这样的国家。楚庄王讨伐郑国,是恼怒他不服从楚国而又可怜郑国的屈服。叛变就征伐它,屈服了就放了它,仁德、刑法都实现了。征伐叛变者,是用兵刑;怀柔屈服者,是用仁德,这两者都已树立起来了。去年攻进陈国,现在刚刚攻进郑国,人民不觉得疲劳,君主没有受到埋怨,说明楚国政治是有固定的纲领的。举行荆尸的阅兵后而大举出师,商人、农民、手工业者、坐商都不废弃他们的本业,而步兵和战车士卒都十分团结,各类事业互不相犯。蒍敖担任令尹,选择了楚国最佳的制度,军队行军的时候,右军跟随着主将的车辆,左军作为右军的蓐垫而支持右军,前军举着茅旌探察可能发生的情况,中军决定战争的权谋,又有精兵殿后。军中各级官吏都按旌旗上所绘物像执行自己的任务,军政不用约束号令就都能自行备办,说明能够运用长期规定的制度。他的国君选拔人才,在与他同姓当中选拔最亲近者,在异姓当中选拔世代做官之家的人,选择人才没有失去有道德的人,奖赏没有失去有功劳的人,对年老者有特殊恩惠,对旅途中的人都有所赐予。国内的君子小人,都以衣服色彩表明他们的身份。高贵者有保证他们尊崇的制度,卑贱者有等级限制使他们有所畏惧,这说明他们的礼仪制度与实际不相悖逆。楚国国内道德树立起来了,兵刑制度得到推行,政治有成就,军事能适时举动,制度为人们所服从,礼仪顺应了实际情况,这样的国家我们如何能胜过它?看到有取胜的可能就前进,了解到难以取胜就后退,这是行军打仗的最佳方略。兼并弱小者攻击昏暗者,是用武的最好的制度。你暂且整顿军队规定用武的制度吧!还有软弱而昏暗的国家可以进攻,为什么一定要对楚国进攻呢?商汤王的左相仲虺曾有言论说:'伐取乱离的国家,奴役灭亡的国家',说的就是兼并弱国。《诗经·周颂·汋》篇里说,'光辉盛美的帝王的军队,被率领着去攻取那些晦昧者',说的是攻击昏昧的国家。《诗经·周颂·武》篇中说:'没有比周武王灭商的功业为强。'现在我们兼并抚绥弱小者,攻取昏昧者,追求周武王建立功业的目标,就可以了。"先縠说:"不行。晋国所以能够称霸,就是崇尚武功,崇拜实力的结果。现在得不到诸侯拥护,不能称得上有实力;遇到敌人而不去追击,不能称得上有武功。从我们手中丢失晋国的霸业,不如让我们去死。况且全军出动,听到敌人强大就退回去,不是大丈夫的行为。而最后落得个不是大丈夫的名声,只有你们能这样做,我是不能做到的。"就以他带领的中军的一部分军队渡过了黄河。

荀首说:"先縠的这支军队要失败了。《周易》有这样的卦,《师》卦为坎下坤上,初爻由阴变阳,坎变为兑,兑下坤上为临卦,爻辞说:'军队出行要有法制号令,违背法制号令不好,结果就凶险。'军队的统帅顺应时机行动就好,反之就不是这样。(坎卦变为兑卦,)意思是大家分散就弱小,(坎为川,今变为兑,兑为泽,)是大川被壅塞而成为泽。有法制号令就像自己指挥自己一样,所以称为法制号令。统帅者不顺应时机行事,那就是法制号令没有了。(川水盈满,湖泽易竭,)盈满而很快枯竭,法制号令不能推行大家又分散,所以结果就凶险了。水不能流行就在卦辞中称为临,有元帅而不听从他的指挥,这比水不流行不是更严重吗?先縠的做法就是卦辞中所说的"临"。如果真的遇到敌人,他一定会失败。先縠是失败的祸首,虽然免于战死而回到晋国,一定会有祸难临头。"韩厥对荀林父说:"先縠带领非主力军队陷入敌境,你的罪过大了。你是三军元帅,军队不服从命令,应当归罪于谁呢?丢失了我们的属国、败亡了军队,罪过就够重了,不如全军前进,事情如果不能成功,罪恶也可由大家分担。与其只你一人担当罪过,六个统帅都共同来承当,不是比你一人承担强一些吗?"于是三军都渡河向南。

楚庄王的北军停留在郔地。沈尹带领中军,子重带领左军,子反带领右军,准备到黄河饮马后就回楚国。得到晋国军队渡过黄河的消息,楚庄王想要回国,他的亲信伍参想与晋军进行战斗。令尹孙叔敖不想打,说:"去年进攻了陈国,现在刚刚进攻了郑国,并非没有战事了。如果与晋军战斗而打不胜,伍参身上的肉能够吃吗?"伍参说:"如果战斗打胜了,你孙叔敖就算没有谋略了。如果打不胜,我伍参的肉也就会落到晋军手中,你能够吃得上吗?"孙叔敖把车辕转向南,前军大旗也反过来向南。伍参又对楚庄王说:"晋国从事军政的是新人,不能推行他的命令。他的副职先縠武断凶狠不讲仁义,不肯服从他的命令。晋国三个军的统帅,想要独立行动而不能得到允许,想要听从命令又没有上司,大家该服从谁呢?这次行动,晋军一定要失败!又且你君主逃避他们臣下,将如何对待国家?"楚庄王觉得很为难,告诉孙叔敖让他改变车辕向北面走,自己停留在管地等待他。

晋国军队驻扎在敖山、鄗山之间。郑国公卿皇戌出使到了晋军当中,说:"郑国的屈服楚国,是为了保存国家的缘故,对晋国并没有二心。楚国的军队连连得胜而骄傲,他们军队长久在外已疲劳了,又没有什么防御工事。你们攻打他们,郑国军队会跟着你们攻打,楚国军队一定要失败。"先縠说:"击败楚国、制服郑国,就在这一次战争了,一定要答应皇戌的要求。"栾书说:"楚国自从消灭了庸国以来,他的国君没有一天不召集他的国人而训导他们:人民生存得不容易、灾祸随时可能降临、警戒畏惧绝不可以懈怠;在军队内部,没有一天不召集他们的指挥官而反复训诫他们:胜利不一定能保持,商纣王百次胜利而最终没有结果。训导他们说他们的祖先若敖、蚡冒推着柴车穿着破衣去开辟山野林木。训导他们的箴言说:'民生在于勤劳,勤劳就不会贫困。'这都说明他们没有骄傲。晋国先前的大夫狐偃说过:'正义的军队就壮盛,理屈的军队才称为疲惫。'我们这一方不讲道义,而向楚国寻求报复,是我们理曲而楚国正义,不能说楚军疲惫。楚国君主的亲兵戎车分为左右两部,每部都称为广。每广有戎车一卒(三十乘),两广的乘卒数是一样的。右广的戎车先驾好车辆执勤,到太阳正中时,左广来接替他们,一直执勤到黄昏。他的左右亲信又按次序在夜晚值班保卫，以防意外的事发生。这不可以说楚军没有防备。在楚国当人质的子良，是郑国的贤良者；楚国的潘尫，是楚国人所尊崇的人。潘尫与郑国举行盟誓，子良入质到楚国，楚国、郑国亲近了。郑国的皇戌来劝我们与楚国战斗，如果我们胜利了他们就会服从，我们不胜他们就去投靠楚国，拿我们当龟甲来占卜他们何去何从。郑国的意见是不能听从的。"赵括、赵同说："带兵出征来到这里，就是要寻求敌人。战胜敌人、取得属国，又等待什么呢？一定要听从先縠的意见。"荀首说："赵括、赵同的话，是招祸的道路。"赵朔说："栾书说得很好啊，实行他说的话，一定能使晋国长久。"

楚国的少宰到了晋军，说："我们君主从小丧失父母，说话言辞不会讲究文饰，只是听说我们的成王、穆王二位先君曾来往于楚、郑之间，只是要教训安定郑国，哪里敢得罪晋国呢？你们大家就不要在这里留得太久了。"士会对他说："当年周平王命令我们的先君文侯说：'同郑国一起辅佐周朝王室，不要废弃周王的命令。'现在郑国不遵循这个训导，我们君主让我们这些臣子来向郑国责问，哪里敢劳驾楚国的边疆官员呢？感谢你们君主给我们的指令。"先縠认为士会是向楚国献媚，又让赵括重新更改他的话，说："我们那位行人说错了话，我们的君主让我们这些大臣把你们赶出郑国，命令我们说：'不要躲避敌人。'我们没有地方躲避君主的命令。"

楚庄王又派人与晋军议和，晋军统帅同意了，约定了会盟的日期。楚军的许伯为乐伯驾车，摄叔为车右，单车去向晋军挑战。许伯说："我听说出去挑战的人，很快驱车使旌旗倾倒靠近敌方营垒后就回来了。"乐伯说："我听说出去挑战的人，车左用好箭射向敌人营垒，代替驾车的人牵马，驾车者从车上下来，排比整齐驾车的马匹后再返回来。"摄叔说："我听说挑战的人，车右进入敌人营垒，割下敌人尸体的耳朵，捉获俘虏再回来。"三人各自按照他们听说过的做完往返回。晋军驱逐他们，在左右两边又张开两路军夹击。乐伯向左射晋军的马匹，向右射晋军的士卒，晋军两路夹击的军队不能前进。乐伯的箭只剩下一支了。正好有一只麋出现在他的面前，他用这支箭射在了麋的脊背上。晋军的鲍癸追到他的后面，乐伯让摄叔拿这只麋进献给鲍癸，说："因为季节不是狩猎的时候，想进献你们的禽兽还没有来到，只好让各位跟来的人吃这只麋了。"鲍癸让军队停止了追击，说："楚国的车左善于射击，车右会说话，都是君子。"这三个挑战者都没有被俘虏。

晋军中的魏锜当初要求列为公族大夫而没有得到，为此很恼怒，就想让晋军失败。他请求到楚军去挑战，没有得到允许。又请求出使到楚军，得到许可。于是就前往楚军，向楚军挑战后往回走。楚军的潘党率兵来追赶他，追到荥泽，魏锜看到六只麋，射中一只麋返回来献给潘党，说："因为你有军事在身，你们管理禽兽的人恐怕不会给你送来鲜肉吧，就把这只麋送给跟随你的人吧。"潘党让部下回去不追。晋军中的赵旃要求卿大夫的职位而没有得到，并且恼恨没有捉住楚军来挑战的人，也请求到楚军中挑战，没有得到允许。他就请求召集楚军将领来举行盟会，得到许可，与魏锜一同受命到楚军中去。郤克说："这两个对晋国心怀怨恨的人都去了，我们不防备，一定要失败。"先縠说："郑国人劝我们打，我们不敢听从；楚国人要求议和，又不能与他们和好。军队没有固定的命令，加强防备有什么用呢？"士会说："还是防备为好。如果赵旃和魏锜激怒楚军，楚军向我掩杀过来，我们失败就不定在哪一天了，不能不防备着他。如果楚国没有恶意，我们解除防备与他举行盟会，哪里会损坏友好呢？如果楚军恶意向我们进攻，我们有防备，就不会失败。况且即使诸侯相见时候，军卫也不撤除，是加强警卫的意思。"先縠又不听从。

士会让巩朔、韩穿率领士兵在敖山前埋伏为七处，所以上军没有失败。赵婴齐让他的步兵预先在黄河里准备好船只，所以晋军失败时他的部队先头渡过了黄河。

潘党驱逐了魏锜后，赵旃夜晚到了楚军中，铺席坐在楚军的营门之外，让他的步兵进入楚军军营。楚庄王的戎车分为每广三十乘，分左右两广。右广鸡鸣时起身驾车巡逻，到正午卸车休息；左广就来接替他们，一直到日落后才休息。楚国的许偃统领右广，养由基为他的车右；彭名统率左广，屈荡为他的车右。乙卯日，楚庄王乘坐左广的戎车追击赵旃。赵旃抛弃了车辆而逃到树林中，屈荡下车与他搏斗，夺取了他的甲衣。晋军担心魏锜、赵旃激怒楚军，用备用的车辆去迎接他们。楚国的潘党看见车辆走过带起的尘土，让人很快驾车报告楚军说："晋军到来了。"楚军也害怕楚庄王进入晋军当中，于是都出来列好阵势。孙叔敖说："前进，宁让我们逼迫别人，不要让他们逼迫我们。《诗经》说，'冲陷敌军的车辆十乘，用来打开敌人的行伍'，是要进攻在敌人之前。军书上说，'先进攻能夺掉敌人的士气'，是要压迫对方。"于是很快向晋军发动攻击，戎车飞驰，徒卒奔跑，掩杀晋军。荀林父不知该如何办，在军队中鼓动说："先渡过黄河撤退的有赏！"于是中军、下军抢夺船只争着渡河，由于互相乱砍，船中被砍下的手指可以捧起来。

晋军向右移动靠近黄河，上军仍埋伏未动。楚国的工尹齐带领右边的方阵士卒去追逐晋国的下军。楚庄王在战前派唐狡和蔡鸠居去告诉唐惠侯说："我没有德行而又贪占别国的领土，因而遇上了强大的敌人，这是我的罪过了。可是如果楚国不能取胜，也是你的羞耻，想借你的福灵，来援助楚军。"楚庄王让潘党率领备用的戎车四十乘，跟随着唐惠侯组成左方的方阵，用来追逐晋国的上军。晋军的郤克说："抵御他们吗？"士会说："楚军正在强盛的时候，如果都集中到我方，我军必定让他消灭干净，不如收兵退去。到时我们共同承受指责，而使士卒能活下来，不是也可以吗？"跟在他的士卒后指挥撤退，他的军队不致失败。

楚庄王看到他的右广，要他们跟随他的左广掩杀晋军，屈荡主管右广，说："君王要让右广跟随左广从这次开始，以后也一定都要这样做。"从此楚国在战争中总是左广在先。

晋军有一些车辆陷入泥坑不能前进，楚军士卒教他们去掉车前横木，车前进了，驾车的马还是盘旋不能离开原地，楚国士卒又教他们拔去车上大旗卸掉车辕前的横木，这样车子就从泥坑中出来了。晋国士卒回头对楚国士卒说："我们比不上你们国家多次失败逃奔（故而没有这些经验）。"

赵旃把他的两匹好马援助他的哥哥和叔父，用别的马驾车返回军营。遇到楚军不能走脱，又抛弃了战车跑到树林中。晋军中的逢大夫同他的两个儿子乘车在赵旃的前面，逢大夫告诉他儿子："不要回头看。"他儿子回头看见赵旃下了车，说："赵老头在后面。"逢大夫很生气，让他下车，指着树木说："要在这里收你的尸体。"逢大夫抛给赵旃一条绳索要他上车，才免于被俘虏，他的两个儿子下车死去。第二天，找到原来的标志去收尸，兄弟两人尸体累压在一棵树木之下。

楚国的熊负羁捉拿了荀首的儿子荀䓨，荀首带领他的族人返回去救他，魏锜为荀首驾驭战车，下军的士卒多数跟随着他。荀首每次射箭，抽出箭来，是好箭，就放到魏锜背上的箭筒中。魏锜恼怒地说："不是要去找你儿子吗，还这样爱惜几支蒲杆。董泽里的蒲杆，能取完吗？"荀首说："不用别人的儿子，我的儿子能够得到吗？我不能单为我的儿子射箭呀。"荀首用箭射中楚国的连尹襄老，得到他的尸体，拉到车上。荀首又射中公子谷臣，拘捕了他。带着这两人返回来。

到黄昏时，楚国军队驻扎在邲地。晋国剩下的队伍已经不能组成一个军。夜晚，晋军渡河逃离，一夜晚河上都有晋军的吵嚷声音。

丙辰日，楚国的辎重车辆也到达了邲地，于是全军又停留到衡雍。潘党说："君王为什么不修筑武军而把晋军的尸体收起来成为京观呢？我听说战胜敌人一定要展示给子孙后代，以使他们不要忘记武功。"楚庄王说："不是你所懂得的。文字当中，止与戈构成武字。周武王消灭了商朝，作《颂》说：'收起干戈，把弓矢藏到袋子里。我要追求美德，表达在这夏乐之中，称王天下要保持这美德。'又作了《武》，这诗的最后一章说：'致定你的功业。'它的第三章说：'我要铺陈文王之德，伐纣只为了求得安定。'它的第六章说：'安定万国，屡有丰年。'武力，是用来禁止暴乱、平息战争、保持统一、确立功业、安定人民、团结大众、丰富财物的，所以让周朝的子孙后代不要忘记这些篇章。现在我让两个国家的人把尸骨暴露在外，够残暴的了；检阅部队使诸侯畏惧，是没有平息战争；残暴而不能平息战争，哪里能保证统一？还有晋国存在，哪里就能确立功业？我的举动违背民心之处还很多，人民怎么能安定呢？没有仁德而勉强争取诸侯的拥护，用什么来团结大家呢？以别人的危机为有利,以别人的动乱为安全,把这些当作自己的荣幸,用什么来增加财富呢?武力有这七种德行,我连一种也不具备,用什么展示给子孙后代?在这里为先君筑一座宫,向他们报告事情成功就可以了,武力战胜不是我的功劳。古代圣明的帝王征伐不顺从者,取一些首恶者的尸体用土封埋,表示这是最大的耻辱,这就产生了京观来惩罚元凶大恶。现在我们没有归罪的对象,而晋国的人民都竭尽忠诚为君主的命令而死,我们哪里可以筑京观呢?"楚庄王祭祀了河神,修筑了楚国先君的宫庙,向宫庙祭奠宣告他们的胜利后回国了。

这一次战役中,郑国的石制实际引导楚国进入郑国,准备分裂郑国,要立公子鱼臣为另一个君主。辛未这天,郑国杀了公子鱼臣和石制。君子说:"史佚所说的'不要容忍祸乱之人',就是指这一类事情。《诗经》说,'乱离太甚了,归罪于谁呢?'归罪于那些依恃乱离牟取私利的人。"

郑襄公、许昭公到达楚国。

秋季,晋军回到国内,荀林父请求把自己处死,晋景公准备答应,士贞子进谏说:"不行!晋楚在城濮之战的时候,晋军还有三天的军粮,晋文公还面带忧虑。他的左右说:'现在有喜事还要忧虑,不知遇到忧愁会喜欢吗?'文公说:'楚国令尹得臣还在,我们的忧虑不能停止。被围困的野兽还要争斗,何况一国的国相呢?'等到楚国杀了得臣,文公高兴的心情表露在脸面上,说:'再没有害我的人了。'这是晋国两次胜利而楚国两次失败,楚国此后两代没有强大起来。现在上天或许是严重警告晋国,你又杀荀林父让楚国再次得胜,不是想让晋国长久不能强大吗?荀林父的对待君主,晋升时考虑如何竭尽忠诚,贬退时考虑如何弥补过失,是一位捍卫社稷的人,为什么要杀他呢?他的失败,只不过像日食月食那样,哪里会损坏他的光明?"晋景公于是又恢复了荀林父的职位。

楚子灭萧

题解

鲁宣公十二年(公元前597),楚庄王率军进攻萧国,了解到士卒寒冷,就亲自慰问他们,激励了士卒的斗志,消灭了萧国。

原文

冬,楚子伐萧①,宋华椒以蔡人救萧。萧人囚熊相宜僚及公子丙。王曰:"勿杀,吾退。"萧人杀之。王怒,遂围萧。萧溃。

申公巫臣曰:"师人多寒。"王巡三军,拊而勉之,三军之士皆如挟纩②,遂傅于萧。

还无社与司马卯言,号申叔展。叔展曰:"有麦曲乎?"曰:"无。""有山鞠穷乎③?"曰:"无。""河鱼腹疾奈何?"曰:"目于眢井而拯之④。""若为茅绖,哭井则己。"明日,萧溃。申叔视其井,则茅绖存焉⑤,号而出之。

①萧:春秋小国,在今安徽萧县。
②纩(kuàng):新丝绵。
③山鞠(jú)穷:一种药草,亦名芎仑,产于四川省,称川芎。
④眢(yuān)井:即枯井。
⑤绖绖(dié):茅草编为带子。

(鲁宣公十二年)冬天,楚庄王征伐萧国,宋国的华椒用蔡国军队去援助萧国。萧国人拘禁了楚国的熊相宜僚和公子丙。楚庄王对萧国人说:"不要杀掉他们,我退兵不攻伐你们。"萧国人把他们二人杀掉了。楚庄王被激怒,于是包围了萧国。萧国崩溃了。

(战前,)申县县公巫臣对楚庄王说:"军人都觉得寒冷。"楚庄王就视察三军,亲自慰勉战士,三军的士卒心情激动,都像是穿上了丝绵。于是紧紧围在萧国城外。

萧国大夫还无社与楚国大夫司马卯说话,并呼叫楚国大夫申叔展。申叔展问他:"有酿酒的麦曲吗?"他回答说:"没有。"又问:"有防寒的山鞠穷吗?"回答说:"没有。""如果得了潮湿的疾病将怎么办?"回答说:"看见枯井就来拯救我。"申叔展说:"如果在井边结上茅草带子,在井上号哭的就是我。"第二天,萧国崩溃。申叔展观察城里的井,有一口上有茅草带子,他在井上号哭而把还无社救了出来。

晋侯伐郑

晋国在邲之战失败后,郑国背叛它而投靠了楚国。为了让郑国服从晋国,晋景公亲自率领军队到郑国示威,郑襄公急忙到楚国寻求援助。

夏,晋侯伐郑,为邲故也。告于诸侯,蒐焉而还①。中行桓子之谋也②,曰:"示之以整,使谋而来。"郑人惧,使子张代子良于楚。郑伯如楚,谋晋故也。郑以子良为有礼,故召之。

①蒐：检阅车马。
②中行桓子：荀林父把晋军分为三部：中行、右行、左行。荀行父为中行统帅，谥号桓，因称中行桓子。

（鲁宣公十四年）夏天，晋景公率军进攻郑国，是因为邲地战役的缘故。他向各国诸侯宣布，到郑地检阅军队后就回国了。这是荀林父出的计谋，荀林父说："要给郑国显示出晋国部队的齐整，让郑国自谋而来服从晋国。"郑国害怕了，让子张代替子良到了楚国。郑襄公到楚国，谋划抵御晋国。郑国因为子良有礼度，所以把他召回国内。

楚子围宋

鲁宣公十四年（公元前595），楚庄王派使者到齐国、晋国，却不让他们向必经的宋、郑两国行借道之礼，就是向两国挑衅。宋国不畏楚国势力，杀了使者申舟，激怒了楚庄王，到秋季，楚军包围了宋国。

楚子使申舟聘于齐，曰："无假道于宋。"亦使公子冯聘于晋，不假道于郑。申舟以孟诸之役恶宋，曰："郑昭宋聋，晋使不害，我则必死。"王曰："杀女，我伐之。"见犀而行。及宋，宋人止之。华元曰："过我而不假道，鄙我也。鄙我，亡也。杀其使者，必伐我，伐我亦亡也。亡一也。"乃杀之。楚子闻之，投袂而起，屦及于窒皇①，剑及于寝门之外，车及于蒲胥之市②。秋九月，楚子围宋。

①窒皇：亦作绖皇，宫中路寝前面的庭。
②蒲胥：楚国都城街道，市场在其中。

楚庄王派申舟聘使齐国，对他说："不要向宋国说明，直接通过它的国家就行了。"也派公子冯出使晋国，不向郑国说明就通过郑国。申舟因为以前在孟诸的战役中惹怒了宋国，对楚庄王说："郑国明白，宋国很不聪明，出使晋国的人不会受害，我是一定要死了。"楚庄王说："如果宋国杀了你，我就去攻伐他。"（楚庄王为保证他的诺言,)让申舟把儿子申犀领来见了他才出行。申舟到达宋国边境,宋国人把他留住了。宋国的华元说:"申舟路过宋国而不行借道之礼,是小瞧我国。小瞧我们,就是要灭亡我国。如果杀了他这个使者,楚国一定进攻我们,进攻我们也是要灭亡我国。都是一样的亡国。"就杀了申舟。楚庄王听到这个消息,立刻愤怒得撩起袖子站起来,赤脚跑到路寝前的庭中,后面给他拿鞋的人到这里才追上他;他又跑出寝门之外,给他送剑的人在寝门外才追上他;为他备好的车子到蒲胥街上的市场中才追上他。秋季的九月,楚庄王率军包围了宋国。

宋人及楚人平

题解

楚国因宋国杀害其使者申舟而包围了宋国。宋国在晋国的支持下进行抵抗,迫使楚国退兵而与之议和。

原文

十五年春,公孙归父会楚子于宋。

宋人使乐婴齐告急于晋,晋侯欲救之。伯宗曰:"不可。古人有言曰:'虽鞭之长,不及马腹。'天方授楚,未可与争。虽晋之强,能违天乎?谚曰:'高下在心。'川泽纳污,山薮藏疾,瑾瑜匿瑕,国君含垢,天之道也。君其待之。"乃止。

使解扬如宋,使无降楚,曰:"晋师悉起,将至矣。"郑人囚而献诸楚。楚子厚赂之,使反其言,不许。三而许之。登诸楼车,使呼宋人而告之。遂致其君命。楚子将杀之,使与之言曰:"尔既许不穀,而反之,何故?非我无信,女则弃之。速即尔刑。"对曰:"臣闻之,君能制命为义,臣能承命为信,信载义而行之为利。谋不失利,以卫社稷,民之主也。义无二信,信无二命。君之赂臣,不知命也。受命以出,有死无霣①,又可赂乎?臣之许君,以成命也。死而成命,臣之禄也。寡君有信臣,下臣获考死,又何求?"楚子舍之以归。

夏五月,楚师将去宋,申犀稽首于王之马前,曰:"毋畏知死,而不敢废王命,王弃言焉。"王不能答。申叔时仆,曰:"筑室,反耕者,宋必听命。"从之。宋人惧,使华元夜入楚师,登子反之床,起之,曰:"寡君使元以病告,曰:'敝邑易子而食,析骸以爨②。虽然,城下之盟,有以国毙,不能从也。去我三十里,唯命是听。'"子反惧,与之盟,而告王。退三十里,宋及楚平。华元为质。盟曰:"我无尔诈,尔无我虞。"

① 霣:同"陨",陨坠,废弃。

②爨（cuàn）：烧火煮饭。

（鲁宣公）十五年春天，鲁国大夫公孙归父与楚庄王在宋国境内相会。

宋人派大夫乐婴齐到晋国告急，晋景公准备去救宋国。晋国大夫伯宗说："不能去救。古人有句话说：'鞭子虽然长，也打不到马的腹部。'上天正在给予楚国支持，不可与它相争。虽然晋国强大，还能违抗上天吗？谚语说：'处理事情或高或下都在自己的内心裁定。'河川湖泽容纳污浊，山林泽薮隐藏病毒，美好的玉石也藏匿着疵瑕，国君要忍耐耻辱，这是上天的规律，君主还是等待吧。"晋景公停止了救宋的计划。

晋国派大夫解扬去宋国，让宋国不要投降楚国，并且对宋国说："晋国的军队全部动员起来，快到宋国了。"可中途让郑国抓获了他而把他送给楚国。楚庄王给了解扬很重的礼物，让他说晋国不来救宋国。解扬不答应。楚庄王再三要他这样做，他答应了。楚庄王让解扬登上楚军的楼车，让人召呼宋国的人来而让解扬告诉他们。解扬乘机就把晋国要救宋国的话告给宋人。楚庄王要杀他，让人对他说："你既然答应了我，可又反悔了，什么缘故？不是我不讲信用，是你自己抛弃了信用，赶快去受你的刑戮吧。"解扬回答说："我听说过，君主能够制定命令是当然的，臣下秉承执行命令就叫信守，信守承载着正义而成为实际行动就是利。谋略不失去利益，用以保卫国家，才是人民的主人。行正义者不会讲究两种不同信用，有信用的人不会接受两种不同的命令。你所以贿赂我，是你不懂命令的意义。我是接受命令而出使，即使死也不会放弃君主的命令。哪里是贿赂可动摇的？我对你的许诺，只是为完成我们君主的命令。如果死了而能实现我们君主的命令，那是我的福分了。我们君主有可信的臣子，我能够获得寿终而死，还有什么追求呢？"楚庄王便放解扬让他回了国。

夏季五月，楚军准备离开宋国。申舟的儿子申犀在楚庄王的马前行礼拦马说："我宁死也不敢放弃你说过要为我父报仇的命令，你撤兵是自食其言。"楚庄王不能回答。申叔时为楚庄王驾车，说："就在宋国境内修筑住屋，让战士恢复为耕地者，作长久困守之计。宋人一定会服从我们。"楚庄王照他说的去做了。宋人害怕了，让大夫华元在夜晚进入楚军。华元来到楚大夫子反住处，登上了他的床，把子反拉起来，对他说："我们君主让华元向你诉说困苦，说：'我们这里已是人们互相交换儿子吃他们的肉，折断尸骨作为柴禾来烧的境地了。虽然如此，要想让我们在城下与你们订立投降的盟约，就是国家灭亡，也绝不能这样做。你们离开三十里，那我们就听从你们的命令。'"子反害怕，与华元进行了盟誓。子反把情况告诉了楚庄王。楚军后退了三十里，宋国与楚国达成和议。华元到楚国作了人质。双方的盟约说:"我不要欺诈你,你不要哄骗我。"

晋师灭赤狄潞氏

[题解]

鲁宣公十五年(公元前594),晋国因为赤狄潞氏的执政者酆舒杀害晋景公的姐姐,而兴兵攻伐潞氏,灭掉了这个部族。

[原文]

潞子婴儿之夫人①,晋景公之姊也。酆舒为政而杀之,又伤潞子之目。晋侯将伐之。诸大夫皆曰:"不可。酆舒有三俊才,不如待后之人。"伯宗曰:"必伐之。狄有五罪。俊才虽多,何补焉?不祀,一也。耆酒,二也。弃仲章而夺黎氏地②,三也。虐我伯姬,四也。伤其君目,五也。怙其俊才,而不以茂德,兹益罪也。后之人或者将敬奉德义以事神人,而申固其命,若之何而待之?不讨有罪,曰:'将待后。'后有辞而讨焉,毋乃不可乎?夫恃才与众,亡之道也。商纣由之,故灭。天反时为灾,地反物为妖,民反德为乱。乱则妖灾生。故文反正为乏,尽在狄矣。"晋侯从之。六月癸卯,晋荀林父败赤狄于曲梁③。辛亥,灭潞。酆舒奔卫,卫人归诸晋,晋人杀之。

①潞子婴儿:赤狄潞氏的首领。潞氏,赤狄的一个部落,活动在今山西长治市潞城区。
②黎氏:殷商古国,在今山西黎城县。
③曲梁:潞氏所属地,在今山西长治市潞城区境。

潞氏的首领潞子婴儿的夫人,是晋景公的姐姐。潞氏的大臣酆舒当政时把她杀害了,并且刺伤潞子的眼睛。晋景公因此要征伐酆舒。晋国的大夫们都说:"不能征伐他。酆舒有三方面的俊秀才能,不如等待酆舒的后人执政再征伐他。"伯宗说:"一定要征伐他。潞氏有五种罪过,他的才能虽多,能补救罪过吗?不祭祀祖先,是一罪。好喝酒,是二罪。摒弃贤臣仲章而夺取黎国的土地,是三罪。虐杀了景公的姐姐伯姬,是四罪。伤害了国君的眼睛,是五罪。依恃着他的才能,而不树立美德,这就更增加了他的罪过。酆舒的后人或者将能够敬奉德行和正义,而加固赤狄的命运,还能等待吗?不去讨伐有罪的人,说什么'将等待以后',以后人家的继承者如果有理而去讨伐人家,不是不可以吗?依恃才能和人多,是灭亡之道。商纣就是依恃才能和人多,所以灭亡了。天违反时间顺序就成为灾害,地上的事物违反常性就成为妖怪,人民违反道德就会动乱。人间动乱就会产生妖怪和灾害。

所以文字中,反正就是乏字。这些都在赤狄那里出现了。"晋景公听从了他的意见。六月癸卯日,晋国的荀林父在曲梁打败了赤狄,消灭了潞国。酆舒逃奔到卫国,卫国又把他送给晋国,晋国把他杀了。

秦人伐晋

晋国在占领赤狄潞氏的土地后,又击败了秦国的进攻。晋景公给荀林父和士伯重大赏赐,说明他能重用人才。

【原文】

秋七月,秦桓公伐晋,次于辅氏①。壬午,晋侯治兵于稷②,以略狄土。立黎侯而还。及雒③,魏颗败秦师于辅氏,获杜回,秦之力人也。

初,魏武子有嬖妾,无子。武子疾,命颗曰:"必嫁是。"疾病④,则曰:"必以为殉。"及卒,颗嫁之,曰:"疾病则乱⑤,吾从其治也。"及辅氏之役,颗见老人结草以亢杜回⑥。杜回踬而颠,故获之。夜梦之曰:"余,而所嫁妇人之父也。尔用先人之治命,余是以报。"

晋侯赏桓子狄臣千室,亦赏士伯以瓜衍之县⑦,曰:"吾获狄土,子之功也。微子,吾丧伯氏矣。"羊舌职说是赏也,曰:"《周书》所谓'庸庸祗祗'者,谓此物也夫。士伯庸中行伯,君信之,亦庸士伯,此之谓明德矣。文王所以造周,不是过也。故《诗》曰'陈锡哉周',能施也。率是道也,其何不济?"

晋侯使赵同献狄俘于周,不敬。刘康公曰:"不及十年,原叔必有大咎。天夺之魄矣。"

①辅氏:晋地,在今陕西大荔县东。
②稷:晋地,在今山西稷山县。
③雒:晋地,在今陕西大荔县东南。
④病:病重。
⑤乱:神志昏乱。下文"治",指神志清醒。
⑥亢:遮挡。
⑦瓜衍:在今山西孝义市境内。

(鲁宣公十五年)秋七月,秦桓公率兵侵伐晋国,进入晋地辅氏。壬午日,晋景公在稷地整顿军队,用来略取赤狄的土地,在赤狄地区立了黎国的君主就回来了。晋国军队又到达西部的雒地,魏颗在辅氏打败了秦国军队,俘虏了杜回,杜回是秦国的一位力士。

当初,魏颗的父亲魏武子有一位宠爱的妾,没有生儿子。魏武子病了,命令魏颗说:"我死后一定要把她嫁出去。"等到魏武子病危时,又说:"一定要让她为我殉葬。"等魏武子死后,魏颗就把这位妾嫁出去了,他说:"人病危时就昏乱了,我是服从他清醒时说的话。"到辅氏战役的时候,魏颗看见有一位老人把茅草结在一起用来遮挡杜回。杜回被茅草绊住跌倒在地,所以被魏颗俘虏了。魏颗在晚上做梦梦见了那位老人对他说:"我,就是你所嫁出去的那位妇人的父亲,你用你先人清醒时的命令,我用这来报答你。"

晋景公赏给荀林父赤狄奴隶一千家,又赏给士贞子瓜衍这个县,对士贞子说:"我能获得狄人的土地,是你的功劳。如果不是你,我就丧失了荀林父了。"羊舌职评论这次奖赏,说:"《周书》所说'文王能用可用,能敬可敬',就是说的这类事情。士贞子用荀林父,国君相信士贞子,也用荀林父,这就是所谓光明之德。周文王所以能创立周朝,也不过是这样。所以《诗经》说,'陈布利益而赐予别人的是周朝',是说能够施予。遵循这一道理,有什么办不成的呢?"

晋景公让赵同到周朝去献俘虏,赵同对周天子不够尊重。刘康公说:"不过十年,赵同一定会有大的灾祸。看样子上天已夺去他的魂魄了。"

晋人灭赤狄甲氏及留吁、铎辰

晋国的士会做了太傅,晋国的盗贼都逃到了秦国,说明士会对晋国治理的成功。

十六年春,晋士会帅师灭赤狄甲氏及留吁、铎辰①。

三月,献狄俘。晋侯请于王,戊申,以黻冕命士会将中军②,且为大傅。于是晋国之盗逃奔于秦。羊舌职曰:"吾闻之,'禹称善人③,不善人远',此之谓也夫。《诗》曰,'战战兢兢,如临深渊,如履薄冰',善人在上也。善人在上,则国无幸民。谚曰,'民之多幸,国之不幸也',是无善人之谓也。"

①甲氏、留吁、铎辰:皆为赤狄部落,甲氏在今山西武乡县境内,留吁、铎辰在今长治市屯留区、

潞城区等地。

②黻（fú）冕：古代卿大夫的礼服、礼帽。

③称：推举，提拔。

（鲁宣公）十六年春天，晋国的士会率军消灭了赤狄的甲氏及留吁、铎辰等部落。

三月，晋国到东周王室进献赤狄俘虏。晋景公向周定王要求，在戊申日，以卿大夫的礼服冠冕任命士会为晋国的中军统帅，并且任他为晋国的太傅。于是晋国的盗贼都逃奔到了秦国。羊舌职说："我听说过，'大禹选拔任用了好人，那些不好的人都离开了'，说的正是士会受到任用这类的事情。《诗经》说，'恐惧戒慎到战战兢兢的地步，好像面临着深深的渊池，也好像在薄冰上行走'，是因为有好人在上面。好人在上，那国家就不会有心存侥幸的人。谚语说，'人民的大部分心存侥幸，是国家的不幸'，是说国内没有好人。"

晋景公同盟于断道

晋景公用武力威胁的手段，要求一些国家参加他的盟会，结果失败，只好率军回到国内。

十七年春，晋侯使郤克征会于齐。齐顷公帷妇人使观之。郤子登，妇人笑于房。献子怒，出而誓曰："所不此报，无能涉河。"献子先归，使栾京庐待命于齐，曰："不得齐事，无复命矣。"

郤子至，请伐齐。晋侯弗许。请以其私属，又弗许。

齐侯使高固、晏弱、蔡朝、南郭偃会。及敛盂①，高固逃归。夏，会于断道②，讨贰也。盟于卷楚③，辞齐人，晋人执晏弱于野王④，执蔡朝于原，执南郭偃于温。苗贲皇使，见晏桓子。归，言于晋侯曰："夫晏子何罪？昔者诸侯事吾先君，皆如不逮，举言群臣不信，诸侯皆有贰志。齐君恐不得礼，故不出，而使四子来。左右或沮之，曰：'君不出，必执吾使。'故高子及敛盂而逃。夫三子者曰：'若绝君好，宁归死焉。'为是犯难而来。吾若善逆彼以怀来者，吾又执之，以信齐沮，吾不既过矣乎？过而不改，而又久之，以成其悔，何利之有焉？使反者得辞，而害来者，以惧诸侯，将焉用之？"晋人缓之⑤，逸。

秋八月,晋师还。

注释

①敛盂：卫地，在今河南濮阳县境。
②断道：今地不确。可能在今河南济源市一带。
③卷楚：当与断道同地，或相距不远。
④野王：在今河南沁阳市西。
⑤缓：放松（囚禁）。

译文

（鲁宣公）十七年春季，晋景公派郤克到齐国要求跟齐顷公会盟。齐顷公在宫中设置帷帐让妇人们躲在里面观看郤克（郤克是跛子）。郤克一登堂，那些妇人们就在帷帐中笑起来。郤克十分恼怒，从堂上出来发誓说："如果不能报这一仇，就不过河回晋国。"郤克先回到晋国，让栾京庐在齐国等待他的命令，说："不能让齐顷公参加盟会，你就不要回来复命。"

郤克回到晋国，请求征伐齐国，晋景公不答应。郤克又请求带自己家族亲兵去攻打齐国，晋景公也没有答应他。

齐顷公派出高固、晏弱、蔡朝、南郭偃去参加晋景公召集的盟会，四人到了敛盂，高固就逃回齐国。夏季，盟会在卫国的断道举行，宗旨是讨伐不服从晋国的国家。在卷楚进行了盟誓，盟誓时拒绝齐国派来的人参加。晋国人把晏弱拘留在野王，把蔡朝拘留在晋国的原县，把南郭偃拘留在温县。晋国的苗贲皇正出使外地路过野王，见到了晏弱。回到晋国后，对晋景公说："晏弱有什么罪呢？过去诸侯奉事我们先君，都好像觉得他们做得不够，可现在都说我国的大臣对他们不信任，各诸侯都产生了二心，齐顷公恐怕不受礼遇就不出国，而派四个大臣来。齐顷公的左右亲近有的阻止让这四人来，说：'君主不出，晋国一定会拘留我们的使臣。'所以高固中途就逃回去了。剩下的三个人说：'如果不参加这次盟会晋国一定要断绝与齐国的友好关系，我们宁愿去那里受死。'因此他们三人是冒着危难而来的。我们本应善意地迎接对方以便招纳投靠晋国的人，可我们却拘留了他们，用来证明齐国阻止派人来参加盟会的正确，我们做得不是太过分了吗？做错了又不改，并又让他们长时间受拘留，使得人家来得后悔，对我们有什么利益呢？让返回国的人有了说法，而又危害来参加盟会的人，用来让诸侯畏惧，将有什么用呢？"晋国人放松了对三个齐国人的看管，让他们逃走了。

这年秋天八月，晋国举行盟会所带的军队回到了晋国。

◎成 公

王师败绩于茅戎

东周王室本来要与茅戎达成和议,但刘康公却乘议和之机,向茅戎进攻,结果失败,使自己因不守信用而遭到惩罚。

元年春,晋侯使瑕嘉平戎于王,单襄公如晋拜成。刘康公徼戎①,将遂伐之。叔服曰:"背盟而欺大国,此必败。背盟,不祥;欺大国,不义;神人弗助,将何以胜?"不听,遂伐茅戎②。三月癸未,败绩于徐吾氏③。

①徼(yāo):同"邀",邀击(拦住)侥幸。
②茅戎:春秋时少数族,主要分布于今山西平陆县、河南洛阳市东等地。
③徐吾氏:茅戎的部落,活动地点不详。

[译文]

(鲁成公)元年春天,晋景公派瑕嘉去主持茅戎和东周的议和,东周的卿士单襄公到晋国答谢晋国为他们议和。东周的刘康公趁议和期间戎族没有防备想侥幸打败戎族,准备驱逐进攻戎族。东周的内史叔服说:"背叛盟约而又欺骗大国,这次出兵一定要失败。背叛盟约,不会吉祥;欺骗大国,不讲道义;神灵和人都不会帮助,将用什么来取胜呢?"刘康公不听他的话。于是就进攻茅戎。三月癸未日,被茅戎的徐吾氏部落打败了。

鞌之战

鞌之战是晋国援助鲁、卫两国而与齐国进行的一场战争,也是春秋时期规模较大的一次战争。晋国将士团结一致,奋死战斗,终于击败齐国,争取到鲁、卫对晋国的支持。

二年春,齐侯伐我北鄙,围龙①。顷公之嬖人卢蒲就魁门焉。龙人囚之。齐侯曰:"勿杀,吾与而盟,无入而封。"弗听,杀而膊诸城上②。齐侯亲鼓,士陵城③。三日取龙。遂南侵,及巢丘④。

卫侯使孙良夫、石稷、宁相、向禽将侵齐,与齐师遇。石子欲还,孙子曰:"不可。以师伐人,遇其师而还,将谓君何?若知不能,则如无出。今既遇矣,不如战也。"

……

石成子曰:"师败矣。子不少须,众惧尽。子丧师徒,何以复命?"皆不对。又曰:"子,国卿也。陨子⑤,辱矣。子以众退,我此乃止。"且告车来甚众。齐师乃止,次于鞫居⑥。新筑人仲叔于奚救孙桓子,桓子是以免。

既,卫人赏之以邑,辞,请曲县、繁缨以朝,许之。

仲尼闻之曰:"惜也,不如多与之邑。唯器与名,不可以假人,君之所司也。名以出信,信以守器,器以藏礼,礼以行义,义以生利,利以平民,政之大节也。若以假人,与人政。政亡,则国家从之,弗可止也已。"

孙桓子还于新筑,不入,遂如晋乞师。臧宣叔亦如晋乞师。皆主郤献子⑦。晋侯许之七百乘。郤子曰:"此城濮之赋也。有先君之明与先大夫之肃,故捷。克于先大夫,无能为役,请八百乘。"许之。郤克将中军,士燮佐上军,栾书将下军,韩厥为司马,以救鲁、卫。臧宣叔逆晋师,且道之,季文子帅师会之。

及卫地,韩献子将斩人,郤献子驰,将救之。至,则既斩之矣。郤子使速以徇,告其仆曰:"吾以分谤也。"

师从齐师于莘⑧。六月壬申,师至于摩笄之下⑨。齐侯使请战,曰:"子以君师辱于敝邑,不腆敝赋,诘朝请见。"对曰:"晋与鲁、卫,兄弟也,来告曰:'大国朝夕释憾于敝邑之地。'寡君不忍,使群臣请于大国,无令舆师淹于君地。能进不能退,君无所辱命。"齐侯曰:"大夫之许,寡人之愿也;若其不许,亦将见也。"齐高固入晋师,桀石以投人⑩,禽之而乘其车,系桑本焉,以徇齐垒,曰:"欲勇者贾余余勇!"

癸酉,师陈于鞌⑪。邴夏御齐侯,逢丑父为右。晋解张御郤克,郑丘缓为右。齐侯曰:"余姑翦灭此而朝食。"不介马而驰之。郤克伤于矢,流血及屦,未绝鼓音,曰:"余病矣!"张侯曰:"自始合,而矢贯余手及肘,余折以御,左轮朱殷,岂敢言病?吾子忍之!"缓曰:"自始合,苟有险,余必下推车,子岂识之?然子病矣!"张侯曰:"师之耳目,在吾旗鼓,进退从之。此车一人殿之,可以集事,若之何其以病败君之大事也?擐甲执兵,固即死也,病未及死,吾子勉之!"左并辔,右援枹而鼓,马逸不能止,师从之,齐师败绩。逐之,三周华不注⑫。

韩厥梦子舆谓己曰:"旦辟左右。"故中御而从齐侯。邴夏曰:"射其御者,君子也。"公曰："谓之君子而射之，非礼也。"射其左，越于车下⑬。射其右，毙于车中。綦毋张丧车，从韩厥曰："请寓乘。"从左右，皆肘之，使立于后。韩厥俛，定其右。逢丑父与公易位，将及华泉，骖絓于木而止。丑父寝于轏中⑭，蛇出于其下，以肱击之，伤而匿之，故不能推车而及，韩厥执絷马前，再拜稽首，奉觞加璧以进，曰："寡君使群臣为鲁、卫请，曰：'无令舆师陷入君地。'下臣不幸，属当戎行，无所逃隐。且惧奔辟，而忝两君。臣辱戎士，敢告不敏，摄官承乏。"丑父使公下，如华泉取饮。郑周父御佐车，宛茷为右，载齐侯以免。韩厥献丑父，郤献子将戮之，呼曰："自今无有代其君任患者，有一于此，将为戮乎？"郤子曰："人不难以死免其君，我戮之，不祥。赦之，以劝事君者。"乃免之。

　　齐侯免，求丑父，三入三出。每出，齐师以帅退，入于狄卒，狄卒皆抽戈、楯冒之，以入于卫师，卫师免之，遂自徐关入⑮。齐侯见保者，曰："勉之，齐师败矣。"辟女子。女子曰："君免乎？"曰："免矣。"曰："锐司徒免乎？"曰："免矣。"曰："苟君与吾父免矣，可若何？"乃奔。齐侯以为有礼。既而问之，辟司徒之妻也。予之石窌⑯。

　　晋师从齐师，入自丘舆⑰。击马陉⑱。

　　齐侯使宾媚人赂以纪甗、玉磬与地⑲。"不可，则听客之所为。"宾媚人致赂。晋人不可，曰："必以萧同叔子为质，而使齐之封内尽东其亩。"对曰："萧同叔子非他，寡君之母也。若以匹敌，则亦晋君之母也。吾子布大命于诸侯，而曰必质其母以为信，其若王命何？且是以不孝令也。《诗》曰：'孝子不匮，永锡尔类。'若以不孝令于诸侯，其无乃非德类也乎？先王疆理天下，物土之宜，而布其利。故《诗》曰：'我疆我理，南东其亩。'今吾子疆理诸侯，而曰'尽东其亩'而已，唯吾子戎车是利，无顾土宜，其无乃非先王之命也乎？反先王则不义，何以为盟主？其晋实有阙。四王之王也，树德而济同欲焉；五伯之霸也，勤而抚之，以役王命。今吾子求合诸侯，以逞无疆之欲。《诗》曰：'布政优优，百禄是遒。'子实不优，而弃百禄，诸侯何害焉？不然，寡君之命使臣，则有辞矣。曰：'子以君师辱于敝邑，不腆敝赋，以犒从者。畏君之震，师徒桡败。吾子惠徼齐国之福，不泯其社稷，使继旧好，唯是先君之敝器、土地不敢爱，子又不许，请收合余烬，背城借一。敝邑之幸，亦云从也；况其不幸，敢不唯命是听？"鲁、卫谏曰："齐疾我矣。其死亡者，皆亲昵也。子若不许，雠我必甚。唯子，则又何求？子得其国宝，我亦得地，而纾于难，其荣多矣。齐、晋亦唯天所授，岂必晋？"晋人许之，对曰："群臣帅赋舆，以为鲁、卫请。若苟有以藉口，而复于寡君，君之惠也。敢不唯命是听？"

　　禽郑自师逆公。

①龙：鲁地，在今山东泰安市东南。

②膊（bó）：暴露、陈列。
③陵：登上。
④巢丘：鲁地，今地不详，当亦在山东泰安市境内。
⑤陨：损失。
⑥鞠居：当是卫地。今地不详。
⑦主：以……为主人。
⑧莘（shēn）：卫地，在今山东莘县北。
⑨摩笄：山名，即今山东济南市千佛山。
⑩桀：举。
⑪鞌（ǎn）：同"鞍"，即历下，在今济南市西。
⑫华不注：山名，在今济南市北。
⑬越：坠。
⑭辇（zhàn）：竹木做成的车。
⑮徐关：齐地，当在今山东淄博市西。
⑯石窌（liù）：齐地，在今山东济南市长清区东南。
⑰丘舆：齐地，在今山东青州市西南。
⑱马陉：即马陵，在丘舆北。
⑲甗（yǎn）：古代的炊具。

（鲁成公）二年春天，齐顷公率军侵伐鲁国北部边境，包围了龙地。齐顷公的宠臣卢蒲就魁攻城，被龙地的人俘虏。齐顷公与龙地的人说："不要杀他，我和你们盟誓，不再进入你们的边境。"龙地的人不听他的，把卢蒲就魁杀死后又暴尸在城头上。齐顷公很愤怒，亲自击鼓催促进兵，齐军战士又纷纷登上城墙，经过三天的战斗，夺取了龙地。于是齐顷公又率军向南侵伐，到达了巢丘。

卫穆公派孙良夫、石稷、宁相、向禽将四人带兵侵伐齐国，跟齐军相遇了。石稷想退回去，孙良夫说："不可以退。带领军队进攻别人，遇到正是要进攻的军队却又退回去，将怎样向国君交代？如果原来就知道不能取胜，那就不如不出兵。现在既然遇到了齐国的队伍，那就不如与他打。"

……

石稷对孙良夫等说："咱们的军队要失败了，你不稍稍等待（顶住齐军），全军恐怕就要被消灭尽了。你丧失了军队，怎么回去交代呢？"孙良夫和其他两人都不回答。石稷又对孙良夫说："你，是国家的上卿。损失了你，那是国家的耻辱。你带领大军后退，我在这里阻挡齐军。"并且告诉卫军说有很多战车前来支援。齐军受到抵御而停止了进攻，驻扎在鞠居。又有卫国的新筑地方的大夫仲叔于奚救孙良夫，所以孙良夫才免于被齐军俘虏。

不久，卫国就奖赏仲叔于奚一处城邑。仲叔于奚推辞了，而要求赏他一套诸侯用的乐器、一套装饰马头的繁缨，用来上朝。卫穆公答应了他。

孔子听到后说："可惜了，不如多给他些地方。只有器物和爵号，是不能让给别人的，这是君主权力的标志。有了名号就有了威信，有了威信就能保持所得到的器物，器物隐含有贵贱的礼法，礼法是用来实行道义的，有道义就能产生大众的利益，利益可以治理平定人民，这是政事的重大事情。如果把器与名给别人，那就是给了别人政权。政权没有了，那国家也就跟着灭亡，这是不能够阻止得了。"

孙良夫退回到新筑，不回国都，顺便就到晋国请求援军。鲁国的臧宣叔也到晋国请求派军支援。两人都以郤克为主人。晋景公答应一共出七百乘戎车。郤克说："这是当年城濮战役所用的军事力量，当时有晋文公的英明和先大夫们的敏捷，所以打胜了。我和先大夫们相比，连给他们当仆役的能力都没有，我请求给八百乘戎车。"晋景公答应了他。郤克统率中军，士燮为上军副统帅，栾书为下军统帅，韩厥为司马，去援救鲁国、卫国。鲁国大夫臧宣叔迎接晋国军队，并为晋军引路，鲁国大夫季文子带领军队与晋军会合。

晋军到达卫国的地方，韩厥将要斩掉晋军中一个违反纪律的人，郤克快速驾车，去救这个人，他到了的时候，韩厥已把人斩掉了。郤克让很快用这事宣示三军，并对给他驾车的人说："我这样做是要分担别人对韩厥的怨怼。"

晋军追击齐国的军队到了莘地。六月壬申日，晋军到了齐国境内的摩笄山下。齐顷公派人到晋军请战，说："你带领你们君主的军队来到我们这里，我们不很强大的军队，明天早上与你们相见。"郤克对来人说："晋国与鲁国、卫国，是兄弟国家，两国都来晋国报告说：'齐国早晚要到我们国家来发泄怨愤。'我们君主不忍心让他们遭受战争，让我们这些大臣向齐国请求，但不准我们的车辆军队长期停留在你们的土地上，只准我们前进不准后退，我们不会玷辱了你们的命令。"齐顷公说："郤克大夫的许诺，也正符合我的愿望。如果你不许诺，也要与你相见。"齐国的高固打到晋国军队中，举起石头来打晋军士兵。晋军捉获了他并乘坐了他的战车，在车上拴系了桑树根子，带着他和他的战车到齐国的军营前宣示，说："想要表现勇敢的就来买我们剩下的勇气吧！"

（六月）癸酉日，晋军、齐军在鞌地布下战阵。邴夏为齐顷公驾车，逢丑父为车右。晋军的解张为郤克驾车，郑丘缓为车右。齐顷公说："我先消灭郤克再吃早饭。"他的战车上的马没有披甲就驱车冲向晋军。郤克被箭射伤，血流到鞋子上，但没有使战鼓停歇下来，他说："我已支持不住了。"解张说："自从两军开始交战，箭头就穿过我的手到了肘部，我折断箭杆驾车，戎车的左轮子已被我的血染成朱红色，我哪里敢说支持不住？你还是忍着痛吧。"郑丘缓说："自从两军开始交战，一遇到险处，我必定下去推车，你哪里看得到？但你确实是伤得很重了。"解张说："军队的耳目,就在于我们的元帅的旗鼓,进退都听旗鼓指挥,这辆车由一人来镇守,就可以完成任务,为什么你要因为伤重而败坏君主的战事呢?穿起甲衣手持兵器,就是要去死的,伤重还到不了死,你还是努力吧。"解张左手把四匹马的缰绳都攥到手里,右手拿起鼓槌来擂击战鼓。马奔跑起来不能停止下来,军队都跟着郤克的战车冲击。齐国军队溃散了。晋军追逐齐军,在华不注山下绕了三圈。

韩厥梦见他的父亲子舆对他说:"早晨避开左或右。"所以代替为他驾车的人而站在车的中央去追击齐顷公。齐顷公的驾车者邴夏说:"射那个驾车的,那是位君子。"齐顷公说:"认为他是君子而又射他,那是不讲礼的。"射韩厥车上左边的人,这人被射中落到车下。齐顷公又射韩厥的车右,车右中箭死在车中。晋军中的綦毋张丧失了战车,跟在韩厥的车后,说:"让我借乘你的战车。"綦毋张上车后要站在车的左边或右边,韩厥都用胳膊肘撞他,让他站立在自己的后边。韩厥弯下腰,把被射死的车右稳定在车上。齐军的逢丑父在车上乘机与齐顷公调换了位置。齐顷公的战车快要到华不注山下的华泉时,他的拉套的马被树木阻挡住而停止下来。逢丑父夜里在竹木制成的车中睡觉,有一条蛇出现在他的身下面,他用胳膊去打蛇,受了伤而隐瞒着。所以当齐顷公的车被树木挡住时,他不能推车而被韩厥追上。韩厥在齐顷公战车的马头下拿着缰绳,两次揖拜并低头行礼,捧着酒壶和玉璧进献,说:"我们的君主让我们这些大臣来替鲁国、卫国请求,对我们说:'不要让车辆军队进入齐国国土。'我实在不幸运,正好担当了军旅之士,没有地方逃避隐藏,又恐怕逃奔躲避战争,而侮辱了两国君主。我勉强担任军士,我实在不聪明,只好执行命令了。"逢丑父让齐顷公下车,到华泉取水喝,郑周父驾着齐顷公的备用战车,宛茷为车右,让齐顷公上了这辆车而免于被俘。韩厥俘虏了逢丑父献给郤克,郤克要杀掉他,逢丑父呼喊说:"到今天还没有出现过替自己的君主担当祸患的人,现在有一个人这样做了,就要把他杀掉吗?"郤克说:"一个人不害怕死而让他的君主免于被俘,我要杀了他,不会吉祥。赦免了他,用这事来规劝那些服侍君主的人。"就把逢丑父赦免了。

齐顷公逃脱后,寻找逢丑父,三次出入战场。每一次从战场出来,齐国的军队都保护着他向后退。齐顷公进入晋军的盟军狄人的军队中,狄人的士卒都拿出戈和盾护卫他,因而他又进入到卫国的军队中,卫国军队也放了他。于是从徐关回到齐国。齐顷公途中见到守卫的人,对他们说:"努力吧,齐军失败了。"他正要让一位女子为他避道,那女子问他:"国君逃出来了吗?"他回答说:"逃出来了。"又问:"主管锐利兵器的官员和步兵逃出来了吗?"回答:"逃出来了。"女子说:"如果君主和我的父亲逃脱了,还有什么问的呢?"就跑开了。齐顷公认为这女子很有礼度。不久他问女子是谁,原来是负责战事垒壁的军官的妻子。就把石窌这块地方赐给了她。

晋军追逐齐军，从丘舆地方进入齐国，在马陵又打击了齐军。

齐顷公让宾媚人送给晋军纪国铜锅、玉磬和齐国的一些土地。嘱咐宾媚人说："这些晋国还认为不行的话，那就任凭对方去做吧。"宾媚人向郤克送礼，晋国的郤克不满意，说："一定要让你们的萧同叔子来当人质，要让齐国的疆土之内垄亩和道路全部向东。"宾媚人回答说："萧同叔子不是别人，恰恰是我们君主的母亲。如果要和晋国相匹敌，那也就是晋国君主的母亲。你向诸侯宣布你的重大命令，而竟说一定要让诸侯的母亲做人质才算信用，你怎样对待周王的命令呢？况且你这是用不孝发命令的。《诗经》说：'孝子不缺乏孝心，才能保证永远有族类。'如果用不孝来命令诸侯，那不是没有道德一类的人了吗？先前的帝王分疆划界治理天下，根据水土的情况，布局生产物品。所以《诗经》说：'我划出疆界划分地理，要把地垄开成南东方向。'现在你划分诸侯的土地，说只能'垄亩全部向东'，只是为了你的战车行走有利，不顾土地与物产相适宜，这也不是先代帝王的命令吧？违背先王的做法就没有道义，怎么去做盟主呢？你们晋国实在是有过失的。舜、禹、商汤、周武四位帝王统治天下，树立仁德而满足人们的共同欲望；夏伯昆吾、商伯大彭、豕韦、周伯齐桓、晋文等五位诸侯称霸一时，辛勤地抚绥别的国家，为帝王的命令去服役。现在你追求的是让诸侯会合在你的指挥下，用来满足你们无止境的欲望。《诗经》说：'发布的政教和缓，才会使各种福禄聚集而来。'你发布的政教不是和缓的，是抛弃福禄的，诸侯对你有什么损害呢？你如果不改变你的命令的话，那我们的君主命令我这位使臣，对你们也有话说。要说的是：'你带领着你们的军队来到我们这里，我们虽然军队不很强盛，也可用来犒劳跟随你的人。只是被你们君主的威力震慑，我们军队失败了。你如果能降下恩惠为齐国求福，不使齐国灭亡，能够维持原来两国的友好，那我们先君留下的器物、土地我们不敢私爱。可你又不要这些，那我们只好收集残余的力量，背靠我国的城池最后决战一次。如果我们有幸胜了，我们也会听从你们的，假若不幸而灭亡，哪里敢不听从你的命令呢？'"鲁国、卫国的统帅都劝郤克说："齐国怨恨我们两国了。他们战死的人，都是齐顷公的亲近者。你如果不答应他们的请求，他们一定会更加仇恨我们。纵然是你，还有什么要求呢？你能得到他们的国宝，我们也得到土地，又缓解了我们两国的危难，好处还是很多的。齐国、晋国也都是上天赐予的，为什么只要晋国存在呢？"郤克答应了齐国的要求，对齐国的使者说："我们这些大臣带领着车辆军队，只是为了替鲁国、卫国的请求。如果能让我们有话说，回去好交代我们君主，那就是齐国的福分了。我敢不听从你们的命令吗？"

鲁成公来到战场会见晋军，鲁国大夫禽郑从队伍中出去迎接他。

晋师归

鲁成公二年(公元前589),晋国的军队从鞌之战的战场归来,将帅们都受到晋景公的表彰,但他们个个都谦虚有礼,表明晋国君臣之间的团结。

晋师归,范文子后入①。武子曰②:"无为吾望尔也乎?"对曰:"师有功,国人喜以逆之,先入,必属耳目焉③,是代帅受名也,故不敢。"武子曰:"吾知免矣。"
郤伯见,公曰:"子之力也夫。"对曰:"君之训也,二三子之力也,臣何力之有焉?"范叔见,劳之如郤伯。对曰:"庚所命也,克之制也,燮何力之有焉?"栾伯见④,公亦如之。对曰:"燮之诏也,士用命也,书何力之有焉?"

①范文子:晋国上军副统帅士燮。
②武子:士燮之父士会。
③属(zhǔ)耳目:成为众人注视倾听的对象。属,集中。
④栾伯:晋国下军统帅栾书。

晋国军队在鞌之战后回到国内。士会的儿子士燮最后到达国都。士会对他说:"你没有想到我在等待着你吧?"士燮回答说:"军队有了战功,国人高兴地来迎接它,我如果走在最前面进入国都,国人的视线都集中到我身上,这无意中是代替主帅接受了名誉,所以我不敢走在前面。"士会说:"从这我就知道你会免遭祸患。"
郤克进见晋景公,晋景公对他说:"这次胜利全凭你的力量了。"郤克回答说:"这是依靠了君主的训导,依靠众将领的力量,我有什么功劳可言呢?"士燮进见晋景公,晋景公也用同样的话慰劳他。士燮回答说:"这是凭借了上军统帅荀庚的命令,依靠了郤克的统一指挥,士燮有什么功劳呢?"栾书进见晋景公,晋景公也是这样慰劳,栾书回答说:"我是受命于上军统帅士燮,依靠了下军士兵的服从命令,我有什么功劳呢?"

晋献捷于周

晋国战败齐国,又向东周天子进献齐国的俘虏,遭到拒绝,表明春秋时期"内华夏、外夷狄"的观念。

晋侯使巩朔献齐捷于周。王弗见,使单襄公辞焉,曰:"蛮夷戎狄,不式王命①,淫湎毁常②,王命伐之,则有献捷。王亲受而劳之,所以惩不敬、劝有功也。兄弟甥舅,侵败王略,王命伐之,告事而已,不献其功,所以敬亲昵、禁淫慝也。今叔父克遂,有功于齐,而不使命卿镇抚王室,所使来抚余一人,而巩伯实来,未有职司于王室,又奸先王之礼③。余虽欲于巩伯,其敢废旧典以忝叔父?夫齐,甥舅之国也,而大师之后也④,宁不亦淫从其欲以怒叔父,抑岂不可谏诲?"士庄伯不能对。王使委于三吏,礼之如侯伯克敌使大夫告庆之礼,降于卿礼一等。王以巩伯宴,而私贿之。使相告之曰:"非礼也,勿籍。"

①式:用。
②淫湎(miǎn):淫为淫于女色,湎为沉溺于酒。
③奸:违反。
④大师:太师,指吕尚。

晋景公派巩朔去东周进献俘虏的齐国士卒。周定王不出面接见,派单襄公出面拒绝,说:"假若蛮夷戎狄不服从周天子的命令,淫乱沉溺于酒色,毁坏规矩法度,周天子命令征伐他们,那才有进献俘虏的仪式。周天子会亲自接受并对战胜者慰劳,用来惩罚对周朝不恭敬的人、表彰对王室有功劳的人。兄弟、甥舅关系的国家之间,有的侵犯败坏周天子固定下来的其他国家的疆土,周天子命令对侵略者进行征伐,取胜后只是向周天子报告完成任务就行了,不举行进献俘虏的仪式。这是表示敬重亲近者,禁止淫荡和过失。现在叔父(指晋景公)取得胜利,在齐国建立了战功,而不让周室任命的卿士来安定和援助周王室,派来的人只安抚我周王一个人,实际来的是巩伯,他在王室中没有官职,又违反了先王的礼法。我虽想对巩伯表示好感,哪里敢废弃先王的制度而玷污叔父呢?齐国,与周室是甥舅关系的国家,又是姜尚太师的后代,莫不是他们放纵自己的欲望而激怒了叔父你?还是他们不听劝告而不可救药呢？"巩朔回答不上来。周定王委托周室的三公来处理这件事，对巩朔用诸侯战胜敌人而派大夫向周室报告成功的礼仪接待，比接待卿士的礼仪规格降低一等。(之后)周定王又请巩朔赴宴，私下给巩朔贿赂，让人对巩朔说："这样做是不遵守礼法的，不要把它记录在史册上。"

宋文公卒

【题解】

宋文公死后，用很多财物和人来殉葬，受到《左传》作者的批评。这说明春秋时期就已经提倡薄葬，反对厚葬，殉葬更是不得人心。

【原文】

八月，宋文公卒。始厚葬，用蜃炭，益车马，始用殉，重器备。椁有四阿①，棺有翰、桧②。

君子谓华元、乐举，"于是乎不臣。臣，治烦去惑者也，是以伏死而争。今二子者，君生则纵其惑，死又益其侈，是弃君于恶也，何臣之为？"

【注释】

①四阿：本是天子宗庙建筑形式，指屋顶有四个突出的角，这里的椁也是仿照这种建筑形式的。

②翰、桧：棺上的装饰，形制今不可考。

【译文】

(鲁成公二年)八月，宋文公死去。在宋国，从宋文公开始实行厚葬，墓葬底下铺有蚌蛤烧成的灰和木炭，陪葬的车马增加了，开始用活人殉葬，陪葬的器物也很多。棺材的外椁成四阿形状，棺材雕有翰、桧等装饰。

君子这样评价宋国大夫华元、乐举："不像做臣子的样子。做臣子，就是治理混乱排除昏惑的，为了这个敢于伏在地上与君主以死来抗争。现在这两个人，君主活着的时候他们放纵君主的昏惑，君主死了又增加他的奢侈，这就把君主放到了罪恶的境地，算什么臣子呢？"

楚庄王欲纳夏姬

【题解】

鲁成公二年(公元前589)，楚国的申公巫臣劝告楚庄王、楚国大臣子反不要娶陈夏氏，而自己却娶了她，并带她逃奔到晋国。从陈夏氏的遭遇来看，她是任人摆布的玩物,而申公巫臣带她出逃,恰是拯救了她。

楚之讨陈夏氏也①,庄王欲纳夏姬。申公巫臣曰:"不可。君召诸侯,以讨罪也。今纳夏姬,贪其色也。贪色为淫。淫为大罚。《周书》曰,'明德慎罚',文王所以造周也。明德,务崇之之谓也;慎罚,务去之之谓也。若兴诸侯,以取大罚,非慎之也。君其图之。"王乃止。子反欲取之,巫臣曰:"是不祥人也。是夭子蛮,杀御叔,弑灵侯,戮夏南,出孔、仪②,丧陈国,何不祥如是?人生实难,其有不获死乎?天下多美妇人,何必是?"子反乃止。王以予连尹襄老。襄老死于邲,不获其尸。其子黑要烝焉。巫臣使道焉,曰:"归,吾聘女。"又使自郑召之,曰:"尸可得也,必来逆之。"姬以告王,王问诸屈巫。对曰:"其信。知罃之父,成公之嬖也,而中行伯之季弟也,新佐中军,而善郑皇戌,甚爱此子,其必因郑归王子与襄老之尸以求之。郑人惧于邲之役,而欲求媚于晋,其必许之。"王遣夏姬归,将行,谓送者曰:"不得尸,吾不反矣。"巫臣聘诸郑,郑伯许之。及共王即位,将为阳桥之役③,使屈巫聘于齐,且告师期。巫臣尽室以行。申叔跪从其父,将适郢,遇之,曰:"异哉,夫子有三军之惧,而又有桑中之喜④,宜将窃妻以逃者也。"及郑,使介反币,而以夏姬行。将奔齐。齐师新败,曰:"吾不处不胜之国。"遂奔晋,而因郤至,以臣于晋,晋人使为邢大夫。子反请以重币锢之。王曰:"止,其自为谋也则过矣,其为吾先君谋也则忠。忠,社稷之固也,所盖多矣⑤。且彼若能利国家,虽重币,晋将可乎?若无益于晋,晋将弃之,何劳锢焉?"

①夏氏:陈国大夫夏徵舒。陈灵公与其母夏姬通奸,夏徵舒于鲁宣公十年杀死灵公。次年,楚国出兵讨伐陈国,杀夏徵舒。
②孔、仪:陈国大夫孔宁、仪行父。多次与陈灵公到夏徵舒家。夏徵舒杀死灵公,孔宁、仪行父逃往楚国。
③阳桥:鲁国地名,今山东泰安市西北。
④桑中:卫国属地,当在今河南淇县境内。《诗经·鄘风·桑中》为民间男女幽会恋歌。
⑤盖:保护。

楚国讨伐陈国的夏徵舒时,楚庄王想要娶夏徵舒的母亲夏姬。申公巫臣说:"不可以娶。国君召集起诸侯,用来讨伐有罪的人;现在要娶夏姬,是贪图她的色相。贪色就是淫荡,淫荡是大罪。《周书》说,'要宣明道德慎用刑罚',周文王按照这一原则建立了周朝。明德,就是全力崇尚道德的意思;慎罚,就是全力去掉罪恶的意思。如果兴动了诸侯,而自取大的罪恶,就不是警惕罪恶了。请君王考虑考虑。"楚庄王就取消了娶夏姬的打算。子反又想娶夏姬,申公巫臣又对他说:"夏姬是个不吉利的人。她嫁的第一个丈夫子蛮很年轻就死了,又使第二个丈夫御叔被杀,陈灵公与她通奸而被杀,她的儿子夏徵舒被杀,孔宁、仪行父因她而逃出陈国,因为她的缘故,陈国也灭亡了。哪有这样不吉利的人呢?人的一生可有多种灾难,哪能够让自己不得善终呢?天下美丽的妇人很多,为什么一定要娶她呢!"子反也不娶了。楚庄王把夏姬给了连尹襄老做老婆,连尹襄老又在邲地的战役中死去,连尸首也没有找回来。连尹襄老的儿子黑要又与夏姬通奸。申公巫臣让人传话给夏姬说:"你回去,我聘你为妻子。"又让郑国人召回夏姬,让郑国人对夏姬说:"连尹襄老的尸首可以让你获得,但你一定要亲自来迎接。"夏姬把这些话告诉了楚庄王。楚庄王询问申公巫臣。申公巫臣对楚庄王说:"夏姬说的可信。邲之战咱们抓获晋国的知罃,他的父亲荀首,是晋景公父亲成公的亲信,是荀林父的小弟弟,荀首新近为中军的副统帅,他又跟郑国的皇戌友好,十分爱他的儿子知罃,他一定会乘着郑国送归君王的儿子与连尹襄老的尸首而要求归还他的儿子。郑国人惧怕再发生一次像邲之战的战争,而想要讨好晋国,一定答应晋国用楚俘换回晋俘。"楚庄王听了就让夏姬回到她的娘家郑国。夏姬临走时,对送她的人说:"得不到连尹襄老的尸首,我就不回楚国了。"申公巫臣从郑国聘娶夏姬,郑襄公答应了。等到楚共王即位后,在即将进行侵伐鲁国的阳桥战役之前,派申公巫臣出使齐国,并告诉出兵的日期。申公巫臣带着全部家眷家产出行。申叔跪要到楚国都城找他的父亲,快要到达郢都时,遇到了申公巫臣,说:"奇怪啊!你身负重大的军事行动的秘密使命,新近又有桑中的喜事,大概是要偷窃上妻子逃跑了吧。"申公巫臣从齐国返回到了郑国,就让他的副职把齐国赠送的礼物送回楚国,他带着夏姬到别的地方了。他们准备到齐国,齐国刚刚被晋国打败,申公巫臣说:"我不去不能胜利的国家居住。"于是就到了晋国,而依靠郤至,做了晋国的大臣。晋国让他担任了邢地的县大夫。楚国的子反知道申公巫臣跑到了晋国,请求楚共王送给晋国重礼而让晋国把申公巫臣禁锢起来。楚共王说:"不要这样做。申公巫臣为自己谋划的是错的,可他为先君楚庄王谋划则是忠诚的。忠诚,是国家的巩固基础,这就能保护好多事物。况且他如果能有利于一个国家,我们虽给晋国重礼,晋国会禁锢他吗?如果他对晋国没什么益处,晋国就会抛弃他,哪里值得禁锢他呢?"

楚师侵卫

鲁成公二年(公元前589),在晋国打败齐国后不久,楚国又出兵进攻鲁国、卫国,迫使它们与楚国签订盟约。这是晋、楚争霸过程中的又一事件。从中可见中小国家在这种争霸战争中受到的损害。

[原文]

宣公使求好于楚,庄王卒,宣公薨,不克作好。公即位①,受盟于晋,会晋伐齐。卫人不行使于楚,而亦受盟于晋,从于伐齐。故楚令尹子重为阳桥之役以救齐②。将起师,子重曰:"君弱,群臣不如先大夫,师众而后可。《诗》曰:'济济多士,文王以宁。'夫文王犹用众,况吾侪乎?且先君庄王属之曰:'无德以及远方,莫如惠恤其民,而善用之。'"乃大户③,已责④,逮鳏,救乏,赦罪,悉师,王卒尽行。彭名御戎,蔡景公为左,许灵公为右。二君弱,皆强冠之。

冬,楚师侵卫,遂侵我,师于蜀⑤。使臧孙往,辞曰:"楚远而久,固将退矣。无功而受名,臣不敢。"楚侵及阳桥,孟孙请往赂之以执斲、执鍼、织纴⑥,皆百人,公衡为质,以请盟。楚人许平。

十一月,公及楚公子婴齐、蔡侯、许男、秦右大夫说、宋华元、陈公孙宁、卫孙良夫、郑公子去疾及齐国之大夫盟于蜀。卿不书,匮盟也。于是乎畏晋而窃与楚盟,故曰"匮盟"。蔡侯、许男不书,乘楚车也,谓之失位。

君子曰:"位其不可不慎也乎。蔡、许之君,一失其位,不得列于诸侯,况其下乎。《诗》曰:'不解于位,民之攸塈⑦。'其是之谓矣。"

楚师及宋,公衡逃归。臧宣叔曰:"衡父不忍数年之不宴,以弃鲁国,国将若之何?谁居?后之人必有任是夫,国弃矣。"

是行也,晋辟楚,畏其众也。君子曰:"众之不可以已也。大夫为政,犹以众克,况明君而善用其众乎?《大誓》所谓'商兆民离,周十人同'者,众也。"

①公:鲁成公姬黑肱。成公元年,与晋盟于赤棘。
②阳桥:鲁地,在今山东泰安市北。
③大户:清理户口。
④已责:废除债务。责,同"债"。
⑤蜀:鲁地,在今山东泰安市西。
⑥执斲:木工。 执鍼:缝制女工。 织纴:纺织女工。
⑦塈(jì):休息的意思。

鲁宣公曾派出使者要求与楚国友好,楚庄王死了,鲁宣公也死去,两国没有达成友好关系。鲁文公即位后,接受了与晋国同盟,并会同晋国进攻齐国。卫国人没有派过使者到楚国,而也接受了与晋国的同盟,跟随着晋、鲁进攻齐国。所以楚国的令尹子重就进行阳桥战役来援救齐国。楚国在准备出师的时候,子重说:"咱们的君主年幼,大臣们又比不上先前的大夫们,军队人数众多才能进行这次战争。《诗经》说:'依靠众多的武士,周文王才能安定天下。'周文王还要用众多的兵士,何况我等呢?又且先君庄王嘱咐说:'没有仁德要达到远的地方,不如很好地体恤人民,而善于使用他们。'"于是在全国清理户口,免除债务,施舍到无妻老人,救济困难贫乏之家,赦免罪犯。把军队全部动员起来,连国王的亲兵也参加行动。彭名为子重驾车,蔡国的景公为车左,许国的灵公为车右。这两位国君也年纪小,都是在出师前勉强实行了冠礼。

(鲁成公二年)冬天,楚军侵伐卫国,便在蜀地进攻鲁国的军队。鲁成公派臧宣叔前去蜀地去抵抗楚军,他推辞不去,说:"楚军远来时间又长,肯定就要退兵了。我去并不需做什么事,无功而接受有功的名誉,我不敢这样做。"楚军到了阳桥,孟孙请求让他去送给楚国木工、女缝衣工、织帛工作为贿赂,每种工人各一百人,又让成公的儿子公衡去楚国当人质,用这些条件请求与楚国订立盟约。楚国子重答应与鲁国议和。

十一月,鲁成公同楚国的公子婴齐、蔡景公、许灵公、秦国的右大夫说、宋国的华元、陈国的公孙宁、卫国的孙良夫、郑国的公子去疾,以及齐国的大夫在蜀地举行了盟誓。按照《春秋》体例,卿大夫们的会盟一般都不写,因为这种盟会不起作用,是空盟。这些参加楚国盟会的国家都是畏惧晋国而偷偷地与楚国订立盟约,所以说是"空盟"。《春秋》不写蔡景公、许灵公参加会盟,是因为他们乘坐了楚国的战车,这叫做失去地位。

君子说:"地位是可以不慎重对待的吗?蔡国、许国的国君一旦失掉他们的地位,就不能被列入诸侯的行列中了,何况比他们更低的人呢!《诗经》说:'在位者不懈怠,人民就能得到休息。'正是说的要慎重对待地位。"

楚军回国到达了宋国,公衡就逃回鲁国去了。臧宣叔说:"公衡不能忍受到楚国几年的不安稳,而抛弃鲁国,国家将怎么办呢?谁能有办法呢?他的后人一定会有遭受祸害的,国家被放弃了。"

这次战役,晋国躲避楚国,害怕楚国军队众多。君子说:"人数众多是不能够阻止的。卿大夫当政,还能用众多的人取得胜利,更何况贤明的君主而又善于任用他的众多的人了。《尚书·大誓》所说商纣虽有亿万人民而都背离了他,周朝仅有十个属臣而能同心同德,说明人数众多而且团结一致不可抵挡。"

楚归晋知䓨

晋国的荀䓨在邲之战中被楚国俘虏，鲁成公三年(公元前588)，晋国用楚俘换他回国。在即将离开楚国时，他在回答楚共王的问话时，表现出不卑不亢和忠于晋国的态度。

【原文】

晋人归楚公子谷臣与连尹襄老之尸于楚，以求知䓨。于是荀首佐中军矣，故楚人许之。王送知䓨，曰："子其怨我乎？"对曰："二国治戎，臣不才，不胜其任，以为俘馘。执事不以衅鼓，使归即戮，君之惠也。臣实不才，又谁敢怨？"王曰："然则德我乎？"对曰："二国图其社稷，而求纾其民，各惩其忿，以相宥也①。两释累囚②，以成其好。二国有好，臣不与及，其谁敢德？"王曰："子归，何以报我？"对曰："臣不任受怨，君亦不任受德，无怨无德，不知所报。"王曰："虽然，必告不穀。"对曰："以君之灵，累臣得归骨于晋③，寡君之以为戮，死且不朽，若从君之惠而免之，以赐君之外臣首④，首其请于寡君，而以戮于宗，亦死且不朽。若不获命，而使嗣宗职，次及于事，而帅偏师⑤，以修封疆。虽遇执事，其弗敢违，其竭力致死，无有二心，以尽臣礼，所以报也。"王曰："晋未可与争。"重为之礼而归之。

①宥（yòu）：宽恕，赦罪。
②累囚：捆绑的囚徒。
③累臣：被捆缚的人（荀䓨自称，他被俘了）。
④首：荀䓨的父亲荀首，又称知庄子。
⑤偏师：非主力军（谦称）。

晋国把俘虏的楚国公子谷臣和连尹襄老的尸体归还给楚国，以求换回知䓨。这时知䓨的父亲荀首已为中军的副统帅，所以楚国答应了。楚共王来送知䓨，对他说："你怨恨我吗？"知䓨回答说："两国交战，我没有才能，不胜任自己的职务，所以成为俘虏，你们执掌政事的人没有把我杀掉用我的血来祭鼓，让我回去等待杀头，这是你对我的恩惠，我确实没有才能，敢怨恨谁呢？"楚共王说："那么你感谢我吗？"回答说："晋、楚两国都是为了国家，而求拯救两国的人民，各自克制心中的怨怼，以取得相互宽恕。各自释放了俘虏，用来达成和好。两国达成和好，我没有参与，感谢谁呢？"楚共王说："你回去，用什么报答我？"回答说："我不承担接受怨恨，你也不承担接受报答你的仁德，既没有怨恨也不存在仁德，我不知要报答谁。"楚共王说："虽说如此，你也一定得告诉我怎样报答。"回答说："借你的保佑，我这囚徒能够把这一把骨头送回晋国，如果我们君主把我杀掉，那我也就虽死也不会枯朽。如果像你这样对我优惠而免了我的死刑，把我交给你的外国臣子荀首，荀首向我们君主请示，把我杀死在我们宗族的庙里，也是虽死而不会枯朽。如果我们君主不会批准他这样做，让我继承管理宗族的职务，按宗族次序选择我去参加战争，让我带领一些非主力部队，去整顿我国的疆土。到那时，虽然遇到你们执掌政事的人，也不敢背离你们而后退，只能竭尽全力去送死，对我们君主绝对不会有二心，一定要尽到臣子的礼节，那就只能用这来报答你。"楚共王说："晋国是不可同它争夺的。"于是举行隆重的礼仪把知罃送回晋国。

晋、卫伐廧咎如

鲁成公三年(公元前588)，晋国、卫国在消灭赤狄大部分部族后，又进攻余部廧咎如，并消灭了这个部族。《左传》作者认为廧咎如的溃灭，是由于它的首领得不到人民的拥护。

晋郤克、卫孙良夫伐廧咎如①，讨赤狄之余焉。廧咎如溃，上失民也。

①廧（qiáng）咎（gāo）如：少数民族名称，当在今山西太原市一带。

晋国的郤克、卫国的孙良夫征伐廧咎如部落，这是讨伐赤狄剩余的部落。廧咎如溃灭了，是因为他的首领失去了人民的拥护。

鲁与晋、卫盟

鲁成公三年(公元前588)，鲁国与晋国、卫国举行盟会，鲁成公不知如何安排盟会的次序，鲁国的执政者臧宣叔给他介绍了诸侯国的等级及大国、次国、小国卿大夫的地位，实际上是解释《周礼》的一些规定。

冬十一月,晋侯使荀庚来聘①,且寻盟②。卫侯使孙良夫来聘,且寻盟。公问诸臧宣叔曰:"仲行伯之于晋也,其位在三,孙子之于卫也,位为上卿,将谁先?"对曰:"次国之上卿,当大国之中,中当其下,下当其上大夫。小国之上卿,当大国之下卿,中当其上大夫,下当其下大夫。上下如是,古之制也。卫在晋,不得为次国,晋为盟主,其将先之。"丙午,盟晋;丁未,盟卫,礼也。

①荀庚:晋荀林父之子。
②寻盟:重申盟约(这里是指鲁成公元年赤棘之盟)。

(鲁成公三年)冬十一月,晋景公派荀庚到鲁国访问,并且重申鲁成公元年的赤棘之盟。卫定公也派孙良夫到鲁国访问,并且重申鲁宣公七年的黑壤之盟。鲁成公就这事询问臧宣叔说:"荀庚在晋国的职位排到第三位,孙良夫在卫国,是上卿的地位,我们先与谁进行盟誓呢?"臧宣叔回答说:"次等国的上卿,相当大国的中卿,它的中卿相当于大国的下卿,下卿相当大国的上大夫。小国的上卿,相当大国的下卿,中卿相当大国的上大夫,下卿相当大国的下大夫。上下等级是这样的情况,这是古代的制度。卫国对晋国来说,连次等国都够不上,晋国又是当时的盟主,应该先与晋国盟誓。"丙午日,鲁国与晋国盟誓;丁未日,又与卫国盟誓。这是符合礼制的。

晋作六军

晋国编制了六支军队,任命鞌之战的功臣为将领。文中通过齐顷公到晋国拜会晋景公时晋国的郤克、韩厥等人的表现,反映了各人的性格。

十二月甲戌,晋作六军。韩厥、赵括、巩朔、韩穿、荀骓、赵旃皆为卿,赏鞌之功也。

齐侯朝于晋,将授玉。郤克趋进曰:"此行也,君为妇人之笑辱也,寡君未之敢任。"

晋侯享齐侯,齐侯视韩厥。韩厥曰:"君知厥也乎?"齐侯曰:"服改矣。"韩厥登,举爵曰:"臣之不敢爱死,为两君之在此堂也。"

荀䓨之在楚也,郑贾人有将寘诸褚中以出①。既谋之,未行,而楚人归之。贾人如晋,荀䓨善视之,如实出己。贾人曰:"吾无其功,敢有其实乎?吾小人,不可以厚诬君子②。"遂适齐。

① 褚(zhǔ):装衣服的袋子。
② 诬:欺哄。

(鲁成公三年)十二月甲戌日,晋国增编为六支军队。韩厥、赵括、巩朔、韩穿、荀骓、赵旃六人都上升为卿大夫。这是晋国奖赏鞌之战的功劳。

齐顷公到晋国朝见,正准备赠给晋景公玉,郤克从堂下急步走到堂上说:"你这次来晋国,是因为你让妇人们笑我而你自己却遭到了耻辱,我们君主不能承担让你受辱的责任。"

晋景公宴请齐顷公,齐顷公看着韩厥。韩厥对他说:"你认识我韩厥吧?"齐顷公说:"你穿的衣服变了。"韩厥登上厅堂,举起酒杯来说:"我不敢爱惜自己的死亡而去追逐你,正是为了两位君主在这个堂上饮酒和好。"

荀䓨在楚国的时候,郑国有一个买卖人准备把他装到装衣服的袋子中带出来,已经谋划好了,还没有施行,而楚国就把他送回来了。这个买卖人到了晋国,荀䓨很善待他,就好像他实际帮自己逃出来一样。这个买卖人说:"我没有功劳,哪敢接受人家的实际对待呢?我是小人,不能让君子承受更多的欺哄。"于是到了齐国。

鲁成公如晋

鲁成公到晋国没有得到晋景公的尊重,想要叛晋而投楚。他的大臣季文子既对晋景公不满,又不同意鲁成公的想法,说楚国"非我族类",不可信任。虽然说明重视华夏族的凝聚,但也反映出狭隘的民族观念。

夏,公如晋。晋侯见公,不敬,季文子曰:"晋侯必不免。《诗》曰:'敬之敬之,天惟显思,命不易哉。'夫晋侯之命在诸侯矣,可不敬乎。"

秋,公至自晋,欲求成于楚而叛晋。季文子曰:"不可。晋虽无道,未可叛也。国大、臣睦,而迩于我,诸侯听焉,未可以贰①。《史佚之志》有之曰:'非我族类,其心必异。'楚虽大,非吾族也,其肯字我乎②?"公乃止。

①贰:背叛。
②字:保护,爱护。

(鲁成公四年)夏季,鲁成公到了晋国。晋景公接见鲁成公,对他不尊重。鲁大夫季文子知道后说:"晋景公一定不会免于祸患。《诗经》说:'恭敬啊再恭敬,上天是那样的明显呀,获得与保守天命是不容易的啊!'晋景公的命运在诸侯们掌握之中,能不敬重诸侯吗?"

秋季,鲁成公从晋国回来,想要求与楚国结盟而背叛晋国。季文子说:"不能这样做。晋国虽然不讲道义,但还不能叛变他。晋国国土大、大臣和睦,又与我们邻近,诸侯还听他的,我们还不可以对他有二心。《史佚之志》有这样的话说:'与我们不是同一种族的人,他们的心肠和我们一定不一样。'楚国虽是大国,跟我们不是同一种族,他肯爱护我们吗?"鲁成公于是放弃了这一想法。

郑伯伐许

郑、许两国发生战争,晋、楚两大国乘机插足。这说明大国无时不在寻找机会,蚕食小国的领土。

冬十一月,郑公孙申帅师疆许田。许人败诸展陂①。郑伯伐许,取鉏任、泠敦之田②。

晋栾书将中军,荀首佐之;士燮佐上军,以救许伐郑,取汜、祭③。

楚子反救郑,郑伯与许男讼焉,皇戌摄郑伯之辞④。子反不能决也,曰:"君若辱在寡君,寡君与其二三臣共听两君之所欲,成其可知也。不然,侧不足以知二国之成。"

①展陂:许国属地,在今河南许昌市西北。

②钼任、泠敦：两地都是许国的地方，当距今许昌市不远。
③氾（fán）、祭：两地都属郑。氾在今河南荥阳市西北，祭在今郑州市北。
④摄：代理，这里是指替郑襄公发言。

（鲁成公四年）冬季十一月，郑国的公孙申带领军队去许国划定他们夺取的许国田地的疆界，许国在展陂打败了郑军。于是郑襄公又率军进攻许国，夺取了许国钼任、泠敦两地的土地。

晋国的栾书统率中军，荀首为副统帅，士燮为上军副统帅，带领两军援救许国而进攻郑国，夺取了郑国的氾、祭两地。

楚共王不救他的盟国许国而反过来援救郑国，郑襄公同许灵公在楚军中互相控告，郑国的皇戌代替郑襄公来发言。楚国的子反主持他们的争讼而不能决断，说："你们两位如果都到楚国朝拜我们君主，我们君主同一些大臣们共同听听你们二位各自想的，是非曲直就知道了。不然的话，我子反是不能够给你们判定结果的。"

晋迁于新田

鲁成公六年(公元前585)，晋国由故绛迁到新田(今山西侯马市)，建立新的都邑。迁都前的讨论，说明他们对都城环境的选择。

晋人谋去故绛，诸大夫皆曰："必居郇、瑕氏之地，沃饶而近盬①，国利君乐，不可失也。"韩献子将新中军，且为仆大夫。公揖而入。献子从。公立于寝庭，谓献子曰："何如？"对曰："不可。郇、瑕氏土薄水浅，其恶易觏②。易觏则民愁，民愁则垫隘。于是乎有沉溺重腿之疾③，不如新田④，土厚水深，居之不疾，有汾、浍以流其恶⑤，且民从教，十世之利也。夫山、泽、林、盬，国之宝也。国饶，则民骄佚。近宝，公室乃贫。不可谓乐。"公说，从之。夏四月丁丑，晋迁于新田。

①盬（gǔ）：即盐，这里指山西运城盐池。
②觏（gòu）：同"构"，构造。
③腿（zhuì）：足肿。
④新田：晋国都城，在今山西侯马市。

163

⑤浍（huì）：指浍河，今山西南部的河流。

晋国的君臣们打算从故绛迁都。各位大夫们都说："一定要迁到盐池附近的郇地或瑕地，那里肥沃富足又靠近盐池，国家有利，君主快乐，不可错过。"当时韩厥统率新中军，又担任主管宫中事务的仆大夫。晋景公上朝对群臣揖拜而进入宫中，韩厥跟随着他。晋景公站在宫廷院中，问韩厥说："你觉得怎么样？"韩厥回答说："不可以。郇地、瑕地土薄水浅，那里污秽肮脏之物容易构成。这些肮脏之物容易构成，人民就会有愁怨，人民愁怨就会变得羸弱，于是就会产生风湿病和严重的足肿病。不如新田地方好。新田土厚水深，住在那里不得病，有汾河、浍河冲刷流走那些污秽之物，而且人民又服从教化，有十代的利益。山岭、湖泽、森林、食盐，都是国家的宝物。国家富足，那么人民就容易放纵偷懒。国都靠近宝物产地，公室就会贫困。不可说是快乐。"晋景公听了很高兴。(鲁成公六年)夏季四月丁丑日，晋国迁都到新田。

晋栾书救郑

【题解】

成公六年(公元前585)，晋国的执政者栾书率军援助郑国，与楚军相遇后，他没有服从多数人的请求而退兵，有人问他，他说："善，众之主也。"服从正确意见就是服从多数，很有哲理。

晋栾书救郑，与楚师遇于绕角①。楚师还。晋师遂侵蔡。楚公子申、公子成以申、息之师救蔡。御诸桑隧②。赵同、赵括欲战，请于武子，武子将许之。知庄子、范文子、韩献子谏曰："不可。吾来救郑，楚师去我，吾遂至于此，是迁戮也。戮而不已，又怒楚师，战必不克。虽克，不令③。成师以出，而败楚之二县④，何荣之有焉？若不能败，为辱已甚，不如还也。"乃遂还。

于是，军帅之欲战者众。或谓栾武子曰："圣人与众同欲，是以济事，子盍从众？子为大政，将酌于民者也。子之佐十一人，其不欲战者，三人而已。欲战者可谓众矣。《商书》曰'三人占，从二人'，众故也。"武子曰："善钧从众。夫善，众之主也。三卿为主，可谓众矣。从之，不亦可乎？"

①绕角：当时蔡国属地，在今河南鲁山县南。
②桑隧：蔡地，在今河南确山县。
③令：好。
④二县：申、息二县之师。

（鲁成公六年冬），晋国的栾书率军去援救郑国，同攻打郑国的楚军在绕角相遇。楚国军队退回去了。晋军顺便就侵伐蔡国。楚国的公子申、公子成各率领楚国申县、息县的军队来援救蔡国，在桑隧抵御晋军。赵同、赵括想要跟这支军队打仗，向栾书请示，栾书将要答应他们的要求。荀首、士燮、韩厥劝谏说："不要去打。我们是来援救郑国的，楚国的军队已经离开我们，我们才顺便到了这里，侵伐蔡国本来就是转移了屠戮的对象。如果侵伐蔡国不能停止，又会激怒楚国军队，与楚军作战一定不会胜利。虽然能胜利，也不是好事。我们全军出动，而打败楚国两个县的兵力，会有什么光彩呢？如果不能打败人家，那就造成很大的耻辱，不如回去。"就回去了。

当时晋军统帅们想要打的人占多数。有人问栾书说："圣人与多数人有同样的欲望，这样事情才能成功。你为何不服从多数？你主持晋国的大政，遇事要向人民商酌。你的辅佐者有十一个人，其中不想打的，只有三个人罢了。想打的人可以说是多数了。《商书》里说，'三人进行占卜，服从两人占卜的结果'，因为两人就是多数的缘故。"栾书回答说："彼此都是好的，这才服从多数。好的，也就是多数人要服从的。三卿的意见是好的，可以说是多数了，听从他们的意见，不是也可以吗？"

吴国始大

鲁成公七年(公元前584)，楚国申公巫臣由楚入晋，由晋入吴，帮助吴国训练士卒，终于使吴国的军事力量强大起来。

楚围宋之役，师还，子重请取于申、吕以为赏田①。王许之。申公巫臣曰："不可。此申、吕所以邑也，是以为赋②，以御北方。若取之，是无申、吕也，晋、郑必至于汉。"王乃止。子重是以怨巫臣。子反欲取夏姬，巫臣止之，遂取以行，子反亦怨之。及共王即位，子重、子反杀巫臣之族子阎、子荡及清尹弗忌及襄老之子黑要，而分其室③。子重取子阎之室，使沈尹与王子罢分子荡之室，子反取黑要与清尹之室。巫臣自晋遗二子书，曰："尔以谗慝贪惏事君，而多杀不辜，余必使尔罢于奔命以死。"

巫臣请使于吴，晋侯许之。吴子寿梦说之。乃通吴于晋，以两之一卒适吴，舍偏两之一焉。与其射御，教吴乘车，教之战陈，教之叛楚。置其子狐庸焉，使为行人于吴。吴始伐楚、伐巢、伐徐④，子重奔命。马陵之会⑤，吴入州来⑥，子重自郑奔命。子重、子反于是乎一岁七奔命。蛮夷属于楚者，吴尽取之，是以始大，通吴于上国⑦。

① 吕：古国，西周穆王时封，后为楚所灭，成为楚国的县。故城在今河南南阳市西。
② 赋：兵车甲士。
③ 室：家产。
④ 巢：春秋时小国，在今安徽巢湖市居巢区。
⑤ 马陵：卫地，在今河北大名县东南。
⑥ 州来：春秋时小国，在今安徽凤台县。
⑦ 上国：中原各国。古代以北为上。

楚国在包围宋国的战役以后，军队回到国内，子重请求划出申县、吕县的一些地方赏赐给他。楚庄王许诺了他。申公巫臣说："不可以。有这些田地申县、吕县才能成为城邑，两县派出军队，用来抵御北方。如果拿走这些土地，就不存在申县、吕县了，晋国、郑国就会进入到汉水流域。"楚庄王于是作罢。子重因此而怨恨申公巫臣。子反想娶夏姬，申公巫臣阻止了他，而自己娶了夏姬出走了，子反也怨恨他。到楚共王即位以后，子重、子反杀害了申公巫臣同族的子阎、子荡以及清尹弗忌和连尹襄老的儿子黑要，而夺取了他们的家产。子重夺取了子阎的家产，让沈尹和王子罢瓜分了子荡的家产，子反夺取了黑要、清尹弗忌的家产。申公巫臣从晋国给子重、子反写了信，说："你们两个是用进谗言与贪婪的行为来对待君主的，还要大批地杀害无罪的人，我一定让你们疲于逃命而死去。"

申公巫臣请求出使吴国，晋景公批准了他。吴国君主寿梦见到他很高兴。于是申公巫臣沟通了吴国与晋国的关系。后来又带了三十辆战车到了吴国，给吴国留下一半。给了吴国射手和御手，教吴国人乘驾战车，教给他们打仗的阵式，教育他们叛变楚国。申公巫臣把他的儿子狐庸放到吴国，让他给吴国充当出使外国的行人。从此吴国开始进攻楚国，进攻巢国，进攻徐国，子重跑到巢国、徐国抵御。到马陵会盟的时候，吴国又攻进州来国，子重到郑国抵御吴国。子重、子反在这一年中有七次奔走抵御吴国。南方少数族原来臣属于楚国的，吴国全部夺取过去，所以开始强大起来,使吴国与中原国家有了往来。

晋侯使韩穿来言汶阳之田

【题解】

晋国要把鲁国的领土汶阳划归齐国,鲁国的季文子说,晋国倚恃霸主地位,左右小国,这样会失掉诸侯的拥护。

【原文】

八年春,晋侯使韩穿来言汶阳之田,归之于齐。季文子饯之,私焉,曰:"大国制义,以为盟主,是以诸侯怀德畏讨,无有贰心。谓汶阳之田,敝邑之旧也,而用师于齐,使归诸敝邑。今有二命,曰:'归诸齐。'信以行义,义以成命,小国所望而怀也。信不可知,义无所立,四方诸侯,其谁不解体?《诗》曰:'女也不爽,士贰其行。士也罔极,二三其德。'七年之中,一与一夺,二三孰甚焉?士之二三,犹丧妃耦,而况霸主?霸主将德是以,而二三之,其何以长有诸侯乎?《诗》曰:'犹之未远①,是用大简②。'行父惧晋之不远犹而失诸侯也,是以敢私言之。"

【注释】

①犹:同"猷",谋略。
②简:同"谏",劝谏。

【译文】

(鲁成公)八年春季,晋景公派韩穿到鲁国谈判鲁国汶阳土地的归属问题,要把这块土地划归齐国。季文子设酒宴为韩穿送行,私下与韩穿谈论,说:"大国是掌握正义的,这才当了盟主。所以诸侯才怀恋大国的仁德,畏惧大国的讨伐,没有二心。就说这汶阳的土地,本是我国原有的土地。对齐国用兵,让他们把所侵占的这块土地归还回来。现在却有了第二个命令,说是让'把它归给齐国'。诚信是用来实行正义的,正义是用来制定命令的,这才是小国所希望并怀恋的。诚信是未知数,正义又无从树立,四方的诸侯,有谁不涣散瓦解呢?《诗经》说:'女的没有过错,男士改变了他的行为。男士没有行动标准,朝三暮四摇摆不定。'七年之内,把汶阳的土地给了我们一次又夺取走一次,摇摆不定得也太厉害了吧?男士的摇摆不定,还会丧失配偶,何况是霸主呢?霸主是依靠道德的,而又使这种道德摇摆不定,他会用什么来保证长期拥有诸侯呢?《诗经》说:'谋略不够远大,所以大力劝谏。'我是害怕晋国不能谋划长远而失掉诸侯,所以敢私下说这些话。"

晋讨赵同、赵括

【题解】

鲁成公八年(公元前583),晋景公听信谗言,杀了赵同、赵括。这反映出晋国内部君臣之间、卿大夫之间的矛盾和斗争。

【原文】

晋赵庄姬为赵婴之亡故①,谮之于晋侯,曰:"原、屏将为乱②。"栾、郤为征。六月,晋讨赵同、赵括。武从姬氏畜于公宫。以其田与祁奚。韩厥言于晋侯曰:"成季之勋,宣孟之忠,而无后,为善者其惧矣。三代之令王皆数百年保天之禄。夫岂无辟王?赖前哲以免也。《周书》曰'不敢侮鳏寡',所以明德也。"乃立武,而反其田焉。

【注释】

①赵庄姬:晋国赵朔之妻,晋成公之女,与赵朔叔父赵婴通奸。赵婴:晋国赵盾异母弟,又称婴齐、楼婴,曾任中军大夫,鲁成公五年,被赵同、赵括逐出晋国。
②原、屏:赵同(又称原同)、赵括(又称屏括)。

【译文】

晋国的庄姬因为赵婴齐出亡的缘故,在晋景公面前进谗言说:"赵同、赵括正准备作乱。"栾氏、郤氏两姓又为庄姬的话作证。(鲁成公八年)六月,晋国讨伐杀害了赵同、赵括。赵朔的儿子赵武跟随庄姬在晋景公的宫中养大。赵同、赵括的封地给了祁奚。韩厥对晋景公说:"赵衰对晋国的功勋,赵盾对晋国的忠心,而让他们绝了后,做好事的人都会畏惧。尧、舜、禹三代好的帝王都是数百年地保持上天给予的福禄,其中哪会没有邪僻的帝王呢,只是赖有先前的哲人们才免于不败。《周书》说,'不敢侮辱失掉妻子、丈夫的人',就是要宣扬仁德的。"于是又让赵武继承赵氏的宗族,把送给祁奚的土地归还给赵氏。

申公巫臣假道于莒

【题解】

鲁成公八年(公元前583),申公巫臣出使吴国路过莒国,提醒莒国加强城防,告诫莒国国君,只有吞并小国,才产生出大国,放弃防守,是对国家不负责任。

晋侯使申公巫臣如吴,假道于莒。与渠丘公立于池上①。曰:"城已恶。"莒子曰:"辟陋在夷,其孰以我为虞②?"对曰:"夫狡焉思启封疆以利社稷者,何国蔑有?唯然,故多大国矣。唯或思或纵也。勇夫重闭,况国乎?"

①渠丘公:即莒国国君。渠丘为莒国属地,在今山东莒县北。池:护城河。
②虞:企图吞并。

(鲁成公八年,)晋景公派申公巫臣出使吴国,从莒国借道。申公巫臣与莒国国君渠丘公站在莒国都城的护城河边。申公巫臣说:"这城墙太破烂了。"莒国国君说:"我这偏僻简陋的国家处于夷族之地,哪会有谁把我作为吞并的对象呢?"申公巫臣对他说:"那内心奸诈想要开辟疆土界限来为国家谋利的人,哪一个国家没有?只因这样,所以才有好多大国。只是在于小国或者谋划抵抗他们或者放纵他们的侵犯了。勇夫还要加固门窗层层关闭,何况是国家呢?"

晋侯观于军府

鲁成公九年(公元前582),晋景公视察军器仓库时见到楚国的俘虏锺仪,通过与锺仪的对话,了解到他对楚国的热爱,放他回国,以沟通晋、楚的议和。

晋侯观于军府,见锺仪。问之曰:"南冠而絷者,谁也?"有司对曰:"郑人所献楚囚也。"使税之①。召而吊之②。再拜稽首。问其族,对曰:"泠人也③。"公曰:"能乐乎?"对曰:"先人之职官也,敢有二事?"使与之琴,操南音④。公曰:"君王何如?"对曰:"非小人之所得知也。"固问之,对曰:"其为大子也,师、保奉之,以朝于婴齐而夕于侧也。不知其他。"公语范文子。文子曰:"楚囚,君子也。言称先职,不背本也。乐操土风,不忘旧也。称大子,抑无私也。名其二卿,尊君也。不背本,仁也。不忘旧,信也。无私,忠也。尊君,敏也。仁以接事,信以守之,忠以成之,敏以行之,事虽大,必济。君盍归之,使合晋、楚之成。"公从之,重为之礼,使归求成。

① 税：同"脱"，解开绳子。
② 吊：慰问。
③ 泠人：即"伶人"，主管音乐的官吏。
④ 南音：南方曲调。

晋景公视察晋国的武器库，看见了锺仪。他就问管理人员说："戴着南方帽子而被拴系着的人，是谁？"管理人员回答说："那是郑国进献的楚国的一个战俘。"晋景公让把他身上的绳子解开，召见他并表示慰问。锺仪两次拜谢，低头面对晋景公。晋景公问他的出身。回答说："出身于乐官之家。"晋景公问："懂音乐吗？"回答说："乐官是我先人的职官，我哪敢从事其他职业呢？"晋景公让人给他琴，锺仪弹出了楚国的曲调。晋景公问他："你们的君王怎么样？"回答说："这不是小人我能够了解得到的。"晋景公坚持要问。回答说："君王在当太子的时候，有师傅、保傅奉陪着他，早上去向令尹子重请教而晚上又向司马子反询问。其他的事我不了解。"晋景公把锺仪说的话对士燮说了。士燮说："这位楚国战俘，是位君子。说话时就称道他先人的职官，表明他不背叛祖先；演奏乐器他是弹奏的乡土曲调，表明他不忘记旧土；称呼君王为太子，也是称赞君主而不存在阿谀的私心；称呼子重、子反的名字，是尊敬君主你的表现。不背叛祖先，是仁义的表现；不忘旧土，是信用的表现；没有阿谀之私，是忠诚的表现；尊重君主你，是聪敏的表现。用仁义来承接事情，用信用来守护事情，用忠诚来完成事情，用聪敏来做好事情，再大的事情，都能做好。你何不把他放回去，让他帮助晋、楚两国议和成功呢？"晋景公依从了士燮的意见，为锺仪举行重大的典礼，让他回楚国谋求晋、楚和好。

郑伯归

晋国俘虏郑成公，兴兵伐郑，而郑国却兴兵进攻晋国的盟国许国，向晋国示威，迫使晋国放回郑成公，与郑国和好。

秋，郑伯如晋，晋人讨其贰于楚也，执诸铜鞮①。
栾书伐郑，郑人使伯蠲行成，晋人杀之，非礼也。兵交，使在其间可也。
……

郑公子班闻叔申之谋②。三月，子如立公子繻。夏四月，郑人杀繻，立髡顽，子如奔许。栾武子曰："郑人立君，我执一人焉，何益？不如伐郑而归其君，以求成焉。"晋侯有疾，五月，晋立大子州蒲以为君，而会诸侯伐郑。郑子罕赂以襄钟，子然盟于脩泽③，子驷为质。辛巳，郑伯归。

①铜鞮（tí）：晋地，在今山西沁县。
②叔申：郑国宗室大臣公孙申，又称申叔，他献计说，郑国出兵进攻许国，声言另立国君，晋国必放回郑成公。
③脩泽：郑地，在今河南原阳县西南。

（鲁成公九年）秋季，郑成公到了晋国，晋国讨伐郑国投靠楚国，就在铜鞮拘禁了郑成公。

栾书带兵征伐郑国，郑国派伯蠲到晋军中求和，晋军把他杀死了，晋军是违反礼法的。两国交兵，互通使者是正常的。

……

（鲁成公十年春，）郑国的公子班了解到公孙申的计策。三月里，他就立公子繻为国君。夏季四月，郑国人杀了公子繻，立郑成公太子髡顽为国君，公子班逃到许国。晋国的栾书说："郑国立了君主，我们只拘留了他们一个人，有什么好处呢？不如征伐郑国而把他的君主送回去，用这个办法求得郑国同我们和谈。"晋景公得了病，五月，晋国立了太子州蒲为国君，州蒲联合诸侯进攻郑国。郑国子罕给晋国送了郑襄公庙里的钟作为贿赂，子然与晋国在脩泽进行盟誓，子驷到晋国当了人质。辛巳日，郑成公回到郑国。

楚子重自陈伐莒

莒国长期不修城防，在楚国的进攻下，三座都城全部崩溃。《左传》作者批评它："恃陋而不备，罪之大者也。"

冬十一月，楚子重自陈伐莒，围渠丘。渠丘城恶，众溃，奔莒。戊申，楚入渠丘。莒人囚楚公子平。楚人曰："勿杀，吾归而俘。"莒人杀之。楚师围莒。莒城亦恶，庚申，莒溃。楚遂入郓①，莒无备故也。

君子曰："恃陋而不备，罪之大者也。备豫不虞，善之大者也。莒恃其陋，而不修城郭，浃辰之间②，而楚克其三都，无备也夫。《诗》曰：'虽有丝麻，无弃菅、蒯③；虽有姬姜④，无弃蕉萃⑤。凡百君子，莫不代匮。'言备之不可以已也。"

① 郓（yùn）：原为鲁地，后为莒国所夺，在今山东沂水县北。
② 浃（jiá）辰：浃是周匝的意思，辰指从子到亥十二辰，即十二日。这里指从戊申到庚申，经历地支一周。
③ 菅（jiān）：多年生草本植物。　蒯（kuǎi，又读 kuài）：多年生草本植物。
④ 姬姜：姬、姜本为黄帝、炎帝的姓，这里指美女。
⑤ 蕉萃：即憔悴，代表面色憔悴的人。

（鲁成公九年）冬季十一月，楚国子重率兵从陈国进攻莒国，包围了渠丘。渠丘城池破损，城中军队溃散了，逃奔到了莒城。戊申日，楚军进入渠丘。莒城中的军队俘虏了楚国的公子平。楚人说："不要杀死他，我们把俘虏你们的人放回去。"莒城里的人杀了他。楚国军队又包围了莒城。莒城也很破烂，庚申日，莒城也崩溃了。楚军于是进入到郓城，这是莒国没有防备的缘故。

君子评论说："依靠简陋的城池而不防备，是罪恶当中的大罪恶。防备意外，是善事当中的大善事。莒国凭借它简陋的城池，而不修筑城郭，十二日之内，让楚国攻克了它的三座都城，因为没有防备啊。《诗经》说：'虽然有丝、麻等好的材料，但不要抛弃菅、蒯一类次的材料。虽有姬姜一类的美女，也不要抛弃面色憔悴的妇人。凡是众多的君子，都不会没有缺陷。'说的就是防备不可以停止。"

晋景公死

鲁成公十年(公元前581)，晋景公病死。全篇充满梦占的迷信色彩，但说明晋国内部贵族间的斗争使君主经常感到寝不安身。

晋侯梦大厉①，被发及地，搏膺而踊②，曰："杀余孙③，不义，余得请于帝矣。"坏大门及寝门而入。公惧，入于室。又坏户。公觉，召桑田巫④。巫言如梦。公曰："何如？"曰："不食新矣。"公疾病，求医于秦。秦伯使医缓为之。未至，公梦疾为二竖子，曰："彼，良医也，惧伤我，焉逃之？"其一曰："居肓之上⑤，膏之下，若我何?"医至,曰:"疾不可为也。在肓之上,膏之下,攻之不可,达之不及,药不至焉,不可为也。"公曰:"良医也。"厚为之礼而归之。六月丙午,晋侯欲麦,使甸人献麦,馈人为之。召桑田巫,示而杀之。将食,张,如厕,陷而卒。小臣有晨梦负公以登天,及日中,负晋侯出诸厕,遂以为殉。

①厉:即厉鬼,古人以为绝了后代的死者就成为厉鬼。
②搏:折。膺:胸。
③余孙:指赵同、赵括,二人在鲁成公八年被晋景公处死。
④桑田:原为虢国土地,后为晋所有。在今河南灵宝市稠桑镇。
⑤肓(huāng):指心脏与隔膜之间的部位。

晋景公梦见一个大的绝了后代的鬼,头发披散着拖到地上,拍打着胸脯顿足跳跃,对他说:"你杀了我的孙子,没有仁义,我已请求天帝批准报仇了。"这个鬼击坏了宫殿的大门和寝门进到宫中。晋景公恐惧,进入室内。这鬼又打坏了宫室的小门。晋景公吓得醒了。召来桑田的一位巫师。这位巫师说的和他梦中的情形一样。晋景公问他:"我的病到底如何?"巫师回答说:"你吃不上新粮食了。"晋景公病重了,向秦国求医,秦桓公派出医生缓来给他治疗。缓还没有来到的时候,晋景公又梦见他的病变成两个童子。这两个童子说:"秦国的医生缓,是很好的医生,我们害怕他伤害我们,要逃到哪里去呢?"其中一个说:"咱们停留在肓的上边、膏的下边,他能对我们怎么样呢?"医生缓来到后看了晋景公的病,说:"你的病是没有办法治了。病灶在肓的上边、膏的下边,火灸攻不行,针扎达不到,药物效力到不了这部位,不可治疗了。"晋景公说:"真是好医生。"给了他厚重的礼物把他送回秦国去了。六月丙午日,晋景公想尝新的麦子,让管理田禾的官吏进献了新小麦,主管他膳食的人给他加工成食。晋景公又把桑田的巫师叫来,让他看自己即将吃新麦并把他杀掉。晋景公正准备吃新麦做成的饭食时,肚子发胀,就上厕所,掉到茅坑中死去了。他的宦官当中有一个凌晨梦见自己背着晋景公登天,到了中午,由他把晋景公尸体从厕所中背出来,于是就让他为晋景公殉葬了。

晋楚之盟

鲁成公十二年(公元前579),晋国和楚国在宋国的沟通下,达成和议。但从郤至聘使到楚国,楚国大臣子反的言谈中可以看出,这个盟约是不会长久坚持的。

173

原文

宋华元克合晋、楚之成，夏五月，晋士燮会楚公子罢、许偃。癸亥，盟于宋西门之外，曰："凡晋、楚无相加戎，好恶同之，同恤菑危，备救凶患。若有害楚，则晋伐之；在晋，楚亦如之。交贽往来，道路无壅，谋其不协，而讨不庭①。有渝此盟，明神殛之，俾队其师，无克胙国。"郑伯如晋听成，会于琐泽②，成故也。

狄人间宋之盟以侵晋，而不设备。秋，晋人败狄于交刚③。

晋郤至如楚聘，且莅盟。楚子享之，子反相，为地室而县焉。郤至将登，金奏作于下，惊而走出。子反曰："日云莫矣，寡君须矣，吾子其入也。"宾曰："君不忘先君之好，施及下臣，贶之以大礼，重之以备乐。如天之福，两君相见，何以代此？下臣不敢。"子反曰："如天之福，两君相见，无亦唯是一矢以相加遗，焉用乐，寡君须矣，吾子其入也。"宾曰："若让之以一矢，祸之大者，其何福之为？世之治也，诸侯间于天子之事，则相朝也，于是乎有享、宴之礼。享以训共俭，宴以示慈惠。共俭以行礼，而慈惠以布政。政以礼成，民是以息。百官承事，朝而不夕，此公侯之所以扞城其民也④。故《诗》曰：'赳赳武夫，公侯干城。'及其乱也，诸侯贪冒，侵欲不忌，争寻常以尽其民⑤，略其武夫，以为己腹心、股肱、爪牙。故《诗》曰：'赳赳武夫，公侯腹心。'天下有道，则公侯能为民干城，而制其腹心。乱则反之。今吾子之言，乱之道也，不可以为法。然吾子，主也，至敢不从？"遂入，卒事。归以语范文子。文子曰："无礼，必食言，吾死无日矣夫！"

冬，楚公子罢如晋聘，且莅盟。十二月，晋侯及楚公子罢盟于赤棘⑥。

注释

① 不庭：背叛不来王庭的国家。
② 琐泽：当为晋地，在今河北涉县县治。
③ 交刚：晋地，所在不详，或以为在今山西隰县。
④ 扞城：保卫。
⑤ 寻常：指尺寸之地。八尺为寻，倍寻为常。
⑥ 赤棘：晋地，所在不详。

译文

宋国的华元完成了晋国和楚国之间的议和，(鲁成公十二年)夏季五月，晋国的士燮会见楚国的公子罢、许偃。癸亥日，双方在宋国国都的西门外举行了盟誓，誓言说："凡晋国、楚国都不要相互使用武力，要有相同的爱好与憎恶，共同救助灾荒与危害，防备救援饥荒与祸乱。如果有危害楚国的，那么晋国就去征伐他；对于晋国，楚国也是这样做。双方互访携带礼物，沿途道路不得阻塞。共同谋划对付那些不合作者,而讨伐背叛晋国、楚国的诸侯。有违背这一盟誓的,要受到神灵的诛杀,以使他的军队陨灭,不再能够享有国家。"郑成公到晋国接受这个盟誓,与晋、楚两国参加盟会的人在琐泽相会,是因为晋楚达成和议的缘故。

狄人乘晋国在宋国举行盟会而侵伐晋国,而自己又没有构筑军事防御。秋季,晋军在交刚打败了狄人。

晋国的郤至去访问楚国,并参加与楚国的盟会。楚共王设宴招待他,子反为相,预先在宫中构筑了地下室把乐器放到那里。郤至入宫正要登堂,金属乐器在他的脚下鸣奏起来,郤至惊慌地退了出来。子反说:"天色就要到中午了,我们君王已等待久了,你进去吧。"郤至说:"你们君王不忘两国先君的友好,把这种友好施加到我身上,赐给我重大的礼仪,又加上了完备的音乐。这样如天大的福分,即便是两国君主相见,还能用什么来代替呢?我实在是不敢接受。"子反说:"如天大的福分,两国君主相见,也只是用一枝箭互相馈赠,还用得着奏乐?我们君主等待多时了,你进去吧。"郤至说:"如果用一枝箭来互相款待,那就是最大的灾祸了,有什么福分可言呢?天下治理安宁的话,诸侯们在完成天子的任务的闲暇时间里,就互相朝拜会见,因而就有了招待、宴请的礼仪。招待是训示恭敬和俭朴的,宴请是宣扬慈爱和恩惠的。恭敬、俭朴是用以推行礼法的,慈爱、恩惠是用来施陈政教的。政教依靠礼法来实现,人民才会得到休息。百官承办事情,只在白天上朝而晚上就不办事了,这样,诸侯们的精力就用来护卫他的人民了。所以《诗经》说:'雄赳赳的武夫,是为诸侯作保卫的。'到了乱世的时候,诸侯贪占,侵略的欲望无所顾忌,为争尺寸的土地用尽他的人民,强夺取得他的武夫,把他们当作自己的心腹、臂膀、爪牙。所以《诗经》说:'雄赳赳的武夫,只是公侯们的腹心。'天下有道,那诸侯就保卫人民,而驾驭他的腹心。天下战乱就反过来了。今天你说的话,是祸乱的做法,不能够当作法则。可你是主人,我郤至能不服从你吗?"于是就进入朝堂,办完了事情。回去后郤至对士燮谈了这些情况。士燮说:"不讲礼法,一定要自食其言,我们的死就不定哪一天了。"

冬季,楚国的公子罢到晋国访问,并且与晋国会盟。十二月,晋厉公与楚公子罢在赤棘进行了盟会。

晋侯使吕相绝秦

"吕相绝秦"是一篇著名的外交文书,文中历数秦国对晋国的种种不友好表现,以及晋国为求两国和好而做出的种种努力,说明这种努力没有结果,晋国不得已而与秦国断绝关系,讨伐秦国。文中虽不乏歪曲事实之处,但颇能激励人心。

夏四月戊午，晋侯使吕相绝秦，曰：

"昔逮我献公及穆公相好，戮力同心，申之以盟誓，重之以昏姻。天祸晋国，文公如齐，惠公如秦。无禄，献公即世。穆公不忘旧德，俾我惠公用能奉祀于晋。又不能成大勋，而为韩之师。亦悔于厥心，用集我文公，是穆之成也。文公躬擐甲胄，跋履山川，逾越险阻，征东之诸侯，虞、夏、商、周之胤，而朝诸秦，则亦既报旧德矣。郑人怒君之疆场，我文公帅诸侯及秦围郑。秦大夫不询于我寡君，擅及郑盟。诸侯疾之，将致命于秦。文公恐惧，绥静诸侯，秦师克还无害，则是我有大造于西也。无禄，文公即世。穆为不吊，蔑死我君，寡我襄公，迭我殽地，奸绝我好，伐我保城，殄灭我费滑①，散离我兄弟，扰乱我同盟，倾覆我国家。我襄公未忘君之旧勋，而惧社稷之陨，是以有殽之师。犹愿赦罪于穆公。穆公弗听，而即楚谋我。天诱其衷，成王陨命，穆公是以不克逞志于我。穆、襄即世，康、灵即位。康公，我之自出，又欲阙翦我公室②，倾覆我社稷，帅我蟊贼③，以来荡摇我边疆，我是以有令狐之役。康犹不悛，入我河曲，伐我涑川④，俘我王官，翦我羁马，我是以有河曲之战。东道之不通，则是康公绝我好也。

"及君之嗣也，我君景公引领西望曰：'庶抚我乎！'君亦不惠称盟，利吾有狄难，入我河县，焚我箕、郜，芟夷我农功，虔刘我边陲⑤，我是以有辅氏之聚。君亦悔祸之延，而欲徼福于先君献、穆，使伯车来命我景公曰：'吾与女同好弃恶，复修旧德，以追念前勋。'言誓未就，景公即世，我寡君是以有令狐之会。君又不祥，背弃盟誓。白狄及君同州，君之仇雠，而我之昏姻也。君来赐命曰：'吾与女伐狄。'寡君不敢顾昏姻，畏君之威，而受命于吏。君有二心于狄，曰：'晋将伐女。'狄应且憎，是用告我。楚人恶君之二三其德也，亦来告我曰：'秦背令狐之盟，而来求盟于我，昭告昊天上帝，秦三公、楚三王曰：余虽与晋出入，余唯利是视。不榖恶其无成德，是用宣之，以惩不壹。'诸侯备闻此言，斯是用痛心疾首，昵就寡人。寡人帅以听命，唯好是求。君若惠顾诸侯，矜哀寡人，而赐之盟，则寡人之愿也，其承宁诸侯以退，岂敢徼乱？君若不施大惠，寡人不佞，其不能以诸侯退矣。敢尽布之执事，俾执事实图利之。"

①费滑：费为滑国都城，费滑即为滑国。其地当在今河南偃师市境内。
②阙翦：损伤。
③蟊（máo）贼：指公子雍。
④涑川：指涑水流域。涑水为山西南部的河流。
⑤虔刘：屠杀。

（鲁成公十三年）夏季四月戊午日，晋厉公让魏锜之子魏相写信与秦国断绝关系，信中说：

"过去我们献公和秦国穆公友好，并力同心，共同用盟誓来约束，并用通婚来加固友好关系。上天降祸到晋国，让文公重耳到了齐国，惠公夷吾到了秦国。不幸，献公下世。穆公没有忘记原来晋国的恩德，让我惠公能够继续供奉晋国的祖先。但惠公没有能建立大功，而却在韩地兴师与秦国打仗。但他后来内心悔恨，用来成就了我们文公，这是穆公成就了我们。我们文公亲身披戴甲胄，跋涉山川，跨越险阻，征伐东部的诸侯，使虞、夏、商、周的后代都向秦国朝见，那文公也就已经报了秦国原来对我们的恩德了。郑国人去激怒你们边疆的守卫，我们文公率领诸侯同秦国一起包围郑国。秦国的大夫们不向我们君主征求意见，擅自同郑国订盟。诸侯对秦国很痛恨，要进攻秦国，文公恐惧，安抚镇定了诸侯，秦军才顺利回去没有受到损害。这是我对西部邻国有大功劳。不幸，文公下世，穆公不干好事，轻视我们死去的君主，小看我们襄公，突然袭击我们的殽地，断绝了与我们的友好，侵伐我们的城堡，灭掉我们的滑国，拆散了我们的兄弟国家，阻挠扰乱我们的同盟，颠覆我们的国家。我们襄公没有忘记你们原来对我们的功劳，害怕社稷的灭亡，所以发动了殽地的战役。但还是希望得到穆公的谅解。穆公不听从我们的意见，而跟楚国来谋划我们。可上天之心顺从我们，楚成王恰在这时死去，穆公所以不能从我们这里得到满足。秦穆公、晋襄公下世，秦康公、晋灵公即位。康公，是晋献公女儿穆姬所生，但他又想要损害我们的公室，颠覆我们的国家，带领着公子雍那个危害我们的贼人，用他来动摇我们的边疆，我们因此进行了令狐战役。康公还不改过，率军进入我们的河曲，进攻我们的涑川，俘虏了我们王官地方的人民，夺取了我们的羁马，我们因此而进行了河曲战役。你们东方的道路不通，是因为康公拒绝了我们对你们的友好。

"等到你继承了君位，我君景公伸着脖子向西望着说：'希望来抚恤我们吧。'可你也不给我们恩惠来与我们举行盟会，反而利用狄人进攻我们，率军进入我们黄河沿岸县份，焚掠了我们的箕地、郜地，抢劫收割了那里的庄稼，屠杀我们边地人民，我们因此才发动辅氏战役来抵抗。你也害怕祸患的延续，而想求得先君献公、穆公的福佑，派伯车来命令我们景公说：'我与你共同友好放弃怨恶，重新恢复过去的友好关系，用来追怀前人的功绩。'发出的誓言还没有写下来，景公下世了，我们君主所以才与你举行令狐会盟。你又不干好事，背弃了盟誓。白狄与你同在一地，他是你的仇人，却跟我们有婚姻关系。你来向我们下命令说：'我与你一起征伐狄人。'我们君主不敢顾及婚姻关系,畏惧你的威力,而给官吏下了征伐狄人的命令。可你对狄人又持两种态度,告诉他们说:'晋国正准备进攻你们。'狄人一面接受你的消息,一面又对你憎恶,所以就把这些告诉了我们。楚国人讨厌你们的左右摇摆,也来告诉我们说:'秦国背叛令狐之盟,而来要求与我们建立同盟,在我们这里祭奠并明白地告诉苍天上帝、秦国的穆、康、共三公与楚国的成、穆、庄三王说:我虽然与晋国往来,但我是只看利益而行动。我们君主憎恶秦国没有稳定的道德立场,所以把这事暴露出来,用来惩戒那些不能始终如一者。'诸侯们都听到你在楚国说的这些话,对你痛恨到极点,都亲近我们晋国。我们仍然率领着他们听从你的命令,只想求得同你们友好。你如果能很好地体谅照顾各位诸侯,同情怜悯我们,而给与订立盟约的机会,那就是我们的愿望了,可以让诸侯退兵,哪里敢寻求战乱呢?你如果不肯施予大的恩惠,我没有才能,那也就不能让诸侯们退兵了。请将这些都向你们执掌权力者公布,以便让你们那些执掌权力的人好好考虑怎样有利。"

晋帅诸侯伐秦

【题解】

鲁成公十三年(公元前578),晋厉公向秦国发出断绝关系的书信后,就率领诸侯进攻秦国,打败了秦军。

【原文】

秦桓公既与晋厉公为令狐之盟①,而又召狄与楚,欲道以伐晋,诸侯是以睦于晋。晋栾书将中军,荀庚佐之;士燮将上军,郤锜佐之;韩厥将下军,荀罃佐之;赵旃将新军,郤至佐之。郤毅御戎,栾鍼为右。孟献子曰:"晋帅乘和,师必有大功。"五月丁亥,晋师以诸侯之师及秦师战于麻隧②。秦师败绩,获秦成差及不更女父③。曹宣公卒于师。师遂济泾④,及侯丽而还⑤。迓晋侯于新楚⑥。

①令狐之盟:晋、秦令狐之盟在鲁成公十一年。这次盟会本来就是没有诚意的。《左传》记载:秦、晋进行和议,要在令狐会盟,晋厉公先到了令狐。秦桓公却不肯过河,停留在王城,让史颗过河与晋厉公盟誓。晋国的郤犨到河西同秦桓公盟誓。晋国的士燮说:"这样的盟会有什么益处?斋戒而盟誓,是用来要求信义的。盟会的地点,就是信义的出发点,连这信义的出发点都不能服从,还有什么信义可求?"秦桓公回去就背叛了盟约。
②麻隧:秦地,在今陕西泾阳县境。
③不更:秦国军功爵位名称。按商鞅变法所定的爵位等级,不更为第四等爵,职位甚低,春秋时的不更或许比这等级要高。
④泾:指泾水,在陕西省中部。

⑤侯丽：秦地，今地不确，或以为在今陕西礼泉县境。
⑥新楚：秦地，在今陕西大荔县境。

（鲁成公十三年，）秦桓公已经与晋厉公举行了令狐之盟，而又招引狄人和楚国进攻晋国，其他诸侯国所以都亲睦于晋国，跟随晋国进攻秦国。晋国的栾书统率中军，荀庚为副统帅；士燮统率上军，郤锜为副统率；韩厥统率下军，荀䓨为副统率；赵旃统率新军，郤至为副统率。郤毅为中军统率驾车，栾铖为车右。鲁国的孟献子说："晋军将帅乘卒团结一致，这次出师一定能立大功。"五月丁亥日，晋军带领诸侯国的军队同秦军在麻隧展开战斗。秦军被打得溃散了，晋军俘虏了秦国将领成差和一个有不更爵位名叫女父的人。曹宣公率军与晋军一起作战，死在军中。诸侯联军于是渡过泾水，攻到侯丽才退回去，在新楚迎接晋厉公。

楚子伐郑

鲁成公十五年(公元前576)，楚国不顾自己与晋国订立的盟约，进攻晋国的盟国郑国和卫国，国内的一些大臣认为这样做是失信。但从春秋的事实来看，盟约大多为空言，盟誓背后，隐藏着更激烈的争夺。

楚将北师，子囊曰："新与晋盟而背之，无乃不可乎？"子反曰："敌利则进，何盟之有？"申叔时老矣，在申，闻之，曰："子反必不免。信以守礼，礼以庇身，信、礼之亡，欲免，得乎？"

楚子侵郑，及暴隧①。遂侵卫，及首止②。郑子罕侵楚，取新石③。

栾武子欲报楚。韩献子曰："无庸，使重其罪，民将叛之。无民，孰战？"

①暴隧：本为周室暴辛公封邑，后入于郑。在今河南原阳县西。
②首止：卫地，近于郑。在今河南睢县东南。
③新石：楚地，在今河南叶县境内。

楚共王准备向北方进军。公子囊对他说："我们刚刚同晋国订立盟约就要背叛，这不是不可以吗？"子反说："敌方的情况对我们有利就进攻他，还管它盟约呢。"申叔时已经年老退休了，回到申县，听到子反这样做，说："子反一定不会免于祸患。信用是用来保持礼义的，礼义是用来保护自身的，信用、礼义都不要了，想要免于祸患，能办得到吗？"

楚共王带兵侵略郑国，打到了郑国的暴隧。于是又侵略卫国，打到了卫国的首止。郑国的子罕也带兵侵略楚国，夺取了楚邑新石。

栾书准备报复楚国，韩厥说："不用报复它，让他加重自己的罪过，他的人民就会背叛他。到时候没有人民，谁去打仗？"

葬宋共公

【题解】

宋共公死后，宋国公族大夫互相排挤、残杀，反映了贵族之间的激烈斗争。

【原文】

秋八月，葬宋共公。于是华元为右师，鱼石为左师，荡泽为司马，华喜为司徒，公孙师为司城，向为人为大司寇，鳞朱为少司寇，向带为大宰，鱼府为少宰。荡泽弱公室①，杀公子肥。华元曰："我为右师，君臣之训，师所司也。今公室卑而不能正，吾罪大矣。不能治官，敢赖宠乎？"乃出奔晋。

二华②，戴族也；司城，庄族也；六官者皆桓族也。鱼石将止华元。鱼府曰："右师反，必讨，是无桓氏也。"鱼石曰："右师苟获反，虽许之讨，必不敢。且多大功，国人与之，不反，惧桓氏之无祀于宋也。右师讨，犹有戌在③。桓氏虽亡，必偏④。"鱼石自止华元于河上。请讨，许之，乃反。使华喜、公孙师帅国人讨荡氏，杀子山，书曰"宋杀其大夫山"，言其背族也。

鱼石、向为人、鳞朱、向带、鱼府出舍于睢上⑤，华元使止之，不可。冬十月，华元自止之，不可，乃反。鱼府曰："今不从，不得入矣。右师视速而言疾，有异志焉。若不我纳，今将驰矣。"登丘而望之，则驰。驰而从之，则决睢澨、闭门登陴矣。左师、二司寇、二宰遂出奔楚。华元使向戌为左师，老佐为司马，乐裔为司寇，以靖国人。

①弱：用为动词，削弱。
②二华：华元、华喜。
③戌：向戌，是华元的党羽。
④偏：其中一部分。
⑤睢：指睢水。

（鲁成公十五年）秋八月，宋国埋葬了宋共公。当时华元担任右师，鱼石担任左师，荡泽担任司马，华喜担任司徒，公孙师担任司城，向为人担任大司寇，鳞朱任少司寇，向带为太宰，鱼府担任少宰。司马荡泽要削弱宋国公室，杀害了公子肥。华元说："我担任右师，君臣关系的训导，是师的职官所管辖的事情。现在公室弱小，而不能加以整顿，我的罪大了。我不能尽到官职的职责，还敢贪图宠幸吗？"于是就要出逃到晋国。

华元、华喜，是属于宋戴公这一氏族；司城公孙师，是属宋庄公的氏族；其余鱼石、荡泽、向为人、鳞朱、向带、鱼府六位都是宋桓公的氏族。鱼石要阻止华元去晋国。鱼府说："右师回来，一定要进行讨伐，到那时就没有桓公的氏族了。"鱼石说："右师如果能返回来，虽允许他讨伐，他一定不敢讨伐桓公的氏族。右师建立过很多大的功劳，国人拥护他，他要不返回来，倒恐怕国人攻击我们，使桓公的氏族在宋国灭绝。右师回来即使要讨伐，还不至于讨伐桓氏中的向戌。桓公氏族虽然灭亡，也只是一部分。"鱼石就自己到黄河边上阻止华元出逃。华元要求讨伐荡泽，鱼石同意了，华元就返回来。华元就让华喜、公孙师带领国人攻击荡泽的氏族，杀了荡泽。《春秋》写道，"宋国杀了他的大夫子山"，说明他背叛自己的宗族。

鱼石、向为人、鳞朱、向带、鱼府都害怕国人攻击，到国都外的睢水边暂住，华元让人阻止他们出去，他们不同意。冬季十一月，华元又亲自出去阻止他们在那里停留，他们还不同意，华元自己就要返回国都了。鱼府对他们说："今天不跟随华元回去，咱们就回不了国都了。华元看我时眼神一扫而过，言语也很快，说明已有别的想法了。如果他不愿意容纳我们，他的车子就会奔驰而回。"他们几个登上小丘看，华元果然奔驰着回国都。他们五个也都乘车追赶华元，华元则决开睢水堤防阻止他们，并关闭城门登上城墙了。左师鱼石、向为人和鳞朱两位司寇、向带和鱼府两位宰官都出逃到了楚国。华元让向戌担任了左师，老佐担任了司马，乐裔担任了司寇，用来安定国人。

晋侯及楚子、郑伯战于鄢陵

鄢陵之战，是晋、楚之间又一次大战役。战前，晋国大臣对于是否要战有分歧，说明晋国内部已不稳定。但战争仍以晋国胜利告终。

原文

　　十六年春，楚子自武城使公子成以汝阴之田求成于郑①。郑叛晋，子驷从楚子盟于武城。

　　……

　　郑子罕伐宋，宋将鉏、乐惧败诸汋陂②。退，舍于夫渠，不儆。郑人覆之，败诸汋陵③，获将鉏、乐惧。宋恃胜也。

　　卫侯伐郑，至于鸣雁④。为晋故也。

　　晋侯将伐郑。范文子曰："若逞吾愿，诸侯皆叛，晋可以逞⑤；若唯郑叛，晋国之忧，可立俟也。"栾武子曰："不可以当吾世而失诸侯，必伐郑。"乃兴师。栾书将中军，士燮佐之。郤锜将上军，荀偃佐之。韩厥将下军，郤至佐新军。荀䓨居守。郤犨如卫，遂如齐，皆乞师焉。栾黡来乞师。孟献子曰："晋有胜矣。"戊寅，晋师起。

　　郑人闻有晋师，使告于楚，姚句耳与往。楚子救郑。司马将中军，令尹将左，右尹子辛将右。过申，子反入见申叔时，曰："师其何如？"对曰："德、刑、详、义、礼、信，战之器也。德以施惠，刑以正邪，详以事神，义以建利，礼以顺时，信以守物。民生厚而德正，用利而事节，时顺而物成。上下和睦，周旋不逆，求无不具，各知其极。故《诗》曰：'立我烝民，莫匪尔极。'是以神降之福，时无灾害，民生敦庞⑥，和同以听，莫不尽力以从上命，致死以补其阙，此战之所由克也。今楚内弃其民，而外绝其好，渎齐盟而食话言，奸时以动，而疲民以逞，民不知信，进退罪也。人恤所底，其谁致死？子其勉之，吾不复见子矣。"姚句耳先归，子驷问焉。对曰："其行速，过险而不整。速则失志，不整丧列。志失列丧，将何以战？楚惧不可用也。"

　　五月，晋师济河。闻楚师将至，范文子欲反，曰："我伪逃楚，可以纾忧。夫合诸侯，非吾所能也，以遗能者。我若群臣辑睦以事君，多矣。"武子曰："不可。"

　　六月，晋、楚遇于鄢陵⑦。范文子不欲战。郤至曰："韩之战，惠公不振旅。箕之役，先轸不反命。邲之师，荀伯不复从，皆晋之耻也。子亦见先君之事矣。今我辟楚，又益耻也。"文子曰："吾先君之亟战也，有故。秦、狄、齐、楚皆强，不尽力，子孙将弱。今三强服矣，敌楚而已。惟圣人能内外无患。自非圣人，外宁必有内忧⑧，盍释楚以为外惧乎？"

　　甲午晦，楚晨压晋军而陈。军吏患之。范匄趋进，曰："塞井夷灶⑨，陈于军中，而疏行首⑩，晋、楚唯天所授，何患焉？"文子执戈逐之，曰："国之存亡，天也，童子何知焉？"栾书曰："楚师轻窕，固垒而待之，三日必退。退而击之，必获胜焉。"郤至曰："楚有六间，不可失也。其二卿相恶，王卒以旧，郑陈而不整，蛮军而不陈，陈不违晦，在陈而嚣⑪，合而加嚣。各顾其后，莫有斗心。旧不必良，以犯天忌，我必克之。"

　　楚子登巢车，以望晋军。子重使大宰伯州犁侍于王后。王曰："骋而左右，何也?"曰:"召军吏也。""皆聚于中军矣。"曰:"合谋也。""张幕矣。"曰:"虔卜于先君也⑫。""彻幕矣。"曰:"将发命也。""甚嚣,且尘上矣。"曰:"将塞井夷灶而为行也。""皆乘矣,左右执兵而下矣。"曰:"听誓也。""战乎?"曰:"未可知也。""乘而左右皆下矣。"曰:"战祷也。"

伯州犁以公卒告王。苗贲皇在晋侯之侧,亦以王卒告。皆曰:"国士在,且厚,不可当也。"苗贲皇言于晋侯曰:"楚之良,在其中军王族而已。请分良以击其左右,而三军萃于王卒,必大败之。"公筮之。史曰:"吉。其卦遇《复》䷗,曰:'南国蹙⑬,射其元王,中厥目。'国蹙、王伤,不败何待?"公从之。

有淖于前⑭,乃皆左右相违于淖。步毅御晋厉公,栾𫖮为右。彭名御楚共王,潘党为右。石首御郑成公,唐苟为右。栾、范以其族夹公行。陷于淖。栾书将载晋侯。𫖮曰:"书退。国有大任,焉得专之?且侵官,冒也;失官,慢也;离局,奸也。有三罪焉,不可犯也。"乃掀公以出于淖⑮。

癸巳,潘尪之党与养由基蹲甲而射之,彻七札焉。以示王,曰:"君有二臣如此,何忧于战?"王怒曰:"大辱国!诘朝尔射,死艺。"吕锜梦射月,中之,退入于泥。占之,曰:"姬姓,日也;异姓,月也,必楚王也。射而中之,退入于泥,亦必死矣。"及战,射共王中目。王召养由基,与之两矢,使射吕锜,中项、伏弢⑯,以一矢复命。

郤至三遇楚子之卒,见楚子,必下,免胄而趋风。楚子使工尹襄问之以弓,曰:"方事之殷也,有韎韦之跗注⑰,君子也。识见不穀而趋,无乃伤乎?"郤至见客,免胄承命,曰:"君之外臣至,从寡君之戎事,以君之灵,间蒙甲胄,不敢拜命。敢告不宁,君命之辱。为事之故,敢肃使者⑱。"三肃使者而退。

晋韩厥从郑伯,其御杜溷罗曰:"速从之,其御屡顾,不在马,可及也。"韩厥曰:"不可以再辱国君。"乃止。郤至从郑伯,其右茀翰胡曰:"谍辂之,余从之乘,而俘以下。"郤至曰:"伤国君有刑。"亦止。石首曰:"卫懿公唯不去其旗,是以败于荧。"乃内旌于弢中。唐苟谓石首曰:"子在君侧,败者壹大。我不如子,子以君免,我请止。"乃死。

楚师薄于险,叔山冉谓养由基曰:"虽君有命,为国故,子必射!"乃射,再发,尽殪。叔山冉搏人以投,中车,折轼,晋师乃止。囚楚公子茷。

栾𫖮见子重之旌,请曰:"楚人谓夫旌,子重之麾也,彼其子重也。日臣之使于楚地,子重问晋国之勇,臣对曰:'好以众整。'曰:'又何如?'臣对曰:'好以暇。'今两国治戎,行人不使,不可谓整;临事而食言,不可谓暇。请摄饮焉。"公许之,使行人执榼承饮,造于子重,曰:"寡君乏使,使𫖮御持矛,是以不得犒从者,使某摄饮。"子重曰:"夫子尝与吾言于楚,必是故也,不亦识乎?"受而饮之,免使者而复鼓。旦而战,见星未已。

子反命军吏:"察夷伤⑲,补卒乘,缮甲兵,展车马,鸡鸣而食,唯命是听。"晋人患之。苗贲皇徇曰："蒐乘、补卒,秣马、利兵,修陈、固列,蓐食、申祷,明日复战。"乃逸楚囚。王闻之,召子反谋。谷阳竖献饮于子反,子反醉而不能见。王曰:"天败楚也夫。余不可以待。"乃宵遁。

晋入楚军,三日谷。范文子立于戎马之前,曰:"君幼,诸臣不佞,何以及此?君其戒之!《周书》曰'惟命不于常',有德之谓。"

楚师还,及瑕,王使谓子反曰:"先大夫之覆师徒者,君不在。子无以为过,不穀之罪也。"子反再拜稽首曰:"君赐臣死,死且不朽。臣之卒实奔,臣之罪也。"子重使谓子反曰:"初陨师徒者,而亦闻之矣。盍图之?"对曰:"虽征先大夫有之,大夫命侧,侧敢不义?侧亡君师,敢忘其死?"王使止之,弗及而卒。

①武城:楚地,在今河南南阳市北。
②汋陵:宋地,今地不确。可能在今河南商丘市与宁陵县之间。
③汋陵:宋地。在今河南宁陵县南。
④鸣雁:郑地。在今河南杞县境。
⑤逞:同"缱",缓和。
⑥敦庞(páng):丰厚。
⑦鄢陵:郑地。在今河南鄢陵县北。
⑧外宁必有内忧:这是预示晋国内部将发生矛盾斗争。与前面士燮所说"若逞吾愿,诸侯皆叛,晋可以逞"相应。意思是说,如果要满足我们的愿望,那只有诸侯都背叛晋国,晋国就能安宁快意。
⑨灶:是指战时在地上挖的灶坑。
⑩行首:行道。首,同"道"。
⑪嚣:喧闹。
⑫虔卜:诚心问卜。
⑬蹴(jiù):同"蹙",局迫。
⑭淖(nào):泥沼。
⑮掀:举。
⑯弢(tāo):弓套。
⑰韎之跗注:韎(mèi),赤黄色。韦,熟牛皮。跗注,当时的军服,长至脚背。
⑱肃:揖拜,致敬。
⑲夷:同"痍",创伤。

(鲁成公)十六年春季,楚共王从武城派公子成用汝阴的土地给郑国以求得与郑国建立同盟。郑国就背叛了晋国,郑国的子驷和楚共王在武城订立了盟约。

……

郑国的子罕带兵侵伐宋国,宋国的将鉏、乐惧带兵在汋陂打败了郑军。宋军撤退，驻扎在夫渠一带，没有警戒。郑人用伏兵袭击了他们，在汋陵又把宋军打败，俘获了将钮、乐惧。这是宋军依仗着胜利而松懈的缘故。

卫献公又带兵进攻郑国，打到郑地鸣雁，是因为晋国让他的盟国先进攻郑国的缘故。

晋厉公准备进攻郑国。士燮说："如果满足我们的愿望，诸侯都背叛晋国，我们忧患就缓和了。如果只有郑国背叛我们，晋国的忧患，就可立刻到来。"栾书说："不能在我们这一代失掉诸侯，一定要进攻郑国。"晋国就动用军队。栾书统率中军，士燮为副统帅。郤锜统率上军，荀偃为副统率。韩厥统率下军，郤至为新军副统帅。荀罃为下军副统帅而留守国内。郤犨到卫国，又到齐国，都是请求出兵。栾黡到鲁国请求出兵。鲁国的孟献子说："晋国能够胜利。"戊寅日，晋国的军队出发。

郑国听到晋军开始行动，派人向楚国报告，郑人姚句耳随从使者去往楚国。楚共王决定来援救郑国。司马子反统率中军，令尹子重统率左军，右尹子辛统率右军。楚军路过申县，子反进城去看申叔时，问申叔时："你看军队怎么样？"申叔时回答说："道德、刑法、祥善、正义、礼仪、信用，这是战争的武器。道德是施加恩惠的，刑法是用来惩治邪恶的，祥善是用来对待神灵的，正义是用来创造利益的，礼仪是用来理顺时事的，信用是用来保持一切事情的。人民生活富裕道德就会端正，有利于国家的举动才合乎节度，顺应时势一切事情才能成功。上下和睦，围绕着君主行事而不背逆，有所求就不会不满足，都能知道行事的准则。所以《诗经》说：'安置我的众民，没有一个不合你的准则。'这样神才能降给他福祐，四时没有灾害，人民生活富足，没有一个不竭尽力量来执行君主的命令，拼死去补充军员的短缺，这是战争能由此而取得胜利的原因。现在楚国对内抛弃了他的人民，而对外断绝了他的友好，轻慢与他国建立的盟约，推翻自己的许诺，违反四时行动，而劳累人民以满足自己的愿望。人们不知道信用，前进与后退者都是罪过。人们的忧虑到了极点，谁会去送死呢？你就努力吧，我不能再见到你了。"郑国的姚句耳先回到郑国，子驷问他楚军的情况，他说："楚军行军很快，遇到险阻队伍就乱了。太快就丧失斗志，队伍不整齐就没队列了。失掉志气没有队列，用什么来作战？楚军恐怕不可用。"

五月，晋国的军队渡过黄河。晋军听到楚军快要到郑国，士燮就想返回去，说："我们如果躲避开楚军，就可以缓解我们的忧患。会合统一诸侯，不是我们能做到的，把这事留给能做到的人。我们如果群臣凝聚团结服侍君主，比会合诸侯强多了。"栾书说："不行。"

六月，晋、楚两军在鄢陵相遇。士燮还是不想打。郤至说："韩地的战役，惠公没有使我们的军旅振奋；箕地的战役，先轸不能返回来复命；邲地战役的军队，荀林父也再不能相随，这都是晋国的耻辱。你士燮也看到先君时的战事了。现在我们躲避楚军,又增加耻辱了。"士燮说:"咱们先君屡次战败,是有原因的。当时秦国、狄人、齐国、楚国都强大,我们如果不尽力去争夺,子孙后代就会变得弱小。现在三强已经被我们征服,只有楚国一家敌人。只有圣人才能做到外内没有忧患。如果不是圣人,外面安宁一定会有内忧,为何不能放过楚国让他成为来自外部的威胁呢?"

甲午日是月末,楚军一早就逼近晋军营垒列阵。晋军官吏都很害怕。士燮的儿子范匄急步走到统帅面前,说:"把水井埋掉把灶坑铲平,就在驻扎的军队中设置战阵,而把阵列之间的距离放宽。晋、楚谁胜只看上天授予了,有什么可怕的?"士燮拿起戈赶他出去,说:"国家的存亡,是上天决定的,你小孩子家懂得什么?"栾书说:"楚军轻佻,我们加固营垒等待他们,三日内他们一定会退回去。退兵时我们打击他们,一定能获胜了。"郤至说:"楚军有六大缺陷,我们不可失掉这种机会。他们的子重、子反两族之间互相怨恨,楚王的亲兵都是用的旧贵族子弟,郑国军队虽然列阵但不整齐,楚国军队连战阵都不列,列阵的时间又没有避开月终这天(古人认为月终不宜打仗),军士在阵营中喧嚷,阵营合到一起就更加喧嚣。军士都看着他的后面没有斗志。用旧贵族子弟就不一定优良,月终进军又犯了天忌,我们一定能战胜他们。"

楚共王登上高车,来瞭望晋国的军队。子重让跑到楚国做了太宰的伯州犁在楚共王的后面侍奉。楚共王说:"晋军中兵车向左右两方驰骋,这是干什么?"伯州犁回答说:"这是在召集军官们。""兵车都聚集到中军那里了。""在进行共同谋议。""帐幕张开了。"回答说:"那是在他们先君灵位前诚心占卜胜负。""又撤除了帐幕了。"回答说:"就要发布命令了。""军中喧嚷得很厉害,尘土飞扬起来了。"回答说:"将要埋掉水井铲平灶坑离开了。""军士都上了战车了,战车的左右持武器的又下来了。"回答说:"这是听号令。""打吗?"回答说:"不可知道了。""已经乘上战车的人左右两边的又都下来了。"回答说:"是战前向鬼神祷告。"

伯州犁告诉楚共王哪一部分军队是晋厉公的亲兵。跑到晋国的楚国人苗贲皇也在晋厉公的身边,也告诉晋厉公楚军中哪是楚共王的亲兵。苗贲皇、晋厉公都说:"楚国有伯州犁这样的国士在,军阵又强大,不可抵挡了。"苗贲皇说:"楚国的精兵,只不过是中军里出身于王族的士兵而已,请把我们的精兵分开来攻击他的左右,而其余集中来攻打楚王亲兵,一定会打得他们大败。"晋厉公又让用蓍草来占卜,筮史占卜后说:"吉利。卦遇到了《复》卦里的震卦在下,坤卦在上。繇辞说:'南国局迫,射他的元王,会射中他的眼睛。'国家局迫,君王受伤,不失败还等待什么?"晋厉公听从他的建议。

晋军的营垒中有泥沼,部队都或左或右避开泥沼行动。步毅(即步扬)为晋厉公驾车,栾针为车右。彭名为楚共王驾车,潘党为车右。石首为郑成公驾车,唐苟为车右。栾书、士燮带领着他们的宗族子弟兵来护着晋厉公前进。晋厉公的战车陷进了泥沼里,栾书准备让晋厉公乘坐在他的车上。他的儿子栾𫓧说:"栾书退后去。国家有大事,哪能你一个人都管得了。况且你这是侵犯他人的职权,这是冒犯;失掉你的职责,这是怠慢;离开你管辖的范围,这是混乱。你这样做就会有三种罪过,这三罪是不能犯的。"他自己举起晋厉公的戎车走出泥沼。

(六月)癸巳日,楚国潘尪的儿子潘党和养由基把甲放在地上照着射,穿透了甲的七层牛皮。他们拿着给楚共王看,说:"你有两个臣子能做到如此,还发愁什么战斗呢?"楚共王恼怒地说:"这有什么吹的。明天一早让你们射,你们会死在自己的技艺上。"晋军中的魏锜梦见射月亮,射中了,自己退后掉到泥里。请人给他占梦,占梦的人说:"姬姓,是太阳;其他的姓,是月亮,你梦里所射的一定是楚共王。射中了他,后退掉到泥里,你自己也一定要死。"到战斗的时候,魏锜果然射中了楚共王的眼睛。楚共王叫来养由基,给了他两支箭,让他射魏锜,养由基向魏射去,射中了魏锜的脖子,魏伏在弓套上死去。养由基把剩下的一支箭交给楚共王回复了命令。

郤至三次与楚共王的战车相遇,每次看到楚共王,都要下车,脱掉头盔向前快走。楚共王让管理军器的叫襄的用弓去慰问郤至。对襄说:"当战事紧张的时候,有一个穿着赤黄色战衣的人,那是个君子。他看到我就很快离开,他是否受伤了?"郤至见到襄,(襄向他转述了楚共王的话,)郤至脱下头盔接受楚共王的慰问,说:"你们国君的外臣郤至跟随自己的君主来到战场上,借重你们君主的威严,让我披上了甲衣头盔,我不敢拜受你们君主的命令。告诉他我没有受伤,因为要执行战争的缘故,只好用肃拜感谢使者了。"三次向来者肃拜而退回去了。

晋国的韩厥追赶郑成公,为韩厥驾车的杜溷罗说:"赶快追他,郑成公的驭手不断地回头看,不看他的马,我们可以追上他。"韩厥说:"我不能再次让人家的国君受辱了。"就停止了追赶。郤至也在追赶郑成公,他的车右茀翰胡说:"走小道偷偷去迎击他,我跳上他的车上,把他捉拿下来。"郤至说:"伤害国君是有刑罚的。"也停止了追赶。为郑成公驾车的石首说:"当年卫懿公与狄人打仗只因为不取掉旗帜,所以就在荥泽失败了。"郑成公就把军旗放进了弓套中。唐苟对石首说:"你在国君的身边,战败者应一心保护君主。我比不上你,你让国君逃走,我来抵御。"就战死了。

楚军靠近了险地,叔山冉对养由基说:"虽然君主有命令不让你射击,为了国家的缘故,你一定得射击。"养由基就向晋军射箭,两次射向晋军,射死晋军两人。叔山冉抓住晋军士兵投向晋军中,把人摔到了战车上,使战车折断了横木。晋军才停止了追击。晋军俘虏了楚国的公子茷。

栾𫓧看到了子重的旗帜,请求晋厉公说:"楚人所说的这个旗帜,是子重的战旗，对方一定是子重了。往日我出使到楚国，子重询问晋国的武勇，我回答说：'善于用众多的人而整齐严肃。'问我：'还有什么呢？'我说：'善于利用间歇。'现在两国交兵，互相不派使者，不能叫做整齐严肃，临战忘记往日自己说的话，不可称为善于利用间歇。请派人代我去向他敬酒。"晋厉公答应了他。栾鍼派人拿着盛满酒的酒杯，走到子重的战车前，对子重说："我们君主缺乏使者，又让栾鍼驾驭他的车辆手持长矛，所以他不能来犒劳跟随你的人，派我来代替他向你敬酒。"子重说："栾鍼曾经与我在楚国说过话，一定是这个缘故，他还能记得这事吗？"接受了敬酒把酒饮了，让使者回去后擂起了战鼓。晋楚从早上开始战斗，一直到星星露出来还没有停止。

（到夜晚）楚国的子反命令军官们："检查战士的受伤人数，补充战车和步兵，让战士修理好盔甲兵器，布置车马，要求鸡叫时就吃饭，一切听从命令。"晋军得到这个情报感到很害怕。楚人苗贲皇在晋军中检阅巡视时对军士们说："检查战车，补充士卒，喂好马匹，磨利兵器，整理战阵，巩固队伍，吃饱肚子，再次祈祷，明天再战。"就把楚国的俘虏放走，让传递情况。楚共王听到晋军中的情况，要召见子反谋划对策。谷阳竖献酒让子反饮，子反喝醉了不能去见楚共王。楚共王说："这是上天要让楚国失败了，我不能在这里等待了。"就在夜里率军逃走了。

晋军进入楚军的阵营，携带着三天的军粮。士燮站到了晋厉公的车马前，说："君主你还年幼，我们这些大臣没有才能，用什么来得到这一胜利呢？你还是用这一战来警戒自己吧。《周书》说：'命运是不会长久存在的。'这是训导人们要树立道德。"

楚军退回，到达瑕地，楚共王派人对子反说："死去的大夫子玉让军队覆灭的那次战争，楚成王不在军中。（这次是我在军中，）你没什么过错，都是我的罪过。"子反对使者拜了两次低头说："君主赐臣子死，死了也不枯朽。我的士兵的确奔逃，这次失败是我的罪过。"子重也派人对子反说："当初损失军队徒众的人，你也听说过他了。你为何不想该怎么办？"子反回答说："纵然是没有先大夫子玉自杀的事，大夫你命令我（死），我敢不讲信义吗？我损失了君王的军队，哪里敢忘记去死呢？"楚共王派人来阻止子反自杀，使者没有赶到子反就死去了。

晋杀三郤

鄢陵之战后，晋国国内卿大夫与君主之间的矛盾斗争表面化了。鲁成公十七年(公元前574)，晋厉公组织党羽，诛灭郤氏，暂时稳定了自己的地位。

晋厉公侈，多外嬖①。反自鄢陵，欲尽去群大夫，而立其左右。胥童以胥克之废也，怨郤氏，而嬖于厉公。郤锜夺夷阳五田，五亦嬖于厉公。郤犨与长鱼矫争田，执而梏之，与其父母妻子同一辕。既，矫亦嬖于厉公。栾书怨郤至，以其不从己而败楚师也，欲废之。使楚公子茷告公曰："此战也，郤至实召寡君，以东师之未至也②，与军帅之不具也，曰：'此必败，吾因奉孙周以事君。'"公告栾书，书曰："其有焉。不然，岂其死之不恤，而受敌使乎？君盍尝使诸周而察之？"郤至聘于周，栾书使孙周见之。公使觇之③，信，遂怨郤至。

厉公田，与妇人先杀而饮酒，后使大夫杀。郤至奉豕，寺人孟张夺之，郤至射而杀之。公曰："季子欺余！"

厉公将作难，胥童曰："必先三郤。族大，多怨。去大族，不逼。敌多怨，有庸。"公曰："然。"郤氏闻之，郤锜欲攻公，曰："虽死，君必危。"郤至曰："人所以立，信、知、勇也。信不叛君，知不害民，勇不作乱。失兹三者，其谁与我？死而多怨，将安用之？君实有臣而杀之，其谓君何？我之有罪，吾死后矣。君杀不辜，将失其民，欲安，得乎？待命而已。受君之禄，是以聚党。有党而争命，罪孰大焉？"壬午，胥童、夷羊五帅甲八百，将攻郤氏。长鱼矫请无用众，公使清沸魋助之。抽戈结衽，而伪讼者。三郤将谋于榭，矫以戈杀驷伯、苦成叔于其位。温季曰："逃威也④。"遂趋。矫及诸其车，以戈杀之。皆尸诸朝⑤。

胥童以甲劫栾书、中行偃于朝。矫曰："不杀二子，忧必及君。"公曰："一朝而尸三卿，余不忍益也。"对曰："人将忍君。臣闻乱在外为奸，在内为轨。御奸以德，御轨以刑。不施而杀，不可谓德；臣逼而不讨，不可谓刑。德刑不立，奸轨并至，臣请行。"遂出奔狄。公使辞于二子，曰："寡人有讨于郤氏，郤氏既伏其辜矣，大夫无辱，其复职位。"皆再拜稽首曰："君讨有罪，而免臣于死，君之惠也。二臣虽死，敢忘君德？"乃皆归。公使胥童为卿。

①外嬖：君主所宠幸的大夫。这里指胥童、夷阳五、长鱼矫等。
②东师：指齐、鲁、卫三国军队。
③觇（chān）：窥视。
④威：读为畏，指无罪而被杀。
⑤尸：陈尸示众。

晋厉公很奢侈，身边有很多宠爱的大夫。从鄢陵之战返回晋国之后，就想全部除去原来的大夫们,而树立他左右的亲信。胥童因为他父亲胥克被郤缺废掉下军的统帅,怨恨郤氏,成为晋厉公的宠幸者。郤犨夺取了夷阳五的田地,夷阳五也投靠晋厉公而成为亲信。郤犨同长鱼矫争夺田地,把长鱼矫捉拿起来给他上了手铐,把长鱼矫的父母妻子与他捆绑在一个车辕上。不久,长鱼矫也成为晋厉公的亲信。栾书怨恨郤至,因为郤至不服从他的意见而打败了楚国军队,想把郤至的新军副统帅废掉。他让被俘的楚公子茷对晋厉公说:"这次鄢陵之战,实际是郤至让我们君主带兵来的,他因为东部的齐、鲁、卫三国的军队还没有到达,晋军中的统帅又不齐备,说:'这次战争晋军一定要失败,我利用这一机会奉立孙周(即后来的晋悼公)来服侍楚王。'"晋厉公把公子茷的话告诉栾书,栾书说:"可能有这事吧。不然的话,为什么他连自己的死都不顾,要接受敌人的使者慰劳呢?你为何不试试让他出使东周而观察他的行动呢?"晋厉公派郤至到东周报告鄢陵战绩,栾书又叫孙周去见郤至。晋厉公派人窥视郤至的行动,(见到这一情况,)相信了栾书的话,于是怨恨郤至。

晋厉公出去游猎,与他宫中的妇人们先射杀野兽而饮酒,后让大夫们去射杀野兽。郤至射杀一只野猪要奉献给晋厉公,被宦官孟张抢夺去了,郤至就用箭杀死了他。晋厉公说:"郤至你欺负我!"

晋厉公将要动手除掉所有大夫,胥童说:"一定要先杀掉三郤。他们宗族庞大,有很多人怨恨他们。除去大宗族,你就不会受到侵逼;战胜受怨多的人,会有功劳。"晋厉公说:"是这样。"郤氏听到这一消息,郤锜主张攻击晋厉公,说:"我们虽然要死,但他君主也会有危险。"郤至说:"人所以活在世上,依靠的是忠信、智慧、勇敢。忠信就是不背叛君主,智慧就是不做危害人民的事,勇敢就是不在国内制造动乱。丢失了这三种东西,有谁会同情我们呢?死了又受到众人的怨恨,那又有什么用呢?君主要把他的大臣杀掉,那人们会说君主什么呢?我们如果真的有罪,那我们死得也迟了。如果君主杀的是无罪的人,那他将会丧失他的人民,他想要安宁,可能吗?我们就等待他的命令吧。接受君主的俸禄,用来聚集同党,有了同党而抗争君主的命令,还有比这更大的罪行吗?"(鲁成公十七年十二月)壬午日,胥童、夷羊五(即夷阳五)带领甲士八百人准备进攻郤氏。长鱼矫请求不要用这么众多的人,晋厉公又让他的宠幸者清沸魋协助长鱼矫。两人各持戈把衣襟结在一起,假装成互相争讼的人。三郤正在一座台榭上想对策,长鱼矫就用戈把郤锜、郤犨杀死在各自座位上。郤至说:"我要逃脱无罪过而遭杀害的结局了。"很快离开了。长鱼矫跑到他的车子旁,用戈杀了他。晋厉公把三郤的尸体都放到朝堂上。

胥童带领甲士在朝堂中劫持了栾书、荀偃。长鱼矫对晋厉公说:"不杀这两个人,忧患一定要降临到君主你的头上。"晋厉公说:"一个早晨就陈列出三个卿大夫的尸体,我不忍心再让尸体增加了。"长鱼矫说:"别人将会对你忍心的。我听说在朝廷外作乱称为叛乱，在朝廷内作乱称为犯上夺权。抵御叛乱要用恩德，抵御犯上夺权要用刑法。抵御叛乱如不加施舍就杀人，不能称为恩德，大臣侵逼君主而不加讨伐，不能称为刑法。恩德、刑法都不能树立，外部的叛乱和内部的犯上夺权都要到来，我只好请求出走了。"于是长鱼矫就投奔了狄人。晋厉公派人去辞谢栾书和荀偃说："我是对郤氏进行讨伐，郤氏已经服罪了，二位大夫不会受到侮辱的，你们就还恢复原职吧。"栾书和荀偃拜谢低头说："君主讨伐有罪的人，而免掉我们的死，这是君主对我们的恩惠，我们就是死了，哪里敢忘记君主的恩德？"栾书和荀偃都回到家中。晋厉公让胥童担任了国卿。

晋弑其君州蒲

题解

晋厉公杀害了三郤，激起了栾氏、中行氏的愤怒，他们联合起来杀掉晋厉公，立孙周为君，即后来的晋悼公。

公游于匠丽氏，栾书、中行偃遂执公焉。召士匄，士匄辞。召韩厥，韩厥辞，曰："昔吾畜于赵氏，孟姬之谗，吾能违兵。古人有言曰，'杀老牛莫之敢尸'，而况君乎？二三子不能事君，焉用厥也？"

……

十八年春王正月庚申，晋栾书、中行偃使程滑弑厉公，葬之于翼东门之外①，以车一乘。使荀䓨、士鲂逆周子于京师而立之，生十四年矣。大夫逆于清原②。周子曰："孤始愿不及此，虽及此，岂非天乎？抑人之求君，使出命也。立而不从，将安用君？二三子用我今日，否亦今日，共而从君，神之所福也。"对曰："群臣之愿也，敢不唯命是听。"庚午，盟而入。馆于伯子同氏。辛巳，朝于武宫。逐不臣者七人。周子有兄而无慧，不能辨菽麦，故不可立。

①翼：即晋国旧都绛，在今山西翼城县。
②清原：晋地，在今山西稷山县境内。

晋厉公出游住在匠丽氏的家中，栾书、荀偃就在这里捉拿了他。他们叫士匄来，士匄拒绝了。又叫韩厥来，韩厥也拒绝了，说："当年我生长在赵氏家中，赵庄姬谗害赵同、赵括,我也没有用兵攻打赵氏。古人有句话说,'杀一头老牛还不敢做主',何况是杀君主呢?你们不能侍奉君主,哪里用得着韩厥?"

……

鲁成公十八年春天正月庚申日,晋国的栾书、荀偃派程滑杀了晋厉公,把他埋葬在晋国旧都翼的东门外边,随葬的只有一乘车。他们又派荀偃的儿子荀罃、士会的儿子士鲂从东周的京师迎接孙周立为君主,这时孙周才出生十四年。晋国大夫们在清原迎接孙周。孙周说:"我当初的愿望还想不到要做国君,今天虽然达到这地步,岂不是上天的意思吗?或者是有人要寻求君主,让你们出来命令我吧。立了君主而不听从他,哪里用得着君主呢?你们用我当君主也在今天,不用我当也在今天。共同听从君主,那就是神灵对我们的福祐了。"众大夫回答说:"立你是我们全体大臣的心愿,还敢不听从你的命令。"孙周和大夫们进行了盟誓才进入新田,先住宿在伯子同家中。辛巳日,在武宫朝拜祖先。驱逐了不愿臣属于他的七个人。孙周有个哥哥,但不聪明,连豆和麦都分不清楚,所以不能立他为君。

晋悼公即位于朝

晋悼公即位后,采取一系列稳定晋国的政治措施,使晋国的霸业开始恢复。

二月乙酉朔,晋悼公即位于朝。始命百官,施舍、已责①,逮鳏寡,振废滞,匡乏困,救灾患,禁淫慝,薄赋敛,宥罪戾,节器用,时用民,欲无犯时。使魏相、士鲂、魏颉、赵武为卿。荀家、荀会、栾黡、韩无忌为公族大夫,使训卿之子弟共俭孝弟。使士渥浊为大傅,使修范武子之法;右行辛为司空,使修士蒍之法。弁纠御戎,校正属焉,使训诸御知义②。荀宾为右,司士属焉③,使训勇力之士时使。卿无共御④,立军尉以摄之,祁奚为中军尉,羊舌职佐之。魏绛为司马,张老为候奄⑤。铎遏寇为上军尉,籍偃为之司马,使训卒乘,亲以听命。程郑为乘马御,六驺属焉⑥,使训群驺知礼。凡六官之长,皆民誉也。举不失职,官不易方,爵不逾德,师不陵正,旅不逼师⑦,民无谤言,所以复霸也。

①已责:即免除债务。责,同"债"。
②御:这里指驾驭兵车的人。
③司士:管理国王亲兵的官吏。

④卿：指各军的统帅、副统帅。
⑤候奄：主管侦察的长官。候即斥候，即侦察；奄，正，即长官。
⑥驺：主管驾车与卸车。
⑦师不陵正，旅不逼师：这里的师、正、旅泛指一般官吏的职位，意即下级都能服从上级。

　　(鲁成公十八年)二月乙酉日即初一，晋悼公在朝中就了君位。开始任命朝中各官，给人民以施舍，免除了他们拖欠的赋税债务，好处施及到孤独的老人和寡妇，起用被废和压制的旧贵族，救助那些贫穷困难的人，救济遭灾遭祸的人，禁止贪占和邪恶的事，减轻人民的赋税，宽待罪犯和有过错的人，削减器物用度，按时用人民来服劳役，不因私欲侵占农时。让魏相、士鲂、魏颉、赵武担任国卿。荀家、荀会、栾黡、韩无忌为掌管公族的大夫，让他们训导卿大夫的子弟们要恭敬节俭孝敬友爱。让士贞子担任太傅，让他整顿士会担任太傅时制定的礼法。任右行辛为司空，让他整顿施行士蒍制定的法令。让栾纠担任戎御，管理军马的官吏都属栾纠管理，让他训导兵车的驾车者要懂得正义。荀宾为他的车右，管理国王亲兵的官吏司士们都由他来管理，让他训导常备的有勇武的战士要知道随时要用他们(而常备不懈)。各卿都没有安排驭手，确定由军尉来行使驭手的职权。祁奚任为中军军尉，羊舌职给他当副手；魏绛任为中军司马，张老任负责侦察的官。铎遏寇任为上军军尉，籍偃担任司马，让他们训练步卒和车兵，使他们团结一致服从命令。程郑担任管理车乘的长官，所有管驾车和卸车的人都属他管理，让他训导这些人懂得礼仪。凡各部门的长官，都在人民中有声誉。各官都不改变原来的制度，爵位的授予都不超过本人的德行，师一级的官不侵犯正一级官的权限，旅一级的官不侵逼师一级官的权限，人民没有怨谤的言论，因而悼公又恢复了晋国的霸业。

◎襄 公

祁奚请老

【题解】

此篇后人多名为"祁奚荐贤",是说祁奚推荐官吏,能做到"举善不为仇,举亲不为比",一直为后世传颂。

【原文】

祁奚请老,晋侯问嗣焉。称解狐,其雠也,将立之而卒。又问焉。对曰:"午也可①。"于是羊舌职死矣,晋侯曰:"孰可以代之?"对曰:"赤也可②。"于是使祁午为中军尉,羊舌赤佐之。

君子之谓祁奚:"于是能举善矣。称其雠,不为谄;立其子,不为比;举其偏③,不为党。《商书》曰,'无偏无党④,王道荡荡',其祁奚之谓矣。解狐得举,祁午得位,伯华得官,建一官而三物成,能举善也。夫唯善,故能举其类。《诗》云,'惟其有之,是以似之',祁奚有焉。"

①午:祁午,祁奚之子。
②赤:羊舌赤,羊舌职之子。
③偏:副职。
④偏:偏私,不公正。

祁奚请求告老退休,晋悼公询问他的继承者。他推荐了解狐,解狐是他的冤家对头,晋悼公正准备让解狐接替祁奚而解狐却死去了。悼公又问祁奚谁可接替他的职位,祁奚回答说:"我儿子祁午可以。"这时祁奚的副手羊舌职死去,晋悼公问祁奚:"谁可以接任羊舌职的职务?"祁奚回答说:"羊舌职的儿子羊舌赤就可以。"晋悼公就让祁午当了中军尉,让羊舌赤为他做副手。

君子这样评论祁奚:"在这方面能推荐优秀的人才。他推举他的冤家,不是为了奉承讨好;确立他的儿子为他的继承者,不是为了结党偏私;推举他的辅佐者,不是为了树立党羽。《商书》里说,'不搞偏私结党,统治天下的帝王之道就能至大无边',这正是说的祁奚了。解狐得到推荐,祁午得到了职位,羊舌赤得到官职,设立一个军尉的官职而成就了三件事,是祁奚推荐优秀人才的结果。只有自己好,所以才能推举他的同类。《诗经》说,'只有自己有这种善德,才能寻找到与自己相似的人',祁奚具有这种善德。"

魏绛和戎

【题解】

"魏绛和戎"也是盛传不衰的故事。魏绛用议和的策略,争取到晋国周边各少数民族的拥护,使晋国稳定,同时也为民族融合创造了条件。

【原文】

无终子嘉父使孟乐如晋①,因魏庄子纳虎豹之皮②,以请和诸戎。晋侯曰:"戎狄无亲而贪,不如伐之。"魏绛曰:"诸侯新服,陈新来和,将观于我。我德则睦,否则携贰。劳师于戎,而楚伐陈,必弗能救,是弃陈也。诸华必叛。……"

公曰:"然则莫如和戎乎?"对曰:"和戎有五利焉:戎狄荐居③,贵货易土,土可贾焉,一也。边鄙不耸④,民狎其野,穑人成功⑤,二也。戎狄事晋,四邻振动,诸侯威怀,三也。以德绥戎,师徒不勤,甲兵不顿,四也。鉴于后羿⑥,而用德度,远至迩安,五也。君其图之。"

公说,使魏绛盟诸戎。修民事,田以时。

①无终子:无终的首领。无终,山戎的一种,原居于今山西太原市一带。
②魏庄子:晋国国卿魏绛,谥号庄子。
③荐居:逐水草而居。荐,草。
④耸:惊惧(指受侵犯)。
⑤穑(sè)人:管理田地的官吏。
⑥后羿(yì):传说中夏代方国的首领,由于整天游猎而丧失政权。

(鲁襄公四年,)无终戎人的头领嘉父派孟乐到晋国,通过魏绛送给晋国虎豹的毛皮,用来请求晋国同各戎族建立和睦关系。晋悼公说:"戎狄没有亲近的国家而又贪婪,不如征伐他们。"魏绛说:"诸侯刚刚服从了晋国,陈国又是第一次来与我们建立同盟,他们都要看我们的行动。我们有仁德,诸侯各国就会同我们亲睦;否则,就会背离我们。如果对戎族用兵,而楚国要进攻陈国,我们一定不能去援救,那就是抛弃了陈国。华夏各国也要叛离我们。……"

晋悼公说:"那么不如与戎族议和吗?"魏绛回答说:"与戎族和好有五方面的利益:戎狄在草地上居住,看重财货而轻视土地,我们就可以买他们的土地,这是第一个利益。和戎后边疆地区就不再害怕,人民就习惯于在那里的土地上生活,管理田地的官吏就能完成农业生产,这是第二个利益。戎狄都服侍晋国,晋国周边的国家就因此而受到震动,各诸侯国就更慑于晋国的威力而对晋国怀恋,这是第三个利益。用仁德来安抚戎族,将士就不会劳苦,战衣兵器不致损坏,这是第四个利益。以后羿为借鉴,而采用道德法则,远方的人会来,近处的人会安宁,这是第五个利益。请君主考虑吧。"

晋悼公听了很高兴,让魏绛与各戎族订立了盟约。他也整顿民事,在应当狩猎的时候狩猎。

季武子作三军

鲁襄公十一年(公元前562),鲁国的季孙氏、叔孙氏、孟孙氏,把鲁国军队分为三支,各家分领一支,标志着鲁国王室的衰落,卿大夫势力的上升。

十一年春,季武子将作三军。告叔孙穆子曰:"请为三军,各征其军。"穆子曰:"政将及子,子必不能。"武子固请之。穆子曰:"然则盟诸?"乃盟诸僖闳①,诅诸五父之衢②。

正月,作三军,三分公室而各有其一。三子各毁其乘。季氏使其乘之人,以其役邑入者③,无征,不入者倍征。孟氏使半为臣,若子若弟。叔孙氏使尽为臣,不然不舍。

①僖闳(hóng):闳本指里巷的门,这里指鲁僖公的庙的大门。
②五父之衢(qú):衢指四通八达的道路。五父之衢位于曲阜城东南五里。
③役邑:提供兵役的乡邑。

(鲁襄公)十一年春天,鲁国大夫季武子准备为鲁国建立三支军队,他告诉叔孙穆子说:"请建立三支军队,(季孙、孟孙、叔孙)各自征编一支军队。"叔孙穆子说:"政事就要由你来执掌,你一人专权一定不能团结三家。"季孙武子坚持他的请求。叔孙穆子说:"那么就举行一次盟誓?"于是季孙氏、孟孙氏、叔孙氏就在鲁僖公的庙门前举行了盟誓,又在名叫五父的大道上举行了宣读诅文的仪式。

五月,建立三支军队。三家将鲁国公室原有军队一分为三,三家又废毁了他们原有的私家军队。季孙氏规定新征编的战车士卒,在他所管的担负兵役的乡邑中,凡参军的就不再征税,不参加他的队伍的就增加一倍的税收。孟孙氏在他的军队中把新招的士卒一半变成私属奴隶,这些人都是年轻子弟。叔孙氏让他军队中新招的士卒全部成为奴隶,不这样就不赦免他们。

师旷侍于晋侯

晋悼公认为卫国人驱逐了他们的君主,做得太过分了。师旷回答说,也许是因为君主没有善政才使人民这样做的。他所说的"若困民之主,匮神乏祀,百姓绝望,社稷无主,将安用之"的话,成为历代君主的警语。

师旷侍于晋侯。晋侯曰:"卫人出其君,不亦甚乎?"对曰:"或者其君实甚。良君将赏善而刑淫,养民如子,盖之如天,容之如地。民奉其君,爱之如父母,仰之如日月,敬之如神明,畏之如雷霆,其可出乎?夫君,神之主而民之望也。若困民之主,匮神乏祀,百姓绝望,社稷无主,将安用之?弗去何为?天生民而立之君,使司牧之,勿使失性。有君而为之贰,使师保之,勿使过度。是故天子有公,诸侯有卿,卿置侧室①,大夫有贰宗②,士有朋友,庶人、工、商、皂、隶、牧、圉皆有亲昵,以相辅佐也③。善则赏之,过则匡之,患则救之,失则革之。自王以下各有父兄子弟以补察其政。史为书,瞽为诗④,工诵箴谏,大夫规诲,士传言,庶人谤,商旅于市,百工献艺。故《夏书》曰:'遒人以木铎徇于路⑤,官师相规,工执艺事以谏。'正月孟春,于是乎有之,谏失常也。天之爱民甚矣,岂其使一人肆于民上⑥,以从其淫,而弃天地之性?必不然矣。"

①侧室:官职名,负责管理卿大夫宗族事务。
②贰宗:官职名,负责管理大夫宗族事务。
③皂(zào):奴隶的一种,可能负责养马,身穿黑衣。
④瞽(gǔ):乐师。
⑤遒人:传达命令的官吏。木铎:金口木舌的铃。
⑥肆:凌驾。

译文

（鲁襄公十四年，）师旷侍奉在晋悼公身旁。晋悼公说："卫国人把他们的君主赶出去了，不是有点太过分了吧？"师旷对他说："或者还是他们君主实际做得太过分了。好的君主就是要做到奖赏善良的惩罚淫滥的，养活人民就像养活他的儿子，要像天那样覆盖他们，要像地那样容纳他们。人民奉立他们的君主，爱他像爱自己的父母一样，仰望他像仰望日月一样，尊敬他像尊敬神灵一样，畏惧他像畏惧雷霆一样，这样的君主能被人民赶出去吗？君主，是神的主人而也是人民的希望。如果是使人民财产贫困，神灵穷匮祭祀缺乏，百姓断绝希望，国家社稷没有主持者，将用君主干什么？不去掉他还要他有什么用？上天生出人民并为人民立了君主，让君主来管理他们，不使他们失去本性。有了君主还要为他设置辅佐，让师傅来保护他，不使他做事过度。所以天子有三公，诸侯有国卿，公卿可设置一个侧室的官吏，大夫可设置一个贰宗的官吏，宗族的家长有他的同宗子弟，一般平民、工人、商人及皂、隶、牧、圉等奴隶各有各的亲近，用这些来辅助他们。好的就奖赏他们，有过错就纠正他们，有患难就援救他们，丧失人民就把他们清除掉。从最高的天子以下各自有父兄子弟补充检查他们的政教。太史为他们记录着言行，乐师把他们的言行写成诗歌，乐工歌唱规劝匡正的词曲，大夫们进行正面教导，宗族家长听到君主的过失转告给大夫，一般平民要发怨言(来警告他们)，商旅在市井中议论，各种工匠献出他们的技艺用以讽谏。所以《夏书》说：'传达命令的官吏摇着金口木舌的铃在道路上宣布政教，负责规谏的官吏来规劝，工匠们各自从事他们的技艺来劝谏。'正月春天的开始，就为百姓、商人和工匠们提供进言的机会，劝谏君主不合常道的行为。上天对人民是十分爱惜的，哪里能够让一个人在人民之上为所欲为，放纵他的荒淫，抛弃了天地赋予人民的常性呢？一定不能让他这样下去。"

宋人献子罕玉

题解

鲁襄公十五年（公元前558），宋国有人向执政的子罕献宝玉，子罕说，对他来说，玉石并非宝物，而不贪才是宝物，拒绝接受。《左传》还有一些故事说以人才为宝，与此类似。都说明对人才及当政者道德修养的高度重视。

原文

宋人或得玉，献诸子罕。子罕弗受。献玉者曰："以示玉人，玉人以为宝也，故敢献之。"子罕曰:"我以不贪为宝,尔以玉为宝。若以与我,皆丧宝也,不若人有其宝。"稽首而告曰:"小人怀璧,不可以越乡,纳此以请死焉②。"子罕置诸其里③,使玉人为之攻之④,富而后使复其所。

①玉人:治玉的工匠。
②请死:请求免于被强盗杀害。
③里:街巷。
④攻:治,雕琢。

有一个宋国人得到了一块玉石,就把它进献给当政的子罕。子罕不接受它。献玉的人说:"我拿它给加工玉石的人看过,他认为这是一块宝玉,所以敢来奉献给你。"子罕说:"我是以不贪占为宝物,你是以玉为宝物。如果你把它给了我,咱们两人都丧失了宝物,不如各人有各人的宝物。"献玉的人叩拜后对子罕说:"小人我怀揣着玉璧,连外乡都不敢去,把这块玉送给你我就可以免死了。"子罕把这块玉放到他居住的里巷里,让加工玉石的人雕琢它,献玉的人卖了玉石富起来以后回到自己的家乡。

叔孙豹如晋

晋国的范宣子认为祖宗显耀就是"不朽",鲁国的叔孙豹(穆叔)断然否定他的看法,认为"立德"、"立功"、"立言"为不朽。他的论断成为至理名言。

二十四年春,穆叔如晋,范宣子逆之,问焉,曰:"古人有言曰,'死而不朽',何谓也?"穆叔未对。宣子曰:"昔匄之祖,自虞以上为陶唐氏①,在夏为御龙氏②,在商为豕韦氏③,在周为唐杜氏④,晋主夏盟为范氏。其是之谓乎?"穆叔曰:"以豹所闻,此之谓世禄,非不朽也。鲁有先大夫曰臧文仲,既没,其言立,其是之谓乎?豹闻之:'太上有立德,其次有立功,其次有立言。'虽久不废,此之谓不朽。若夫保姓受氏,以守宗祊,世不绝祀,无国无之。禄之大者,不可谓不朽。"

①陶唐氏:传说中远古的部族。

②御龙氏：传说中夏朝以后的部族，其祖先称刘累，为夏朝养龙，故称御龙氏。
③豕韦氏：传说中夏朝的一个部族，彭姓，后来代替刘累继承夏朝，一直延续到商朝灭亡。
④唐杜氏：西周时期的氏族，活动于今西安市杜陵一带。

（鲁襄公）二十四年春季，鲁国的叔孙豹来到晋国，晋国的执政者士匄（范文子）迎接他。士匄问穆叔，说："古人有一句话说，'死而不朽'，是指的什么？"叔孙豹还没有回答，士匄就说："过去我士匄的祖先，自虞舜以前称为陶唐氏，在夏朝的时候称为御龙氏，在商朝的时候称为豕韦氏，在周朝的时候称为唐杜氏，晋国主持华夏联盟的时候就称为范氏。'死而不朽'就是说的像我的祖先这样吧？"叔孙豹说："以我所听说的来看，这些只能叫作世代享有的禄位，并非指不朽而言。鲁国先前有大夫叫臧文仲的，他死后，他的言论没有被废绝，像这样才叫死而不朽呢。我听说：'最高的是树立道德，其次是建立功勋，再其次是使他的言论留传后代。'虽经历时间久远，但这些都不会被废弃，这些就称为三种不朽。至于保存姓氏，用以守住宗庙，使世代不断绝对宗庙的祭祀，没有一个国家没有这种情况。禄位高的人，不能称为不朽。"

子大叔问政于子产

郑国的执政者子产遵循"爱民如子"的原则，把政事当作农事，精心料理，表现出他一心为国的品质。

晋程郑卒，子产始知然明①。问为政焉。对曰："视民如子，见不仁者诛之，如鹰鹯之逐鸟雀也。"子产喜，以语子大叔，且曰："他日，吾见蔑之面而已②，今吾见其心矣。"

子大叔问政于子产。子产曰："政如农功，日夜思之，思其始而成其终，朝夕而行之。行无越思，如农之有畔，其过鲜矣。"

①晋程郑卒，子产始知然明：鲁襄公二十四年（公元前549）郑国的然明曾预料晋国的程郑将会死去。所以预言实现后，子产才佩服然明的料事如神。
②蔑：然明姓鬷名蔑，字然明。

译文

（鲁襄公二十五年，）晋国的程郑死了，郑国的执政者子产才了解了郑国大夫然明的料事和智慧，就向然明请教如何施行政事。然明对他说："对待人民像对待自己的儿子一样。发现不讲仁义的人，就诛罚他，要像鹰鹯一类凶猛的鸟捕捉小鸟雀那样去做。"子产很高兴，把这些话告诉了子大叔，并且说："过去，我只看到然明的面孔罢了，现在我看到他的心了。"

子大叔向子产询问如何搞好政事。子产回答说："政事如同农业生产一样，要日夜去考虑它，考虑它的开头完成它的结果，清早夜晚都要实行它。实际执行时不要越出已考虑好的范围，像农田中有垅畔一样，这样一来，出现的过失就会少了。"

声子通使于晋

题解

鲁襄公二十六年(公元前547)，楚国的公孙归生出使晋国回来，历数楚国人才流失到晋国，受到晋国的重用而使楚国不能战胜晋国的情况，引起楚国的重视。说明在春秋中后期富国强兵的时代，各国对人才的争夺。

原文

及宋向戌将平晋、楚，声子通使于晋，还如楚。令尹子木与之语，问晋故焉，且曰："晋大夫与楚孰贤？"对曰："晋卿不如楚，其大夫则贤，皆卿材也。如杞梓、皮革，自楚往也。虽楚有材，晋实用之。"子木曰："夫独无族姻乎？"对曰："虽有，而用楚材实多。归生闻之，善为国者，赏不僭而刑不滥。赏僭，则惧及淫人；刑滥，则惧及善人。若不幸而过，宁僭，勿滥。与其失善，宁其利淫。无善人，则国从之。《诗》曰，'人之云亡，邦国殄瘁'，无善人之谓也。故《夏书》曰，'与其杀不辜，宁失不经'，惧失善也。《商颂》有之曰，'不僭不滥，不敢怠皇。命于下国，封建厥福'，此汤所以获天福也。古之治民者，劝赏而畏刑，恤民不倦。赏以春夏，刑以秋冬。是以将赏，为之加膳，加膳则饫赐①，此以知其劝赏也。将刑，为之不举②，不举则彻乐，此以知其畏刑也。夙兴夜寐，朝夕临政，此以知其恤民也。三者，礼之大节也。有礼无败。今楚多淫刑，其大夫逃死于四方，而为之谋主③，以害楚国，不可救疗，所谓不能也。子仪之乱，析公奔晋，晋人置诸戎车之殿，以为谋主。绕角之役④，晋将遁矣，析公曰：'楚师轻窕，易震荡也。若多鼓钧声，以夜军之，楚师必遁。'晋人从之，楚师宵溃。晋遂侵蔡，袭沈，获其君，败申、息之师于桑隧，获申丽而还。郑于是不敢南面。楚失华夏，则析公之为也。雍子之父兄谮雍子，君与大夫不善是也，雍子奔晋，晋人与之鄐⑤，以为谋主。彭城之役，晋、楚遇于靡角之谷。晋将遁矣，雍子发命于军曰：'归老幼，反孤疾，二人役，归一人。简兵蒐乘，秣马蓐食，师陈焚次，明日将战。'行归者而逸楚囚。楚师宵溃，晋降彭城而归诸宋，以鱼石归。楚失东夷，子辛死之，则雍子之为也。子反与子灵争夏姬，而雍害其事，子灵奔晋，晋人与之邢，以为谋主，扞御北狄，通吴于晋，教吴叛楚，教之乘车、射御、驱侵，使其子狐庸为吴行人焉。吴于是伐巢、取驾、克棘、入州来⑥，楚罢于奔命，至今为患，则子灵之为也。若敖之乱，伯贲之子贲皇奔晋，晋人与之苗⑦，以为谋主。鄢陵之役，楚晨压晋军而陈。晋将遁矣，苗贲皇曰：'楚师之良在其中军王族而已，若塞井夷灶，成陈以当之，栾、范易行以诱之，中行、二郤必克二穆，吾乃四萃于其王族，必大败之。'晋人从之，楚师大败，王夷师熸⑧，子反死之。郑叛、吴兴，楚失诸侯，则苗贲皇之为也。"子木曰："是皆然矣。"声子曰："今又有甚于此者。椒举娶于申公子牟，子牟得戾而亡，君大夫谓椒举，'女实遣之'。惧而奔郑，引领南望，曰：'庶几赦余。'亦弗图也。今在晋矣，晋人将与之县，以比叔向。彼若谋害楚国，岂不为患？"子木惧，言诸王，益其禄爵而复之。声子使椒鸣逆之。

①饫（yù）赐：将宴会所余菜肴赐给下属，使其吃饱。饫，饱。
②不举：不增加菜肴，不奏乐助餐。
③谋主：主谋的人。
④绕角之役：指鲁成公六年楚国与晋国在绕角的战役。绕角见前注。
⑤鄐（chù）：晋地，今地不确，约在今河南温县附近。
⑥驾：巢国属地，当在今安徽无为县境。
⑦苗：晋邑，在今河南济源市西。
⑧熸（jiān）：火熄灭。此喻全军溃败或丧失士气。

……

（鲁襄公二十六年，）等到宋国的向戌准备要调和晋国、楚国的关系，楚国的公孙归生正好到晋国通使，而回到楚国。楚国的令尹子木与公孙归生谈话，询问晋国的事情，并问公孙归生说："晋国的大夫和楚国的大夫谁的贤良？"公子归生说："晋国的国卿比不上楚国的，但他的大夫们则比楚国的贤良，他们都是国卿的材料。像杞树、梓树、皮革，从楚国输往晋国，虽楚国有人才，实际是晋国用了他们。"子木说："他们就没有同宗的人和亲戚可用吗？"公孙归生说："这些晋国虽有，但实际用的楚国的人才很多。我公孙归生听说，善于治理国家的人，赏赐不会过多而刑罚不会滥用。赏赐太多，那就害怕赏赐到淫邪的人；刑罚滥用，则害怕使善良的人也受刑。如果不幸都过头了，宁愿赏赐多一些，而不要让刑罚滥用。与其失掉善良者，宁愿让淫邪的人占了便宜。没有善良的人，国家也要跟着受害。《诗经》说：'人才没了，国家也就完了'，是指国家没有善良的人。所以《夏书》说：'与其杀掉无罪的人，宁愿放掉不守正法的人'，就是害怕失掉善良的人。《商颂》有这样的话说：'不超过不泛滥，人们就不敢懈怠偷闲。对下等国家命令，广泛地为他们创造福分，'这是商汤能够获得上天福佑的缘故。古代治理人民的人，乐于行赏赐而害怕用刑罚，体恤人民不知疲倦。行赏在春夏，施刑在秋冬。所以在准备赏赐的时候，行赏的人要增加膳食，增加膳食就可用剩余食品赏赐给下面的人饱餐，这就可知是乐于行赏。准备用刑罚，行刑的人就因为用刑不使饮食丰厚，撤去助食的音乐，这就可见古人是害怕用刑罚的。早上起来晚上睡下，从朝到夕都亲临政事，这就可知古人是体恤人民的。以上三者，是礼法的重大关键。有礼法就不会失败。现在楚国有很多邪僻的刑罚，楚国的大夫们逃避死亡而流亡到各国，而成为这些国家的主要出谋划策者，用来谋害楚国，使楚国不可救治。这就是所谓楚国不能用自己的人才。子仪作乱的时候，析公逃奔到晋国，晋人把他放在晋灵公的戎车后面，把他作为主要的军事谋划者。晋国和楚国在绕角的那次战役中，晋军就要逃走了，析公说：'楚军轻佻不坚定，容易动摇，如果不断摇击战鼓而使鼓声均匀，在夜晚全军合攻，楚军一定会逃走。'晋人听从了他的意见，楚军连夜溃退了。晋军于是侵伐蔡国，袭击沈国，俘虏了沈国的国君，把楚国申县、息县的军队打败在桑隧，俘虏了申丽回去了。郑国因此而不敢向南朝见楚国。楚国失去华夏国家的拥护，是析公造成的。雍子的父亲兄长给雍子进谗言，国君和大夫们不去调解他们，使雍子逃奔到晋国，晋国给了他鄐地的封邑，用他为主要的谋划者。彭城那次战役，晋、楚两军在靡角之谷相遇。晋军又要逃走了，雍子对晋军发布命令说：'让军队中的老幼回去，孤子病人也都返回去，兄弟两人从军的，一人回去。精选徒兵检阅乘卒，喂饱马匹让士兵吃饱，军队摆好战阵，焚烧住宿的帐篷，明日准备再战。'让回归的人上路，而放开了楚国的俘虏。楚军连夜溃退，晋国夺取了彭城而把它归还给宋国，带领宋国的鱼石等五大夫回到晋国。楚国丧失了东夷，子辛的死去，就是雍子造成的。子反与申公巫臣争夺夏姬，申公巫臣阻碍破坏子反得到夏姬，结果申公巫臣逃奔到晋国，晋国封给他邢地，把他作为主要的谋划者，让他防御晋国北部的狄人，他又沟通了吴国与晋国的联系，让吴国叛变楚国，教给吴国乘用战车、射箭、驾车、布阵，让他的儿子狐庸充当吴国的使者，吴国于是进攻巢国，取得驾地，攻克棘地，进入州来国。楚国忙于抵御吴国，到今天吴国还是楚国的祸患，这则是申公巫臣所造成的。若敖氏子越的作乱，苗伯贲的儿子苗贲皇逃奔到晋国，晋国封给他苗地，用他为主要的谋划者。鄢陵战役的时候，楚军一早就逼近晋军而布阵。晋军准备逃走了,苗贲皇说:'楚国军队的精良者只有中军中的王族子弟而已,如果晋军埋掉水井铲平灶坑,布成战阵来抵挡他,栾书、士燮交换行列来引诱楚军,荀偃、郤至与郤锜一定攻克子辛和子重,我就从四方把兵力集中到楚军中的王族子弟那里,一定会使他们大败。'晋人听从了他的意见,楚军大败,楚王受伤军队士气不振,子反也因此而死去。郑国叛变了楚国,吴国兴起壮大,楚国丧失了诸侯。这是由苗贲皇造成的。"子木说:"都是这样的。"公孙归生说:"现今还有比这更严重的。椒举娶了申公子牟的女儿,子牟得罪而逃亡了,君主与大夫都说椒举:'实际是你让他逃走的。'椒举害怕而逃奔到郑国,伸长脖子南望,说:'总会赦免我的吧。'楚国对这也不以为意。现在椒举在晋国了。晋人准备给他一个县,给他的职位与叔向相同。椒举要谋害楚国,难道不会造成祸害?"子木听了很担心,把这些话告诉了楚康王,于是给椒举增加俸禄爵位而让他回到楚国。公孙归生让椒举的儿子椒鸣去迎接他。

子产为政

【题解】

鲁襄公三十年(公元前543),子产在郑国执政,整顿了国家的政治秩序,虽暂时损害了一部分人的利益,但经过较长时间后,人民得到好处,子产受到歌颂。

【原文】

子产为政,有事伯石,赂与之邑。子大叔曰:"国皆其国也,奚独赂焉?"子产曰:"无欲实难。皆得其欲,以从其事,而要其成。非我有成,其在人乎?何爱于邑,邑将焉往?"子大叔曰:"若四国何?"子产曰:"非相违也,而相从也,四国何尤焉?《郑书》有之曰:'安定国家,必大焉先。'姑先安大,以待其所归。"既,伯石惧而归邑,卒与之。伯有既死,使大史命伯石为卿,辞。大史退,则请命焉。复命之,又辞。如是三,乃受策入拜①。子产是以恶其为人也,使次己位。

子产使都鄙有章②,上下有服,田有封洫,庐井有伍③。大人之忠俭者,从而与之;泰侈者,因而毙之。

丰卷将祭,请田焉,弗许,曰:"唯君用鲜,众给而已。"子张怒,退而征役。子产奔晋,子皮止之,而逐丰卷。丰卷奔晋。子产请其田里,三年而复之,反其田里及其入焉。

从政一年,舆人诵之④,曰:"取我衣冠而褚之⑤,取我田畴而伍之⑥。孰杀子产,吾其与之。"及三年,又诵之,曰:"我有子弟,子产诲之;我有田畴,子产殖之。子产而死,谁其嗣之?"

①策：任命官职的简策。
②都鄙：都泛指诸侯的国都、大夫的采邑。鄙，指国都与采邑周围的地区，亦称野。
③庐井：指田野中的农舍。
④舆人：众人，很多人。
⑤褚：指财物税。
⑥畴（chóu）：已耕作的田地。

郑国的子产主持政务，要让公伯石去做事情，就给他一处封邑。子大叔说："国家是大众的国家，为什么单单给他封邑呢？"子产说："人没有占有财产的欲望实际是很难做事的。让大家都能得到所想要的，用来促使各自去做事情，而要求他的成果。不是我要有成就，而是让别人有成就。为什么要爱惜封邑，封邑还能去哪里去呢？"子大叔说："那让四邻国家怎么看待我们呢？"子产说："我给他封邑是不让君臣分裂，而是让他们互相顺从，四邻国家有什么指责我们的呢？《郑书》说：'安定国家，一定要先安定大族。'暂且先安定大族，再看大族归向哪里。"不久伯石就害怕而归还了这个封邑，最后终于给予了他。伯有死后，子产又让太史任命伯石为国卿，伯石推辞了。太史退下之后，伯石又请太史再次任命他。太史又一次任命他为卿，伯石又推辞，这样反复三次，才接受了简策入朝拜谢。子产因此就讨厌伯石的为人处世，让他的职位在自己下边。

子产让国都、大夫的采邑同鄙野有明显的分别，上下人等都各有职责，田地重新划分疆界和开挖沟渠，田舍都要征收赋税。大夫们忠诚俭朴的，听从而亲近他们；奢侈浪费者，就处罚他们让他们去职。

丰卷将要祭祀他的祖先，请求田猎打野兽来做祭祀品，子产不答应他，说："只有国君祭祀才用新鲜的野兽，其他人都是配给而已。"丰卷很愤怒，退朝后就征召徒兵。子产向晋国逃奔，子皮阻止了他，而驱逐丰卷。丰卷逃奔到晋国去了。子产求郑简公不要没收丰卷的田地和住宅，三年后让他回来，就把他的田地、住宅及所有收入返还给他。

子产执政一年，国内众人都诅咒他，说："夺取了我们的衣帽而要征收财产税，夺取了我们的田地而要征收田地税，谁杀子产，我们就帮助他。"执政三年后，众多的人又歌颂他，说："我有子弟，子产来教诲他们；我有田地，子产让它增加产量。子产如果死去，谁来继承他呢？"

◎ 昭　公

楚公子围聘于郑

【题解】

　　鲁昭公元年(公元前541)，楚国公子围借聘使郑国之机打算袭击郑国，被郑国的子产发现，通过巧妙地对楚国使团的安排，揭穿他们的阴谋，迫使楚国取消了原来的计划。

【原文】

　　元年春，楚公子围聘于郑，且娶于公孙段氏。伍举为介①。将入馆，郑人恶之。使行人子羽与之言，乃馆于外。既聘，将以众逆。子产患之，使子羽辞，曰："以敝邑褊小，不足以容从者，请墠听命②。"令尹命大宰伯州犁对曰："君辱贶寡大夫围，谓围将使丰氏抚有而室③，围布几筵，告于庄、共之庙而来④。若野赐之，是委君贶于草莽也，是寡大夫不得列于诸卿也。不宁唯是，又使围蒙其先君，将不得为寡君老，其蔑以复矣。唯大夫图之。"子羽曰："小国无罪，恃实其罪。将恃大国之安靖己，而无乃包藏祸心以图之？小国失恃，而惩诸侯，使莫不憾者，距违君命，而有所壅塞不行是惧。不然，敝邑，馆人之属也，其敢爱丰氏之祧⑤？"伍举知其有备也，请垂櫜而入⑥。

①介：副职。
②墠（shàn）：供祭祀用而清除干净的地面。
③丰氏：即公孙段氏，后被郑国赐姓氏为丰，故此处称丰氏。
④庄、共：楚庄王、楚共王，是公子围的祖父、父亲。古礼，迎亲必先祭告祖庙。
⑤祧（tiāo）：祖庙，祠堂。这里指祭祀祖庙。
⑥櫜（gāo）：盛衣甲或弓箭的袋子。

　　(鲁昭公)元年春季，楚国的公子围聘使到了郑国，并且要到公孙段氏家迎娶新娘。楚国大夫伍举做他的副使。他们正准备住进郑国的馆舍中，郑国(发现他们有阴谋)讨厌他们，就让经常出使外国的子羽与他们谈话，让他们住在国都外的旅馆里。楚公子围一行向郑国举行了聘问的礼仪后，就准备用众多的人迎亲。郑国的执政者子产害怕他们，让子羽去拒绝迎亲，对楚人说："因为我们国家狭小，不能够容纳你们随从的人,请让我们(在城外)清扫一处地方(作为公孙段氏的祖庙)接受你们迎亲之礼吧。"公子围让楚国的太宰伯州犁对子羽说:"你们君主受辱赐予我们大夫围亲事,让公孙段氏家女儿给围做妻子。公子围在我国布置了几席,在楚庄王、楚共王的庙里祭告后来到你们这里。如果你们在野外赐予这门亲事,那就把你们君主的赐予放到野草中去了,就是让公子围不能够得以排列到卿大夫的行列里。不仅这样,还会让公子围欺骗他的死去的君主,将来不能够成为我们君主的上卿,这样就无以返国复命了。只有让大夫你考虑这事了。"子羽说:"小国没有罪过,但要依靠大国那实在就是它的罪过了。(小国)正是要依靠大国来安定自己,而(大国)莫不是包藏着祸害之心来图谋他吧?小国失掉依靠,而会引起各诸侯国的惩戒,使(诸侯国)没有不感到遗憾后悔的,(共同)抗拒违背你们君主的命令,而(你们就会)因命令受阻塞行不通而害怕。如果不是这样的话,我们这简陋的国家,都属于你们出使到我国的旅馆,哪里还敢怜惜公孙段氏的祖庙(而不让你们去那里祭告)呢?"伍举知道郑国对他们已有了防备,请求让他们提着空袋子(没有武器)进入国都,郑国答应了他们。

郑放游楚于吴

题解

鲁昭公元年(公元前541),郑国公族子弟子南、子晳为争夺徐无犯之妹而发生斗争,由子产进行处理,而将子南流放到吴国,并通过处理此事,整顿了郑国的政治秩序。子产将有理而地位低下的子南定了罪,维护的是贵族等级制度。

原文

郑徐吾犯之妹美,公孙楚聘之吴,公孙黑又强委禽焉①。犯惧,告子产。子产曰:"是国无政,非子之患也。唯所欲与。"犯请于二子,请使女择焉。皆许之。子晳盛饰入,布币而出②。子南戎服入,左右射,超乘而出③。女自房观之,曰:"子晳信美矣。抑子南夫也。夫夫妇妇,所谓顺也。"适子南氏。子晳怒,既而橐甲以见子南④,欲杀之而取其妻。子南知之,以戈逐之,及冲,击之以戈。子晳伤而归,告大夫曰:"我好见之,不知其有异志也,故伤。"

大夫皆谋之。子产曰:"直钧,幼贱有罪,罪在楚也。"乃执子南而数之,曰:"国之大节有五,女皆奸之。畏君之威,听其政,尊其贵,事其长,养其亲,五者所以为国也。今君在国,女用兵焉,不畏威也;奸国之纪,不听政也;子晳上大夫,女嬖大夫而弗下之⑤,不尊贵也;幼而不忌,不事长也;兵其从兄,不养亲也。君曰:'余不女忍杀,宥女以远。'勉,速行乎,无重而罪。"

五月庚辰，郑放游楚于吴。将行子南，子产咨于大叔。大叔曰："吉不能亢身⑥，焉能亢宗？彼，国政也，非私难也。子图郑国，利则行之，又何疑焉？周公杀管叔而放蔡叔，夫岂不爱？王室故也。吉若获戾⑦，子将行之，何有于诸游？"

①委禽：指媒聘中送缴彩礼时所用的家禽或雁。
②布币：币指初到女方家中时所用的玉帛或禽鸟。布币，即指将所纳玉帛或禽鸟陈设在女方的堂上。
③超乘：跳上车子。
④橐甲：甲衣外套着衣服。
⑤嬖（bì）：本指宠幸，这里指地位低下。
⑥亢：遮蔽，保护。
⑦戾：罪。

　　郑国大夫徐无犯的妹妹长得很漂亮，公孙楚（子南）已经将她聘为妻子，公孙黑（子晳）又让人强行将聘礼送给徐无犯。徐无犯害怕了，就报告给子产。子产说："这是国家没有政纪，不是你的患难。只看你妹妹想要嫁给谁了。"徐无犯就向公孙楚与公孙黑请求，让她妹妹自己选择，这两人都答应了。公孙黑盛装打扮来到徐无犯家中，将见面的玉帛等礼品陈列在堂上后就出去了。公孙楚穿着军装来到徐无犯家中，在庭中向左右开弓射箭，一步跃上门前的车子而离开了。徐无犯的妹妹在房中观察着两人的行动，说："公孙黑确实长得漂亮，可公孙楚，却是丈夫的气象。丈夫像丈夫的样子，妻子像妻子的样子，叫做顺当合适。"就嫁给了公孙楚。公孙黑很恼怒，很快就穿上藏甲的衣服去见公孙楚，想要杀掉公孙楚而夺取他的妻子。公孙楚已知道了，持戈把他驱逐出来，追到了大道，到了十字路口，用戈打他。公孙黑受伤回到家中，就向郑国的大夫们告状说："我以友好的态度去见公孙楚，不知道他却有别的想法，所以受了伤。"

　　郑国的大夫们都在商量如何处理这件事。子产说："他二人都有理，年纪小地位低下者有罪，罪过在公孙楚这方面。"于是就把公孙楚拘留起来，而数说他的罪过，说："一个国家重大的节度有五个方面，你都违反了。畏惧君主的威严，服从政教，尊重尊贵者，服侍年长者，奉养亲族，这五方面是立国的基础。现在君主在国内，你就动用了兵器，这是不畏惧君主的威严；违反国家的纪纲，这是不听从政教；子晳，地位在上大夫，你，地位是下大夫，而你不愿服从他，是不尊重尊贵的人；你年幼不敬重别人，是不服事长者的表现；你把兵器用到你的堂兄身上，是不奉养亲族的表现。国君说：'我不忍心把你杀掉，宽恕你，让你到远方去。'自勉力吧，赶快出走吧，不要加重你的罪过。"

(鲁昭公元年)五月庚辰，郑国把公孙楚流放到吴国。就要让公孙楚出走的时候，子产又向游族的宗主大叔(名游吉)征询意见。大叔说："我游吉连自己的身子都庇护不了，还能庇护宗族吗？(子南和子晳)那件事，是关系国家政纪的，不是私人的患难。你考虑郑国一国的问题，(对国家)有利就实行它，又有什么疑虑呢？周公旦杀掉管叔流放了蔡叔，哪里是不爱护他们呢？只是为了巩固周王室的原因。我游吉如果获罪，你要对我执行处罚，为什么要顾虑游氏宗族呢？"

晋侯有疾

题解

鲁昭公元年(公元前541)，晋平公得了重病，占卜的人说是两位主管山川的神灵实沈和台骀在作怪。这时，郑国的子产正好出使到晋国，向晋国的大夫们解释说，主管山川的神灵不会使人患病，而晋平公的疾病是由于自己不顾政事，过度淫乐造成的。之后，晋国又请秦国医师和为晋平公治病，和诊断的结果也是说他"近女室"，不可治疗了。通过这一事实，告诫为政者要务修政事，生活有度，如果淫乐无度，将害及其身。

原文

晋侯有疾，郑伯使公孙侨如晋聘，且问疾。叔向问焉，曰："寡君之疾病，卜人曰：'实沈、台骀为祟'，史莫之知，敢问此何神也？"子产曰："昔高辛氏有二子，伯曰阏伯，季曰实沈，居于旷林，不相能也，日寻干戈，以相征讨。后帝不臧①，迁阏伯于商丘，主辰②，商人是因，故辰为商星。迁实沈于大夏③，主参④，唐人是因，以服事夏、商。其季世曰唐叔虞。当武王邑姜方震大叔⑤，梦帝谓己：'余命而子曰虞，将与之唐，属诸参，而蕃育其子孙。'及生，有文在其手曰虞，遂以命之。及成王灭唐而封大叔焉，故参为晋星。由是观之，则实沈，参神也。昔金天氏有裔子曰昧，为玄冥师，生允格、台骀。台骀能业其官，宣汾、洮，障大泽⑥，以处大原⑦，帝用嘉之，封诸汾川，沈、姒、蓐、黄⑧，实守其祀。今晋主汾而灭之矣。由是观之，则台骀，汾神也。抑此二者，不及君身。山川之神，则水旱疠疫之灾，于是乎禜之⑨；日月星辰之神，则雪霜风雨之不时，于是乎禜之。若君身，则亦出入、饮食、哀乐之事也，山川星辰之神又何为焉？侨闻之，君子有四时，朝以听政，昼以访问，夕以修令，夜以安身。于是乎节宣其气，勿使有所壅闭湫底，以露其体。兹心不爽，而昏乱百度。今无乃壹之，则生疾矣。侨又闻之，内官不及同姓，其生不殖。美先尽矣，则相生疾，君子是以恶之。故《志》曰：'买妾不知其姓，则卜之。'违此二者，古之所慎也。男女辨姓，礼之大司也。今君内实有四姬焉，其无乃是也乎？若由是二者，弗可为也已。四姬有省犹可，无则必生疾矣。"叔向曰："善哉，肸未之闻也⑩，此皆然矣。"
……

晋侯闻子产之言，曰："博物君子也。"重贿之。

晋侯求医于秦，秦伯使医和视之，曰："疾不可为也，是谓近女室，疾如蛊，非鬼非食，惑以丧志。良臣将死，天命不佑。"公曰："女不可近乎？"对曰："节之。先王之乐，所以节百事也，故有五节，迟速本末以相及，中声以降。五降之后，不容弹矣。于是有烦手淫声，慆堙心耳⑪，乃忘平和，君子弗听也。物亦如之。至于烦，乃舍也已，无以生疾。君子之近琴瑟，以仪节也，非以慆心也。天有六气，降生五味，发为五色，征为五声。淫生六疾。六气曰阴、阳、风、雨、晦、明也，分为四时，序为五节，过则为灾。阴淫寒疾，阳淫热疾，风淫末疾，雨淫腹疾，晦淫惑疾，明淫心疾。女，阳物而晦时，淫则生内热惑蛊之疾。今君不节不时，能无及此乎？"

出，告赵孟。赵孟曰："谁当良臣？"对曰："主是谓矣。主相晋国，于今八年，晋国无乱，诸侯无阙，可谓良矣。和闻之，国之大臣，荣其宠禄，任其大节，有灾祸兴而无改焉，必受其咎。今君至于淫以生疾，将不能图恤社稷，祸孰大焉？主不能御，吾是以云也。"赵孟曰："何谓蛊？"对曰："淫溺惑乱之所生也。于文，皿虫为蛊，谷之飞亦为蛊。在《周易》，女惑男、风落山，谓之蛊䷑。皆同物也。"赵孟曰："良医也。"厚其礼而归之。

①臧（zāng）：善、好意。
②辰：我国古代星宿名称，亦称商星，即心宿。
③大夏：地域名称，当指今山西汾河下游地区。
④参：即参宿。
⑤震：同"娠"，怀孕。
⑥大泽：当指汾河流域的湖泽，前人多指今太原南已消失的一处湖泊，称台骀泽。
⑦大原：地域名称，泛指汾水流域高平之地。
⑧沈、姒、蓐、黄：皆为古国名，在春秋时已为晋国占领，其国邑已不可考。
⑨禜（yíng）：临时圈地，捆扎芳草设祭，以求禳灾。
⑩肸（xī）：叔向的名字，叫羊舌肸。
⑪慆堙：慆，淫滥；堙，闭塞。

晋平公得了病，郑简公派公孙侨(子产)到晋国聘问，并探视晋平公的疾病。叔向(到子产住处)说："我们君主的疾病，占卜的人说'是实沈、台骀两位神灵造成的灾祸'，史官不知道是怎么回事，请问这是什么神灵？"子产说："过去高辛氏有两个儿子，长的叫阏伯，少的叫实沈，都居住在旷野森林之中，互相不和睦，每天都

210

动用武器打仗,互相征战讨伐。尧帝认为他们都不善良,把阏伯迁徙到商丘,以天上的辰星与之对应,殷商的人继承了这种做法,所以辰宿又称为商星。把实沈迁徙到大夏,以天上的参宿对应,称为唐的部落继承了这种做法,用来服从于夏朝、商朝的统治。唐部落的末年君主叫唐叔虞。当年周武王的妻子邑姜刚刚怀上叔虞的时候,梦见天帝对她说:'我给你儿子起名叫虞,将把他给了唐国,属于参宿所对的地方,而繁育子孙。'等到生下来之后,他的手上有个虞字的手纹,于是就起名叫虞。等到周成王消灭了唐部落,就把叔虞分封到这里,所以参宿就是晋国的星宿。由此来看,实沈就是主管参宿的神灵。过去金天氏少昊有个后代叫昧,生了儿子叫允格、台骀。台骀能够继承他的世业,疏通汾水、洮水,用堤防挡了大泽,居处到太原,当时的帝王因此而嘉奖他,把他分封到汾水流域,后来的沈国、姒国、蓐国、黄国实际就奉守着对他的祭祀。现在晋国主管了汾水流域,就把它们灭掉了。从这来看,台骀就是主管汾水的神灵了。如果不是实沈、台骀这两位神灵,别的就不会来到你们君主身上。主管山川的神灵,只有有了水涝、荒旱和瘟疫的灾祸才捆束草木设置祭处来祭祀它们;主管日月星辰的神灵,只有在下雪、降霜、刮风、下雨失去正常时令时,才捆束草木设置祭处来祭礼它们。如果是君主的身体,那只是与劳逸、饮食、哀乐有关的事,山川、星辰的神灵又如何对(君主的身体)施加作用呢?我子产听说,君子规定每天四时要做的事,早晨用来听取政事,白天去调查访问,黄昏时要确定政令,夜晚时就安歇身体。这样就有节制地宣发血气,不使体内的血气壅塞不通而身体羸弱。心情不快,就会全身血气混乱,现在莫不是血气聚于一处而不通,那就生病了。我子产又听说,君主的姬妾不用与君主同姓的女子,如果是同姓就不会有众多的儿女出生。(如果娶了同姓,一定是很美的,)那就把一切爱都放到这一美女身上,互相就会生病,君子所以反对娶同姓女子。所以古代的《志》书上说:'买妾不知道她的姓氏,就要进行占卜。'违背(恪守四时和不娶同姓)这两方面的事,是古人非常小心注意的。辨别男女的姓氏,是礼法管理的大事。现在你们君主的宫内姬妾中实际有四位是姓姬的,他的病莫不是由这带来的?如果是由昏乱无度和娶了同姓,那他的病就不可治了。四个姬姓的姬妾如果能有去掉的还可以,如果没有被去掉的也一定会生病了。"叔向说:"说得很好,我从来没有听这样说过,你说的都是正确的。"

……

晋平公听到子产所说的话,说:"子产真是位知识渊博的君子啊!"给予他丰厚的礼物。

晋平公向秦国请求派医生来,秦景公派一位叫和的医生来为他看病,说:"这病是不能治了,这种病叫做过度接近女色,病到昏乱迷惑的程度。既不是鬼神作祟也不是饮食问题,而是由于迷惑于女色丧失了心志。优秀的大臣将要死去,这是上天安排的命运而不可获得保佑。"晋平公说："难道说女色不可接近吗？"和回答说："(不是不可接近,)是要有节制。先代帝王的音乐，就是用来节制一切事情的，所以有(宫、商、角、徵、羽)五种声音的节度，声音的缓慢快速开始结末互相调和，得到中和的声音而后降到没有声音。五种声音都消失之后，就不再弹奏了。(如果再弹奏,)这就变成繁乱的手法、过度的声音，使心志淫荡、耳朵闭塞，就会失去平和协调之声，君子不会听这种声音。事物也都像音乐一样。到了过度的时候，就应该舍弃了，不要因此而生病。君子接近女色，是用礼仪来节制的，不是用来淫荡心志的。上天有六种气象，六种气象降下来就生出(辛、酸、咸、苦、甘)五种味道，发散出(白、青、黑、赤、黄)五种颜色，征表为五种声音。(味道、颜色、声音)过度了就会发生六种疾病。六种气象是指阴、阳、风、雨、晦、明，一天分为四时(朝、昼、夕、夜)，依照时序划分为五种节度，超过这些节度就会造成灾害。阴气过度就会得寒病，阳气过度就会得热病，风气过度就会得四肢疾病，雨湿过度就会得腹内的疾病，晦暗过度就会得昏惑的疾病，明亮过度就会得心病。女子，是属阳性而活动于晦暗的时候，过度接近女色就会产生内热惑乱的疾病。现在君主你接近女色而不节制，不定时间，哪能不得这病呢？"

医生和出来后，告诉赵武(他对晋平公说的话)。赵武说："你说的良臣当是谁呢？"和回答说："你就是所说的良臣了。你作为晋国的宰相，到现在已经八年了，晋国没有动乱，诸侯各国没有亏损，可以说是很不错了。我听说过，国家的大臣，享受着他的宠信和俸禄，担任着他的重大事节,(如果国家)有灾祸发生，而他没有去改变局面，就一定会受到祸害。现在你们君主到了过度接近女色而生了病，将不能图谋体恤国家，这灾祸有多大呀？你不能去禁止他，我所以这样说了。"赵武说："什么叫做蛊病？"回答说："沉迷惑乱于某一事物所生的病。从文字上说，皿字和虫字构成蛊，谷物上生出飞虫也叫蛊。在《周易》中，少男迷惑于长女，像风吹落山木一样称为蛊卦，就是巽上艮下之卦，是同一类的。"赵武说："真是位好医生啊！"送给和厚重的礼物而把他送回秦国。

晏子如晋

春秋后期，各大国的卿大夫都在用各种办法争取民众，为取代贵族政权做准备。晏子和叔向的对话，说明齐国、晋国都已进入这个时期。

齐侯使晏婴请继室于晋。……

既成昏,晏子受礼,叔向从之宴。相与语。叔向曰:"齐其何如?"晏子曰:"此季世也,吾弗知。齐其为陈氏矣。公弃其民,而归于陈氏。齐旧四量,豆、区、釜、钟。四升为豆,各自其四,以登于釜。釜十则钟。陈氏三量皆登一焉,钟乃大矣。以家量贷,而以公量收之。山木如市,弗加于山,鱼、盐、蜃、蛤①,弗加于海。民参其力,二入于公,而衣食其一。公聚朽蠹,而三老冻馁②。国之诸市,屦贱踊贵③。民人痛疾,而或燠休之,其爱之如父母,而归之如流水。欲无获民,将焉辟之?箕伯、直柄、虞遂、伯戏,其相胡公、大姬,已在齐矣。"叔向曰:"然。虽吾公室,今亦季世也。戎马不驾,卿无军行,公乘无人,卒列无长。庶民罢敝,而宫室滋侈。道殣相望④,而女富溢尤。民闻公命,如逃寇雠。栾、郤、胥、原、狐、续、庆、伯,降在皂隶,政在家门,民无所依。君日不悛,以乐慆忧⑤。公室之卑,其何日之有?《谗鼎之铭》曰:'昧旦丕显,后世犹怠。'况日不悛,其能久乎?"晏子曰:"子将若何?"叔向曰:"晋之公族尽矣。肸闻之,公室将卑,其宗族枝叶先落,则公从之。肸之宗十一族,惟羊舌氏在而已。肸又无子,公室无度,幸而得死,岂其获祀?"

①蜃(shèn):大蛤。
②三老:大臣年老退休者。
③踊:假肢,受刖刑者所用。
④殣(jīn):饿死。
⑤慆(tāo):通"韬",掩藏。

(鲁昭公三年,)齐景公派国相晏婴到晋国来,请求再把齐国公室女儿许给景公做妃子。……

已经定了婚,晏子接受晋国宴请宾客的接待,叔向跟随着晏婴来到宴会上。两人交谈起来。叔向说:"齐国情况怎么样呢?"晏子说:"这是衰落的末世了,我不敢保齐国就要成为陈氏的国家了。我们君主抛弃了他的人民,他们都归到陈氏那边去了。齐国原来有四种量具,是豆、区、釜、钟。四升为一豆,以此类推都是四进制,一直到釜。十釜就是一钟。陈氏的豆、区、釜三种量器都增加了一个单位,(成为五进制,)一钟就比原来大了。他用自家的量具往出借贷,而用公室旧有的量具回收。他把山中的林木运到市场上,价格不比在山中的价格有所增加;鱼、盐、大蛤、蚌类等海产,在市场上出卖时也不比在海边的价格高。人民三分的力量,有两分力量的所得进入了公室,而仅仅剩一分所得维持自己的穿衣吃饭。君主聚集的财物腐败被蛀虫蛀坏,而三老则受冻受饿。国都内各个市场上,鞋子很便宜而削掉足的人所用的假肢售价很贵。百姓痛苦,陈氏厚加赐予。百姓们爱他像爱自己的父母一样,跟随他的人像流水一样,陈氏想要不得到人民,能用什么办法来逃避呢？陈氏的先祖箕伯、直柄、虞遂、伯戏,他们的鬼神跟随胡公与他的妻子大姬的鬼神都在齐国了。"叔向说:"是的,虽然我们晋国还有公室,现在也已到了末世了。战马不再驾战车,卿大夫没有军队,国君的乘车没有御者和车右等人,士卒的行列找不出可用的长官。一般老百姓都很穷困,而公室却更加奢侈。道旁饿死的人可以到处看得见,而宠幸的妇女之家富裕得很。人民听到君主的命令,就像逃避盗寇和仇人一样。栾氏、郤氏、胥氏、原氏、狐氏、续氏、庆氏、伯氏的宗族都下降到奴隶的境地,政教出在大夫的家门里,人民没有可依托的。君主每天不去改正过错,用娱乐掩藏他的忧愁。公室的卑微,还能有多少日子？《谗鼎之铭》说:'天刚亮就起来,辛勤工作,名声可以显赫,而到后世就懈怠了。'又何况每日不思改过,还能维持得长久吗？"晏婴说:"你准备怎么办呢？"叔向说:"晋国的公族已经没有了。我听说,公室将要衰落,他的宗族像枝叶一样首先落掉,而后公室也就跟着败落了。我的同祖共有十一个氏族,只有羊舌氏这一族在了。我又没有儿子,公室失去礼度,我若有幸而获得善终,哪里会有人祭祀我呢？"

景公欲更晏子之宅

【题解】

鲁昭公三年(公元前539),齐景公为晏婴重建住宅,晏婴毁掉它而又迁回旧居,为抑制奢侈做出表率。但这种努力并不能挽救贵族的腐败。

【原文】

初,景公欲更晏子之宅,曰:"子之宅近市,湫隘嚣尘①,不可以居,请更诸爽垲者②。"辞曰:"君之先臣容焉,臣不足以嗣之,于臣侈矣。且小人近市,朝夕得所求,小人之利也,敢烦里旅③？"公笑曰:"子近市,识贵贱乎？"对曰:"既利之,敢不识乎？"公曰:"何贵？何贱？"于是景公繁于刑,有鬻踊者,故对曰:"踊贵,屦贱。"既已告于君,故与叔向语而称之。景公为是省于刑。

君子曰:"仁人之言,其利博哉。晏子一言,而齐侯省刑。《诗》曰:'君子如祉④,乱庶遄已⑤。'其是之谓乎？"

及晏子如晋,公更其宅。反,则成矣。既拜,乃毁之,而为里室,皆如其旧,则使宅人反之,曰:"谚曰:'非宅是卜,惟邻是卜。'二三子先卜邻矣。违卜不祥。君子不犯非礼,小人不犯不祥,古之制也。吾敢违诸乎？"卒复其旧宅,公弗许,因陈桓子以请,乃许之。

①湫（jiǎo）隘：下湿狭窄。嚣尘：吵闹、尘土飞扬。
②爽垲（kǎi）：爽，明亮；垲，干燥。
③里旅：官名，又称司里、里人，掌管卿大夫住宅。
④祉（zhǐ）：喜悦，高兴。
⑤遄（chuán）：迅速。已：停止。

译文

当初，齐景公想要为晏婴更换住宅，对晏婴说："你的住宅靠近市场，下湿狭窄，而且声音喧闹、尘土飞扬，不能居住，请给你更换到明亮干燥的地方。"晏子推辞说："君主以前的臣子就容身在这里，我本不足以继承他的职位，我住在这里还觉得奢侈呢。又且我靠近市场，早晚能够得到我所需要的东西，这是我的利益，哪里还敢麻烦人来管理我的家宅呢？"齐景公笑着说："你靠近市场，货物价格的贵贱你知道吗？"晏婴回答说："既然得到靠近市场的好处，还能不知道市场价格？"齐景公问："什么东西贵，什么东西贱？"当时齐景公刑罚繁重，好多人被砍掉腿脚，于是市场上就有出售假肢的人，所以晏婴回答说："削掉足的人所用的假肢价钱贵，鞋贱。"已经把这情况告诉了齐景公，所以与叔向谈话的时候又提到它。齐景公因此减少了刑罚。

君子说："仁人的言论，它的利益是很广泛的。晏子的一句话，而齐景公就减少了刑罚。《诗经》说：'君子如果高兴，乱事就能很快停止下来。'正是说的这类事情吧？"

等到晏子出使晋国，齐景公就为他建筑新居。他回到齐国后，新居已经筑好。晏婴拜谢了齐景公，就把这所新宅毁掉，而把因给他建新宅拆毁的住宅重新修筑起来，都修成它们原来的样子，让原来居住的人仍旧住回去，对这些人说："谚语说：'不要选择住宅，只是要选择邻居。'你们都先选择邻居吧。如果违背了占卜的结果就不会吉祥。君子不做那些不遵礼法的事，小人们不做那些不吉利的事，这是古人的遗训。我敢违背它吗？"最终恢复他的旧居，齐景公不允许，晏婴又通过陈桓子向齐景公请求，齐景公最终允许了。

楚椒举如晋求诸侯

楚国派大臣伍举到晋国，与晋国协商要举行一次诸侯盟会，由楚国来主盟。晋平公不愿意承认楚国当盟主而使晋国地位下降。晋国大臣司马侯认为楚国正在上升时期,晋国依靠地形险要及齐、楚国内多难而与楚争霸,是行不通的,晋国必须"修政德",暂时承认楚国的地位,等待时机恢复霸业。

【原文】

四年春王正月,许男如楚,楚子止之;遂止郑伯,复田江南,许男与焉。

使椒举如晋求诸侯①,二君待之。椒举致命曰:"寡君使举曰,日君有惠,赐盟于宋,曰:'晋、楚之从交相见也。'以岁之不易②,寡人愿结欢于二三君,使举请间③。君若苟无四方之虞,则愿假宠以请于诸侯。"晋侯欲勿许。司马侯曰:"不可。楚王方侈,天或者欲逞其心,以厚其毒,而降之罚,未可知也。其使能终,亦未可知也。晋、楚唯天所相,不可与争。君其许之,而修德以待其归。若归于德,吾犹将事之,况诸侯乎?若适淫虐,楚将弃之,吾又谁与争?"公曰:"晋有三不殆,其何敌之有?国险而多马,齐、楚多难,有是三者,何乡而不济?"对曰:"恃险与马,而虞邻国之难,是三殆也。四岳、三涂、阳城、大室、荆山、中南④,九州之险也,是不一姓。冀之北土⑤,马之所生,无兴国焉。恃险与马,不可以为固也,从古以然。是以先王务修德音以亨神人⑥,不闻其务险与马也。邻国之难,不可虞也。或多难以固其国,启其疆土,或无难以丧其国,失其守宇,若何虞难?齐有仲孙之难而获桓公,至今赖之。晋有里、丕之难,而获文公,是以为盟主。卫、邢无难,敌亦丧之。故人之难,不可虞也。恃此三者,而不修政德,亡于不暇,又何能济?君其许之。纣作淫虐,文王惠和,殷是以陨,周是以兴,夫岂争诸侯?"乃许楚使。使叔向对曰:"寡君有社稷之事,是以不获春秋时见。诸侯,君实有之,何辱命焉?"椒举遂请昏,晋侯许之。

楚子问于子产曰:"晋其许我诸侯乎?"对曰:"许君。晋君少安,不在诸侯。其大夫多求,莫厌其君。在宋之盟,又曰如一。若不许君,将焉用之?"王曰:"诸侯其来乎?"对曰:"必来。从宋之盟,承君之欢,不畏大国,何故不来?不来者,其鲁、卫、曹、邾乎!曹畏宋,邾畏鲁,鲁、卫逼于齐而亲于晋,唯是不来。其余,君之所及也,谁敢不至?"王曰:"然则吾所求者无不可乎?"对曰:"求逞于人⑦,不可;与人同欲,尽济。"

①椒举:即大夫伍举,其食邑在椒,故称椒举。
②不易:不平静(多灾难)。
③请间(jiàn):请求抽时间听取禀告。
④四岳:指北岳恒山、南岳衡山、东岳泰山、西岳华山。 三涂:山名,在今河南嵩县西南。 阳城:山名,在今河南登封东南,俗名城山岭。 大室:山名,即今河南登封市北之嵩山。 荆山:即今湖北南漳县西八十里之荆山。 中南:即终南山,在今陕西西安市南。

⑤冀：指冀州，当今河北、山西等地。
⑥亨：同"享"。
⑦逞：快意，满意。

  (鲁昭公)四年春季周历正月，许国国君到了楚国，楚灵王留住了他，于是把郑简公也留下来，与郑简公在长江南岸狩猎，许国国君也参与了。

  (楚灵王)让伍举到晋国协商要求诸侯参加(由楚国主持的)盟会，许国国君和郑简公在楚国等待消息。伍举向晋国送达楚灵王的命令说："往日晋国国君对我们有恩惠，把在宋国的盟会赐予我们，曾说过：'服从晋国或服从楚国是互相交替出现的。'因为近年多难，我们君主愿意同各国各位君主结成友好，让伍举我来请求晋君抽空听取禀告。君主(指晋君)如果暂时没有四面边防上的忧虑，那我们愿借你的光荣来请各诸侯参加。"晋平公想不答应这一要求。司马侯说："不可以。楚灵王正在扩张势力，上天或许是要让他得意，用来加重他的罪恶，而给他降下惩罚。这是不能知道的。他派出的使者能够善终，也是不可知道的。晋国和楚国只看上天的保佑了，不可同楚国争霸。你答应他的要求，而修养道德来等着看他的趋向。如果他趋向德政，我们还要服从他们，更何况各诸侯国呢？如果上天把他们放到荒淫虐乱的境地，楚国就会放弃诸侯，我们又能有谁来与争霸呢？"晋平公说："晋国有三方面不致危难的条件，会有什么敌人呢？国家地形险要而多有马匹，齐国、楚国多灾多难，有这三条，我们去哪里会达不到呢？"司马侯回答说："依靠地形险要和马匹众多，又乐于邻国的内难，是三种危机。四岳、三涂、阳城、大室、荆山、终南等山，是九州境内的险要，这样也没有使各险要所在地始终由一种姓氏统治下来。冀州的北方，是出产马匹的地方，但没有兴盛的国家。依靠险要和马匹多，并不可以作为巩固国家的基础，从古以来就是这样。所以前代的帝王一定要修养仁德用来祭祀神灵和人民，没有听说过一定要靠地形险要与马匹多。邻国的患难，不能够使我们高兴。有的患难很多却巩固了国家，开发了疆土；有的没有患难却丧失了它的国家，失掉它守护的土地。像这样为什么还要为邻国的患难高兴呢？齐国发生了公孙无知夺取政权的内难，因而获得了齐桓公，齐国到现在还依赖着桓公的霸业。晋国发生了里克、丕郑的作乱，而得到了文公，所以晋国发展成为盟主。卫国、邢国都没有发生内难，敌人也灭亡了它们。所以别人的患难，是不可高兴的。依靠(你所说的)三种条件，而不去修养政教仁德，恐怕连救亡的空暇都没有，又怎么能达到目的呢？你还是答应楚国吧。商纣王荒淫虐乱，周文王和善友好，殷商所以灭亡了，周朝所以兴盛起来，哪里用得着争夺诸侯呢？"晋平公就答应了楚国使者的要求。让叔向对伍举说："我们国君有国内的事情，所以不能与你们君主相见,各国诸侯,你们君主实际得到了他们,哪里还用你们君主下命令呢?"伍举于是请求晋国与楚国结为婚姻,晋平公答应了这件事。

楚灵王问郑国的子产说:"晋国会允许我召集诸侯吗?"回答说:"晋平公想的是小的安宁,不在于(称霸)诸侯。他的大夫们有多种贪求,没有能扶助他们君主的。在宋国的那次盟会上又说过晋国、楚国如同一国一样。如果不答应你,还用什么盟约呢?"楚灵王说:"各诸侯会来吗?"回答说:"一定会来。服从在宋国的盟约,秉承你对他们的欢心,不害怕大的晋国,有什么原因不来呢? 不来的,可能有鲁、卫、曹、邾的君主吧。曹国害怕宋国,邾国害怕鲁国,鲁国、卫国受齐国的侵逼而亲近晋国,因为这不会来。其余的诸侯,都是你所涉及到的,谁敢不到达呢?"楚灵王说:"这样我所要求的就没有不能办到的了?"回答说:"想要使别人对自己称心如意,是不可以取得的;与别人的愿望相一致,一切事情就能办到。"

楚子合诸侯于申

题解

鲁昭公四年(公元前538),楚灵王在晋国不干涉的情况下,在楚国的申地召集了一批诸侯会盟,向各诸侯炫耀楚国的强大,并带领诸侯伐吴、灭赖,以武力威胁各国,为楚国的衰落埋下祸根。

原文

夏,诸侯如楚,鲁、卫、曹、邾不会。曹、邾辞以难,公辞以时祭,卫侯辞以疾。郑伯先待于申。六月丙午,楚子合诸侯于申。椒举言于楚子曰:"臣闻诸侯无归,礼以为归。今君始得诸侯,其慎礼矣。霸之济否,在此会也。夏启有钧台之享①,商汤有景亳之命②,周武有孟津之誓③,成有岐阳之蒐④,康有酆宫之朝⑤,穆有涂山之会⑥,齐桓有召陵之师⑦,晋文有践土之盟。君其何用? 宋向戌、郑公孙侨在,诸侯之良也,君其选焉。"王曰:"吾用齐桓。"王使问礼于左师与子产。左师曰:"小国习之,大国用之,敢不荐闻⑧?"献公合诸侯之礼六。子产曰:"小国供职,敢不荐守?"献伯、子、男会公之礼六。君子谓合左师善守先代,子产善相小国。

王使椒举侍于后,以规过,卒事不规。王问其故,对曰:"礼,吾所未见者有六焉,又何以规?"

宋大子佐后至,王田于武城⑨,久而弗见。椒举请辞焉。王使往,曰:"属有宗祧之事于武城,寡君将堕币焉⑩,敢谢后见。"

徐子,吴出也,以为贰焉,故执诸申。

楚子示诸侯侈。椒举曰:"夫六王二公之事,皆所以示诸侯礼也,诸侯所由用命也。夏桀为仍之会⑪，有缗叛之⑫。商纣为黎之蒐⑬，东夷叛之，周幽为大室之盟，戎狄叛之，皆所以示诸侯汏也，诸侯所由弃命也。今君以汏，无乃不济乎？"王弗听。子产见左师曰："吾不患楚矣。汏而愎谏⑭，不过十年。"左师曰："然。不十年侈，其恶不远。远恶而后弃。善亦如之，德远而后兴。"

秋七月，楚子以诸侯伐吴，宋大子、郑伯先归，宋华费遂、郑大夫从。使屈申围朱方⑮，八月甲申，克之，执齐庆封而尽灭其族。将戮庆封，椒举曰："臣闻无瑕者可以戮人。庆封唯逆命，是以在此，其肯从于戮乎？播于诸侯，焉用之？"王弗听，负之斧钺，以徇于诸侯，使言曰："无或如齐庆封弑其君，弱其孤，以盟其大夫。"庆封曰："无或如楚共王之庶子围，弑其君兄之子麇而代之，以盟诸侯。"王使速杀之。

遂以诸侯灭赖⑯。赖子面缚衔璧，士袒，舆榇从之，造于中军。王问诸椒举，对曰："成王克许，许僖公如是。王亲释其缚，受其璧，焚其榇。"王从之，迁赖于鄢。

楚子欲迁许于赖，使斗韦龟与公子弃疾城之而还。

申无宇曰："楚祸之首将在此矣。召诸侯而来，伐国而克，城竟莫校⑰，王心不违，民其居乎？民之不处，其谁堪之？不堪王命，乃祸乱也。"

①钧台：夏朝时地名，当在今河南禹州市境。
②景亳（bó）：即亳。商朝早期都邑，当在今河南商丘市境内。
③孟津：亦作盟津。在今河南孟州市南。
④岐阳：即岐山之阳，在今陕西岐山县。
⑤酆宫：即丰宫，为周文王庙，在今陕西西安市鄠邑区。
⑥涂山：即嵩山。
⑦召陵：楚地。在今河南漯河市郾城区东。
⑧荐：进献。
⑨武城：楚地，当今河南南阳市北。
⑩堕：输，送。
⑪仍：即任氏，太昊风姓的后裔，此指其部落活动地区，当今山东金乡县北。
⑫有缗（mín）：夏朝所属的部落，属有仍氏。
⑬黎：商朝时部落，活动在今山西黎城县一带，此处即指地区。
⑭愎（bì）谏：不接受劝谏。
⑮朱方：吴国属地，在今江苏镇江市丹镇南。
⑯赖：春秋时小国，在今湖北随县。
⑰竟：同"境"。校：争。

（鲁昭公四年）夏季，诸侯们到达楚国，鲁、卫、曹、邾等四国不参加这个盟会。曹国、邾国借口国内不安定，鲁昭公借口要按时祭祖，卫襄公借口有病。郑简公先期到达申地等候。六月丙午(十六)日,楚灵王在申地会合各诸侯。伍举对楚灵王说:"我听说诸侯们并没有固定的归属,看谁遵守礼法就归属谁。现在君主你刚刚得到诸侯的归服,盟会要慎重礼法了。霸业成功与否,就在这次盟会了。夏朝的帝王启有钧台会盟时对诸侯的慰劳之礼,商朝的汤王有景亳会盟时的命令诸侯之礼,周朝的武王有盟津会盟的誓师之礼,周成王有在岐阳检阅诸侯队伍之礼,周康王有在周文王庙丰宫前朝会诸侯之礼,周穆王有涂山会盟诸侯之礼,齐桓公有在召陵出师之礼,晋文公有在践土盟誓之礼。你用其中的哪一种?宋国的向戌、郑国的子产都在这里,他们是诸侯国中熟习礼仪的人啊,你要选择好礼仪。"楚灵王说:"我要用齐桓公召陵的礼仪。"楚灵王又让人向宋国的向戌和郑国的子产请教礼仪。向戌说:"我们小国只是练习这些礼仪,大国是运用这些礼仪,我哪里敢不把听说的献出来呢?"提供了受封为公者集合诸侯的六种礼法。子产说:"小国是供奉职务的,还敢不献出自己所掌握的礼仪?"献出伯、子、男进见公的礼仪六种。君子认为他们所献的礼仪正好合在一起,向戌能善守先代礼仪,子产善于辅佐小国。

　　(在举行盟会时,)楚灵王让伍举在他的身后侍奉来纠正他在礼仪方面的过失,到盟会结束后伍举也没有纠正他。楚灵王问什么原因,伍举回答说:"向戌、子产所献的礼仪,我所没有见过的就有六种,又用什么来纠正你呢?"

　　宋国的太子佐迟后来到楚国,楚灵王已经到武城打猎去了,很久不去接见太子佐。伍举请求楚灵王辞谢太子佐。楚灵王就派伍举去辞谢,说:"正好因为有宗庙田猎的事情在武城,我们君主要把宋国送来的礼物送到宗庙里,接见迟了,向你道歉。"

　　徐国的国君,是吴国的女子生下的,楚国怀疑他对楚国有二心,所以把他捉拿到申地。

　　楚灵王向来会合的诸侯夸耀他的强大。伍举对他说:"夏启、商汤、周武王、成王、康王、穆王等六王,齐桓公、晋文公二公会盟诸侯的事,都因为他们向诸侯示范的是礼仪,各诸侯因此而服从他们的命令。夏桀举行了仍地的会盟,有缗氏就背叛了他。商纣王在黎地举行了诸侯参加的阅兵,东方夷族背叛了他。周幽王在太室山举行诸侯的盟会,戎狄部族就背叛了他。都是由于他们向诸侯夸耀自己的骄纵,诸侯所以就不服从他们的命令了。现在君主你太骄纵了,那不是就达不到你的目的了吗?"楚灵王不听他的话。子产见到左师向戌说:"我们不会害怕楚国了。楚王骄纵而不听从劝谏,不会维持到十年的强大。"向戌说:"没有十年的骄纵,他的恶行就不会延续很远。恶行延续得很远而后就为人抛弃。善行也像恶行一样,仁德深远才能够兴盛起来。"

　　这年秋季的七月,楚灵王又用各诸侯的部队征伐吴国,宋国的太子佐、郑简公先期回到国内,宋国的华费遂、郑国的大夫们跟随着楚灵王。楚灵王派屈申包围了吴国的朱方。八月甲申这天,攻克了朱方,捕获了齐国出走到这里的庆封而全部灭了他的家族。正准备杀掉庆封,伍举说:"我听说没有缺陷的人才可以杀人。庆封只是违背他们君主的命令,所以出走到这里,他肯服从杀戮吗?把这事传播给诸侯,哪里会任用他呢?"楚灵王不听他的话,让庆封背上斧钺,在诸侯面前游行示众,让庆封说:"不要像齐国的庆封一样,杀害君主,削弱幼小的君主,强迫大夫们与他盟誓。"庆封却说:"不要像楚共王的庶出儿子围(即楚灵王)那样杀害君主——他兄长的儿子麇——取而代之,用这来强迫诸侯盟会。"楚灵王让人尽快杀死庆封。

(杀了庆封之后,)于是用诸侯的部队灭了赖国。赖国国君两手反绑衔着玉璧,军士们都袒露出左臂,抬着棺材跟随着他,来到楚灵王所在的中军队伍中。楚灵王向伍举问这是怎么回事,伍举回答说:"楚成王攻克许国时,许僖公就是这样做的。楚成王亲自解掉他的绑缚,接受了他衔的玉璧,焚烧了他的棺材。"楚灵王照着伍举说的做了,把赖国迁到了鄢地。

楚灵王打算把许国迁到赖国土地,就派斗韦龟和公子弃疾去赖地修筑了城墙后才回来。

楚国的申无宇说:"楚国祸害的开始就在这里了。把诸侯召集到楚国来,征伐了别的国家而灭亡了他,把城墙修筑到边境而诸侯不能跟他争夺,楚王的愿望都能满足,人民还会安居吗?人民不会安居,谁能忍受他的驱使呢?不能忍受他的命令,就会发生祸乱。"

晋韩宣子如楚送女

题解

鲁昭公五年(公元前537),晋国应楚国的请求,由韩宣子、叔向送晋平公之女与楚灵王成婚。楚灵王想乘机侮辱晋国大夫,以显示自己可以压倒晋国。他的大臣薳启疆反复奉劝他不可逞强,以免引起晋国的仇恨,造成楚国的危机。楚灵王听从了他的劝告,以礼接待了晋国使者。

原文

晋韩宣子如楚送女,叔向为介。郑子皮、子大叔劳诸索氏①。大叔谓叔向曰:"楚王汰侈已甚,子其戒之!"叔向曰:"汰侈已甚,身之灾也,焉能及人?若奉吾币帛,慎吾威仪,守之以信,行之以礼,敬始而思终,终无不复。从而不失仪,敬而不失威,道之以训辞,奉之以旧法,考之于先王,度之以二国,虽汰侈,若我何?"

及楚。楚子朝其大夫,曰:"晋,吾仇敌也。苟得志焉,无恤其他。今其来者,上卿、上大夫也。若吾以韩起为阍②，以羊舌肸为司宫③，足以辱晋，吾亦得志矣。可乎？"大夫莫对。薳启疆曰："可。苟有其备，何故不可？耻匹夫不可以无备，况耻国乎④？是以圣王务行礼，不求耻人。朝聘有珪，享觌有璋⑤，小有述职，大有巡功。设机而不倚⑥，爵盈而不饮。宴有好货，飧有陪鼎⑦。入有郊劳，出有赠贿，礼之至也。国家之败，失之道也，则祸乱兴。城濮之役，晋无楚备，以败于邲。邲之役，楚无晋备，以败于鄢。自鄢以来，晋不失备，而加之以礼，重之以睦，是以楚弗能报而求亲焉。既获姻亲，又欲耻之，以召寇雠，备之若何，谁其重此？若有其人，耻之可也。若其未有，君亦图之。晋之事君，臣曰可矣。求诸侯而麇至，求昏而荐女，君亲送之，上卿及上大夫致之。犹欲耻之，君其亦有备矣。不然，奈何？韩起之下，赵成、中行吴、魏舒、范鞅、知盈，羊舌肸之下，祁午、张趯、籍谈、女齐、梁丙、张骼、辅跞、苗贲皇，皆诸侯之选也。韩襄为公族大夫，韩须受命而使矣；箕襄、邢带、叔禽、叔椒、子羽，皆大家也。韩赋七邑，皆成县也。羊舌四族，皆强家也。晋人若丧韩起、杨肸⑧，五卿、八大夫辅韩须、杨石，固其十家九县，长毂九百⑨，其余四十县，遗守四千，奋其武怒，以报其大耻。伯华谋之，中行伯、魏舒帅之，其蔑不济矣。君将以亲易怨，实无礼以速寇，而未有其备，使群臣往遗之禽⑩，以逞君心，何不可之有？"王曰："不穀之过也，大夫无辱。"厚为韩子礼。王欲敖叔向以其所不知，而不能，亦厚其礼。

注释

①索氏：郑地，在今河南荥阳市西。
②阍：守门人。
③司宫：宫内之官。
④耻：用为动词，侮辱。
⑤享觌（tiào）：指诸侯相见的礼仪。
⑥机：同"几"，几案。
⑦陪：外加，附加。
⑧杨肸：羊舌肸的采邑在杨，即今山西洪洞县，故称杨肸。
⑨长毂：兵车。
⑩禽：俘获。

译文

（鲁昭公五年，）晋国的韩起到楚国送晋平公之女与楚灵王成婚，叔向为副使。郑国的子皮、子太叔在索氏接待慰劳他们。太叔对叔向说："楚灵王已经十分骄纵了，你还是要有所防备。"叔向说："过分骄纵，是他自身的灾害，哪里能危及到别人？如果奉献我们的币帛等礼品，注重我们的威仪，遵守的是诚信，实行的是礼度，注意开始而想到结果，最终没有办不成的事。顺从主人而不失掉自己的礼仪，尊重主人而不失掉我们的威严，以前贤的言语引导他，以旧有的礼法来奉行，用先王的事迹稽考,衡量两国的强弱、利害,楚王虽骄纵,能把我们怎么样呢?"

(韩起一行)到达楚国。楚灵王朝会楚国的大夫,说:"晋国,是我们的仇敌。如果我们得志了,那就不用顾虑他人了。现在他们来的,是上卿、上大夫职位的人。如果让韩起为我们守宫门,让叔向为我们宫内的阉官,也足以侮辱晋国,我也就得志了。可以吗?"众大夫都没有回答。大臣蒍启疆说:"那是可以的。如果有准备,为什么不可以这样做呢?侮辱一个人还不可以没有准备,又何况要侮辱一个国家呢?所以圣王注重于施行礼仪,不想侮辱别人。(国与国之间)朝会聘使都要手执珪器,宴享会见时要带璋器,小国向大国陈述自己的职守,大国对小国要有巡守。(诸侯相见时,)陈设几案却不倚靠,爵器盛满酒而不饮,享宴时要有好的车马衣服送给客人,吃饭时要有增设的鼎,客人来时要在郊外迎接慰劳,走的时候要有赠送的礼物,做到礼节备至。国家走向败亡,失掉这些礼节,那就有祸乱的兴起。城濮之战以后,晋国没有对楚国防备,所以败于邲之战。邲的战役之后,楚国没有对晋国防备,因而在鄢的战役中失败了。自鄢的战役以来,晋国没有放松对楚国的防备,又加以礼仪相待,重视对楚国的和睦,所以楚国不能报仇雪耻,而向晋国求取婚姻。已经获得了婚姻之亲,又想要侮辱它,用来招致仇敌,你对晋国防备得怎么样呢?又有谁来担任这一防备呢?如果有人来防备晋国,侮辱它的使臣还可以。如果没有这样的人,你也应考虑了。晋国对待君主你,按照臣下的说法也足够了。你要求(晋国允许你集合诸侯)而诸侯们一起到来,(你向晋国)求婚(而晋国就)进献女子,它的国君亲自送女,它的上卿与上大夫又把她送来。你还要侮辱它的使臣,你对它也许是有防备的了。不然的话,能奈何得了晋国吗?韩起的下面,有赵成、中行吴、魏舒、范鞅、知盈等五位卿士,羊舌肸(叔向)的下面,有祁午、张趯、籍谈、女齐、梁丙、张骼、辅跞、苗贲皇等大夫,都是诸侯应选拔的良臣。韩襄担任公族大夫,韩须虽年幼也已受命出使过诸侯国了。韩起的庶出儿子箕襄、邢带、叔禽、叔椒、子羽,都是晋国的大族。韩家宗族所收军赋的七处地方,都是大的县份,羊舌氏的四门宗族,都是强盛的家族。晋国如果丧失了韩起、羊舌肸,那么赵成等五位卿士、祁午等八位大夫辅佐韩须和羊舌肸的儿子羊舌石,凭借他们十大家族、九个县份的兵力,用兵车九百乘,晋国其余的四十个县份,再留下守国的兵车四千乘,激发他们军队的愤怒,用来报复他们的莫大耻辱。羊舌肸的兄长伯华出谋划策,中行吴、魏舒统率军队作战,那就没有不能成功的。你就会用姻亲换取怨恨,实在是不守礼节而招致仇敌的到来,而又没有防备,让大臣们送给晋国被晋国擒获,从而满足你的欲望,那有什么不可以啊?"楚灵王说:"是我的过错,大夫再不要说了。"于是用优厚的礼仪接待韩起。楚灵王想要用羊舌肸所不懂得的事(来向他)显示高傲,但不能(难住羊舌肸),也用优厚的礼仪接待了他。

郑人铸刑书

郑国的子产把刑书铸在鼎上，晋国的叔向去信批评他放弃礼法，而让百姓以刑书判断是非，意在维护旧的秩序。郑国的子产这样做，也在维护旧秩序，但它在客观上起了用法治代替礼治的作用，促使新的生产关系出现。

【原文】

三月，郑人铸刑书，叔向使诒子产书，曰：

"始吾有虞于子①，今则已矣。昔先王议事以制，不以刑辟，惧民之有争心也。犹不可禁御，是故闲之以义②，纠之以政，行之以礼，守之以信，奉之以仁；制为禄位，以劝其从；严断刑罚，以威其淫。惧其未也，故诲之以忠，耸之以行③，教之以务，使之以和，临之以敬，莅之以强，断之以刚；犹求圣哲之上、明察之官、忠信之长、慈惠之师，民于是乎可任使也，而不生祸乱。民知有辟，则不忌于上。并有争心，以征于书，而徼幸以成之，弗可为矣。

"夏有乱政，而作《禹刑》④；商有乱政，而作《汤刑》⑤；周有乱政，而作《九刑》⑥。三辟之兴，皆叔世也⑦。

"今吾子相郑国，作封洫，立谤政，制参辟，铸刑书，将以靖民，不亦难乎？《诗》曰：'仪式刑文王之德，日靖四方。'又曰：'仪刑文王，万邦作孚⑧。'如是，何辟之有？民知争端矣，将弃礼而征于书，锥刀之末，将尽争之。乱狱滋事，贿赂并行，终子之世，郑其败乎？肸闻之，'国将亡，必多制'，其此之谓乎！"

复书曰："若吾子之言——侨不才，不能及子孙，吾以救世也。既不承命，敢忘大惠？"

①虞：希望。
②闲：防范，限制。
③耸：奖励，勉励。
④《禹刑》：亦称《吕刑》，是夏代的刑法，未必为禹所作。
⑤《汤刑》：商汤王时的刑法。先秦诸子有所征引。
⑥《九刑》：西周的刑法，分为九篇，故称九刑。
⑦叔世：末世。
⑧孚：信用。

(鲁昭公六年)三月,郑国把刑法条文铸在了鼎上。晋国的叔向听说后给郑国的执政者子产写了封信,信中说:

"当初我是对你很抱有希望的,今天这种希望破灭了。过去先代帝王是根据事情轻重来判断罪行的大小的,不制定统一的刑法,就是害怕老百姓根据刑法产生争斗之心。尽管这样还是不能禁止防范他们的争斗,所以用道义来防御限制,用政教来约束,让他们实行礼法,保守信用,奉行仁德;规定了官位等级,用来劝导他们服从;严厉地实行刑罚判定,用来威慑那些放纵者。这样还怕不能禁止争斗,所以又教诲他们要忠诚,鼓励他们要以忠诚的态度做事,教导他们全力从事专业,用和善的态度来驱使他们,上面要严肃认真对待他们,对百姓要有威严,有违反者则要坚决判刑裁决。还要在他们中寻求圣哲的公卿大夫、有明确判断力的官员、忠诚可信的乡里贤者、慈祥恩惠的师长,这样老百姓才可以任用做事,而不会发生祸乱。老百姓知道有了刑法,就不会尊敬上面的统治者。人人有争斗之心,各自引用刑法为自己辩护。这样,整个社会都会侥幸去做事,就不可治理了。

"夏朝时期老百姓有违反政令的,而制定了《禹刑》;商朝时期老百姓有违反政令的,而制定了《汤刑》;周朝时期老百姓有违反政令的,而制定了《九刑》。三部刑法的兴起,都是在尧、舜以后的时代。

"现在你做郑国的国相,重新划分了土地的界限和沟渠,推行了征收赋税而引起人们怨骂的政策,制定了三类刑法,又把刑法条文铸在鼎上,用这些来安定老百姓,不是很难做到吗?《诗经》说:'效法周文王的德治,每日来安定四方。'又说:'效法周文王,万国都能讲信用。'像这样,还要有什么刑法呢?老百姓懂得争端,就会抛弃礼法征引刑书,刑书的每字每句,都会尽力去争。混乱的案件就会增多,贿赂就会普遍地流行。在你活着的时期,郑国将要败坏吧?我听说,'国家将要灭亡的时候,就会多次地改变法令制度',就是说的这种情况吧!"

子产给叔向回信说:"如果像你说的那样——我子产没有才能,不会顾及子孙后代,我这样做只是为了挽救国家。我不能接受你的奉劝,但怎么会忘记你劝谏的好意呢?"

陈氏始大

春秋末期,卿大夫专权,为争夺本国政权展开激烈斗争,加速了奴隶制的崩溃。齐国国内卿大夫的争权斗争较早发生,旧贵族开始衰落,新兴势力逐渐成长。

陈氏、鲍氏与公族栾氏、高氏的斗争，是齐国新旧势力长期斗争的一幕。

【原文】

齐惠栾、高氏皆耆酒①，信内多怨②，强于陈、鲍氏而恶之。

夏，有告陈桓子曰："子旗、子良将攻陈、鲍。"亦告鲍氏。桓子授甲而如鲍氏。遭子良醉而骋，遂见文子，则已授甲矣。使视二子，则皆将饮酒。桓子曰："彼虽不信，闻我授甲，则必逐我。及其饮酒也，先伐诸？"陈、鲍方睦，遂伐栾、高氏。子良曰："先得公，陈、鲍焉往？"遂伐虎门③。

晏平仲端委立于虎门之外④，四族召之，无所往。其徒曰："助陈、鲍乎？"曰："何善焉？""助栾、高乎？"曰："庸愈乎？""然则归乎？"曰："君伐，焉归？"公召之，而后入。公卜使王黑以灵姑銔率，吉，请断三尺焉而用之。五月庚辰，战于稷，栾、高败，又败诸庄。国人追之，又败诸鹿门。栾施、高强来奔。陈、鲍分其室。

晏子谓桓子："必致诸公。让，德之主也。让之谓懿德。凡有血气，皆有争心，故利不可强，思义为愈。义，利之本也。蕴利生孽。姑使无蕴乎！可以滋长。"桓子尽致诸公，而请老于莒。

桓子召子山，私具幄幕、器用、从者之衣屦，而反棘焉⑤。子商亦如之，而反其邑。子周亦如之，而与之夫于⑥。反子城、子公、公孙捷，而皆益其禄。凡公子、公孙之无禄者，私分之邑。国之贫约孤寡者，私与之粟。曰："《诗》云：'陈锡载周'，能施也，桓公是以霸。"公与桓子莒之旁邑，辞。穆孟姬为之请高唐⑦，陈氏始大。

①耆：同"嗜"。
②内：妇人，妻妾。
③虎门：诸侯宫门。
④端委：朝服，用为动词，身穿朝服。
⑤棘：齐地，当今山东临淄市临淄区西北。
⑥夫于：齐地，当今山东邹平市东。
⑦高唐：齐地，当今山东高唐县东。

齐惠公的后代栾氏、高氏都嗜好酗酒，相信妇人的话而与许多人结仇，势力比陈氏、鲍氏强大而又讨厌这两家。

(鲁昭公十年)夏季，有人报告陈完说："栾施(字子旗)、高强(字子良)准备攻打陈氏、鲍氏。"也把这话告诉了鲍氏。陈完授给族人甲衣又到鲍氏那里。路上遇到了高强酒醉后骑马奔驰，于是见到了鲍国(文子)，鲍国也已授给族人甲衣了。(陈完)

派人侦察栾施、高强的行动,看到二人却都在准备饮酒。陈完说:"那传言虽然不可信,但栾、高打听到我们授给族人甲衣,那就一定来驱逐我们。正好乘他们饮酒的机会,我们要不先攻伐他们?"陈氏、鲍氏此时正和睦,于是共同攻伐栾氏、高氏。高强(听到陈、鲍要攻伐他们)说:"我们先获得景公,看陈氏、鲍氏哪里去?"于是就攻打景公寝宫的虎门。

　　晏婴穿着朝服站在虎门外面,陈、鲍、栾、高四家族都召他到自己的队伍中,但他哪里都不去。四大家族的兵士问他:"你要帮助陈氏、鲍氏吗?"晏子说:"(他们)有什么善行呢?"又问:"那你要帮助栾氏、高氏了?"晏子说:"(他们)比(陈、鲍)有什么能胜过的呢?"又问:"那么你是要回宫中吗?"回答说:"国君受到攻伐,我哪里回得去呢?"齐景公召见晏婴,他就进入宫中。齐景公占卜让王黑打着当年周天子赐给齐桓公的旌旗灵姑铚率领军队,结果大吉,王黑请求裁去旌旗三尺长而用它。(鲁昭公十年)五月庚辰这天,(齐景公的部队与栾、高族众)在临淄城的稷门展开战斗,栾氏、高氏失败了,齐景公的部队又在城内大街上把他们打败了。国人们追打他们,又把他们打败在东南的鹿门。栾施、高强出奔来到鲁国,陈氏、鲍氏瓜分了他们的家产。

　　晏婴对陈完说:"一定要把栾氏、高氏的家产交给国君!谦让,是道德的主要内容。让给人就称做美德。凡是有血气的人,都有争斗之心,所以利益不可以强取,要考虑大义才算取胜。大义,是利益的根本。聚积利益就会产生妖孽。还是不要聚积利益吧!这样可以发展长久。"陈完就把得到的全部送给齐景公,而自己请求退休到莒地居住。

　　陈完把被驱逐的公子子山召集来,私自为子山设置了屋内的帐幕、器物用具、子山侍从者的衣服鞋子,让他返回棘地居住。对待被驱逐的子商也是这样,而私自还给他原来的封邑。对子周也是这样,而把夫于送给他。又让被驱逐的公族子城、子公、公孙捷都返回齐国,而私自增加了他们的俸禄。凡是公族的公子、公孙当中没有俸禄的,他都私自分给他们采邑。国人当中的贫困孤寡的人,私自给与他们粮食。他说:"《诗经》说,'周文王陈列赏赐给予别人而造就了周朝',说的是能够施予人。齐桓公这样做所以取得了霸业。"齐景公封给陈完莒地旁边的一些地方,陈完辞谢了。齐景公的母亲为他请求用高唐作为封邑,陈氏由此开始强大。

楚子狩于州来

　　楚灵王过高估计自己的实力,企图称霸诸侯。辅佐他的大臣子革顺水推舟,使他的想法全部暴露出来,而后断然加以否定,说明没有仁德,这些只是痴心妄想,无从实现。

楚子狩于州来①，次于颍尾②，使荡侯、潘子、司马督、嚣尹午、陵尹喜帅师围徐以惧吴。楚子次于乾谿③，以为之援。雨雪，王皮冠，秦复陶④，翠被，豹舄⑤，执鞭以出。仆析父从。右尹子革夕，王见之，去冠被，舍鞭，与之语，曰："昔我先王熊绎与吕伋、王孙牟、燮父、禽父并事康王，四国皆有分，我独无有。今吾使人于周，求鼎以为分，王其与我乎？"对曰："与君王哉。昔我先王熊绎辟在荆山⑥，筚路蓝缕以处草莽，跋涉山林以事天子，唯是桃弧棘矢以共御王事。齐，王舅也；晋及鲁、卫，王母弟也。楚是以无分，而彼皆有。今周与四国服事君王，将唯命是从，岂其爱鼎？"王曰："昔我皇祖伯父昆吾，旧许是宅。今郑人贪赖其田，而不我与。我若求之，其与我乎？"对曰："与君王哉。周不爱鼎，郑敢爱田？"王曰："昔诸侯远我而畏晋，今我大城陈、蔡、不羹⑦，赋皆千乘，子与有劳焉，诸侯其畏我乎？"对曰："畏君王哉。是四国者，专足畏也。又加之以楚，敢不畏君王哉。"工尹路请曰："君王命剥圭以为铖柲⑧，敢请命。"王入视之。析父谓子革："吾子，楚国之望也。今与王言如响，国其若之何？"子革曰："摩厉以须，王出，吾刃将斩矣。"王出，复语。左史倚相趋过，王曰："是良史也，子善视之。是能读《三坟》、《五典》、《八索》、《九丘》。"对曰："臣尝问焉，昔穆王欲肆其心，周行天下，将皆必有车辙马迹焉。祭公谋父作《祈招》之诗以止王心，王是以获没于祇宫。臣问其诗而不知也。若问远焉，其焉能知之？"王曰："子能乎？"对曰："能。其诗曰：'祈招之愔愔，式招德音。思我王度，式如玉，式如金。形民之力，而无醉饱之心。'"王揖而入，馈不食，寝不寐，数日，不能自克，以及于难。

仲尼曰："古也有志：'克己复礼，仁也。'信善哉。楚灵王若能如是，岂其辱于乾谿？"

①州来：当今安徽凤台县。
②颍尾：指颍水入淮处，在今安徽正阳关。
③乾谿：在今安徽亳州市东南。
④复陶：羽绒衣服。
⑤豹舄(xì)：豹皮鞋子。
⑥荆山：楚国初兴之地，当今湖北秭归县北。
⑦不羹(láng)：蔡国所属，有二，一在今河南襄城县东南，一在今舞阳县，分别称东、西不羹。
⑧铖柲：斧柄。铖，斧；柲，柄。

楚灵王在州来举行冬猎的军事演习，停留在颍水下游地区，派荡侯、潘子、司马督、嚣尹午、陵尹喜等五位大夫率军包围了徐国而用以恐吓吴国。楚灵王停留在乾谿，作为他们的后援。天下着大雪，楚灵王戴着皮帽子，穿着秦国送给他的名为复陶的羽绒衣，披着绿色羽毛制成的斗篷，穿着豹皮做的鞋子，手执马鞭步出宫帐，仆夫析父跟随着他。楚国的左尹郑丹(子革)向他行夜晚进见之礼。楚灵王接见了他，去掉自己的帽子、斗篷，放下手中的鞭子，与郑丹谈话，说："当年我们的先王熊绎同姜尚之子吕伋、卫康叔之子王孙牟、唐叔虞之子燮父、周公旦之子伯禽同时服侍周康王，他们四国(齐、卫、晋、鲁)都分到了康王赐予的珍宝，唯独我们没有。现在我们派人到周朝，向它要周鼎作为我们应得的那一份，周王会给我吗？"郑丹回答说："会给君王的吧！过去我们先王熊绎处在荆山一带偏远地方，驾着柴车穿着粗衣居处在野草当中，在山川中艰苦跋涉来服侍周天子，就是用桃木的弓、棘木的箭杆来供奉周天子的军事。齐国，是周王的舅舅，晋国及鲁国、卫国，是周王的同母弟弟，楚国所以没有分得珍宝，而那些国家都分到了。现在周朝同这四国都服侍君王你，将会无条件地服从你的命令，哪里还爱惜鼎呢？"楚灵王说："过去我们先皇祖先的哥哥昆吾，定居于许国的旧地，现在郑国贪占这块土地，而不给我们。我如果要向郑国求取，他们会给我吗？"郑丹回答说："会给你的。周朝不爱惜鼎，郑国还敢爱惜他的土地？"楚灵王说："过去各国诸侯远离我们而畏惧晋国，现在我们大规模地在陈、蔡、东西不羹的都邑内修筑城池，每处都可征发千乘战车的军赋，你对此是有功劳的，各诸侯会畏惧我吗？"回答说："会畏惧君王吧。这四国(指陈、蔡、东西不羹)，足以使人畏惧，又加上楚国，各诸侯敢不害怕君王你吗？"(这时)主管工匠的工尹名叫路的官员来请示说："君王你命令破了圭玉来装饰斧柄，请求你下令制作。"楚灵王随着路去看斧柄装饰的工作。他的仆夫析父对郑丹说："尊敬的郑丹，你是楚国的希望。今天同君王说的话像是君王言语的回音，这样国家会怎样呢？"郑丹说："我正是磨好刀锋等待，君王出来时，我的锋利的刀刃就会斩断他的妄想。"楚灵王从工尹那里出来，又同郑丹说起话来。这时楚国的左史倚相疾步从他们身边走过，楚灵王对郑丹说："左史是好的史官，你要很好地对待他。他能读懂《三坟》、《五典》、《八索》、《九丘》等上古书籍。"郑丹回答说："我曾经请教过他，说周穆王想放纵他的欲望，走遍天下，那一定会有车辙马蹄痕迹。西周的祭公谋父曾作过《祈招》的诗用来制止穆王的野心，穆王因此而能寿终正寝，死在南郑(今陕西华县)的祇宫中。我曾问过倚相这首诗而他不知道。如果问更久远的事，他哪里能知道呢？"楚灵王说："你能知道吗？"回答说："能知道。那首诗说：'祈求招神的旗帜安静平顺，是在表明仁德之音，盼望我们君王的风度，(他的美德)如玉般明亮,如金般坚固。总是度量人民的力量,而没有酒醉般无厌的愿望。"楚灵王拜谢了郑丹后回到宫帐,送去饭不吃,躺下不能安睡,好几天,不能克制自己,以至于遇上了祸难。

孔子说:"古代有名言说:'克制自己使恢复到礼法,这叫做仁。'确实说得好啊!楚灵王如果能够像这样,哪会受侮辱死在乾谿呢?"

晋荀吴帅师伐鲜虞

鲁昭公十五年(公元前527),晋国将领荀吴带领军队征伐鲜虞部族,采取围城不打的方式,让鲜虞人自动放弃城池投降晋国,争取了鲜虞部族对晋国的拥护。

晋荀吴帅师伐鲜虞①,围鼓②。鼓人或请以城叛,穆子弗许。左右曰:"师徒不动,而可以获城,何故不为?"穆子曰:"吾闻诸叔向曰:'好恶不愆,民知所适,事无不济。'或以吾城叛,吾所甚恶也。人以城来,吾独何好焉?赏所甚恶,若所好何?若其弗赏,是失信也,何以庇民?力能则进,否则退,量力而行。吾不可以欲城而迩奸,所丧滋多。"使鼓人杀叛人而缮守备。围鼓三月,鼓人或请降。使其民见,曰:"犹有食色,姑修而城。"军吏曰:"获城而弗取,勤民而顿兵,何以事君?"穆子曰:"吾以事君也。获一邑而教民怠,将焉用邑?邑以贾怠③,不如完旧。贾怠无卒,弃旧不祥。鼓人能事其君,我亦能事吾君。率义不爽,好恶不愆,城可获而民知义所,有死命而无二心,不亦可乎?"鼓人告食竭力尽,而后取之。克鼓而反,不戮一人,以鼓子鸢鞮归④。

①鲜虞:春秋时少数民族,活动于今河北西南部。
②鼓:鲜虞族的小国,国境当今河北晋州市。
③贾(gǔ):换来,买到。
④鸢鞮:鼓国国君名。

晋国大夫荀吴率军征伐鲜虞族,包围了鼓国。鼓国人有的请求交出城池叛变,荀吴没有答应。左右随从说:"军队不用辛苦,却可以得到城池,为什么不干?"荀吴说:"我听叔向说:'爱好什么憎恶什么都很恰当,人民知道行动方向,事情没有办不成的。'有人交出我们的城池叛变,我很憎恶;别人交出城池投降,我为什么高兴？奖赏所很憎恶的人，怎么对待所喜爱的人？如果不给奖赏，就失信了，怎么保护人民？能进就进，不能就退，量力而行。我不能因为想取城池却走向邪路，那样损失更大了。"让鼓国人杀了准备叛变的人而修整设备。包围了三个月，有人请求向他投降。荀吴就让鼓国的人民来见他，说："从脸色上看（人民）还有饭吃，暂且还是修缮你们的城池吧。"荀吴军中的军吏说："能够得到城池却不去获取，劳累人民而折损兵器，用什么来交代君主呢？"荀吴说："我可以交代君主。如果获得一座城邑而使人民懈怠，那还会用城邑来做什么？获得城邑却买来懈怠，就不如固守勤谨。买来懈怠就没有好的结果，丢掉勤谨就不会吉利。鼓国人民能服从他们君主，我们也能（用鼓国人守城的精神）来对待我们君主。遵循道义就不会有差错，爱好什么憎恶什么都很恰当，城池可以获得而人民又能懂得道义所在，他们只会奉命去死而不会产生背叛的想法，那不也是可以的吗？"鼓国人报告说城中粮食没有了，抵抗的力量没有了，荀吴才取得了城邑。攻克鼓国回来，没有杀戮一个鼓国人，只把鼓国国君鸢鞮带回到晋国。

韩宣子求环

【题解】

鲁昭公十六年（公元前526），晋国的韩起出使到郑国，向郑国索取一只玉环，遭到子产的拒绝。子产坚持外交原则的一席话，说服了韩起。

【原文】

宣子有环①，其一在郑商。宣子谒诸郑伯，子产弗与，曰："非官府之守器也，寡君不知。"子大叔、子羽谓子产曰："韩子亦无几求，晋国亦未可以贰。晋国、韩子不可偷也。若属有谗人交斗其间，鬼神而助之，以兴其凶怒，悔之何及？吾子何爱于一环，其以取憎于大国也？盍求而与之？"子产曰："吾非偷晋而有二心②，将终事之，是以弗与，忠信故也。侨闻君子非无贿之难，立而无令名之患。侨闻为国非不能事大字小之难③，无礼以定其位之患。夫大国之人令于小国，而皆获其求，将何以给之？一共一否，为罪滋大。大国之求，无礼以斥之，何餍之有？吾且为鄙邑，则失位矣。若韩子奉命以使，而求玉焉，贪淫甚矣，独非罪乎？出一玉以起二罪，吾又失位，韩子成贪，将焉用之？且吾以玉贾罪，不亦锐乎④？"

韩子买诸贾人，既成贾矣。商人曰："必告君大夫。"韩子请诸子产曰："日起请夫环，执政弗义，弗敢复也。今买诸商人，商人曰'必以闻'，敢以为请。"子产对曰："昔我先君桓公与商人皆出自周，庸次比耦以艾杀此地⑤，斩之蓬、蒿、藜、藿⑥，而共处之，世有盟誓，以相信也，曰：'尔无我叛，我无强贾，毋或匄夺。尔有利市宝贿，我勿与知。'恃此质誓，故能相保以至于今。今吾子以好来辱，而谓敝邑强夺商人，是教敝邑背盟誓也，毋乃不可乎？吾子得玉而失诸侯，必不为也。若大国令，而共无艺⑦，郑鄙邑也，亦弗为也。侨若献玉，不知所成。敢私布之。"韩子辞玉，曰："起不敏，敢求玉以徼二罪？敢辞之。"

①环：玉器，上古的环都是以三片玉环构成，每片上宽下窄，合三片为完整的环。
②偷：轻忽。
③字：爱护。
④锐：尖锐、细小。
⑤庸次比耦：庸次，互相代替；比耦，两人共同耕作，引申为共同合作。
⑥萑（diào）：草名，灌木状草本植物。
⑦艺：法则。

晋国韩起(宣子)有一枚玉环，缺少的那一片正好在郑国的一位商人那里。韩起向郑定公请求要那一片，郑国的执政者子产不给他，并对韩起说："那不是官家府库保存的器物，我们君主不知道。"子大叔、子羽都对子产说："韩起也没有多少要求的，我们也不能够脱离晋国。晋国、韩起都不可小看。如果正好有进谗言的人在晋、郑两者之间挑拨，鬼神又助成它，用以激起晋国的凶狠和愤怒，后悔就来不及了。你为什么因为爱惜一片玉环，激起大国的憎恨呢？为何不找到给了他呢？"子产说："不是我小看晋国对他存有二心，我将要始终服侍他，所以才不给他，是对晋国保持忠诚和信义。我听说君子不怕没有财贿，而害怕的是当了官而没有好名声。我听说对于一个国家来说服从大国爱护小国不是难做到的，困难的是没有礼度来安定一国的地位。如果大国的大夫们都向小国下命令，并都能获得他们所要求的，小国将怎样来供给他们呢？（如果他们求取无限，）有时供给他们有时不供给他们，得罪更大。对大国的要求，如果不依礼度驳斥他们，哪里还有满足呢？我们也就成为他们边鄙的一个县邑，那就失掉了国家的地位了。如果韩起奉命出使，而自己却谋求玉环，就贪婪放纵得过分了，这不是罪过吗？送出一片玉而带来两种罪过，我们又失掉了国家的地位，韩起的贪欲也实现了，给了它又有什么用呢？又且我们因为一块玉而买下罪名，不是太不值得吗？"

韩起向商人买那片玉，就要成交了。那位商人说："这事一定得告诉国君和大夫们。"韩起向子产请求说："那天我请求要一片玉环你认为是不义的行为，我就再不敢请求了。现在我向商人买它，商人说'一定要让你知道'，我才敢向你请求。"子产回答说："过去我们的先君郑桓公与商人们都来自于西周，共同合作才开辟了这个地方，斩伐了蓬、蒿、藜、藿等荒草树木，而一起相处在这里，很早以来，与商人都有盟言誓约，使相互信任，说：'商人不要背叛郑国，郑国不能强买商人物品。既不乞求也不掠夺。商人们有能得利的买卖和宝贵的财物，郑国不加过问。'依靠这个盟信誓言，所以能互相保护一直到今天。现在你因为友好来到这里，而让我们强夺商人的财货，是让我们背叛这个盟誓，不是不可以吗？你因为得到一片玉而丧失了诸侯，你一定不会这样做吧。如果大国下令，而让我们的供给没有原则，郑国就成了晋国的边鄙县邑了，我们也不会这样做的。我如果向你献玉，不知道有什么好处。敢于私下对你公开我的想法。"韩起不要这片玉了，说："我很不聪明，哪里敢求玉而寻求两种罪名呢？我再不要玉了。"

吴杀其君僚

题解

鲁昭公二十七年(公元前515)，吴王僚派军进攻楚国，进退不得。吴国的公子光乘国内空虚，发动政变，杀害了国王僚，夺取了政权。

原文

吴子欲因楚丧而伐之，使公子掩余、公子烛庸帅师围潜①，使延州来季子聘于上国②，遂聘于晋，以观诸侯。楚莠尹然、王尹麇帅师救潜，左司马沈尹戌帅都君子与王马之属以济师③，与吴师遇于穷。令尹子常以舟师及沙汭而还④。左尹郤宛、工尹寿帅师至于潜，吴师不能退。

吴公子光曰："此时也，弗可失也。"告鱄设诸曰："上国有言曰：'不索，何获？'我，王嗣也，吾欲求之。事若克，季子虽至，不吾废也。"鱄设诸曰："王可弑也。母老、子弱，是无若我何？"光曰："我，尔身也。"

夏四月，光伏甲于堀室而享王⑤，王使甲坐于道及其门。门、阶、户、席，皆王亲也，夹之以铍⑥。羞者献体改服于门外⑦，执羞者坐行而入，执铍者夹承之，及体，以相授也。光伪足疾，入于堀室。鱄设诸置剑于鱼中以进，抽剑刺王，铍交于胸，遂弑王。阖庐以其子为卿。

季子至，曰："苟先君无废祀，民人无废主，社稷有奉，国家无倾，乃吾君也，吾谁敢怨？哀死事生，以待天命。非我生乱，立者从之，先人之道也。"复命哭墓，复位而待。吴公子掩余奔徐，公子烛庸奔锺吾⑧。楚师闻吴乱而还。

①潜：楚地，在今安徽霍山县。

②延州来季子：吴国大夫季札先受封于延陵（今江苏常州市武进区），后封州来，故以封号连称。上国：吴国对中原国家的称呼。

③都君子：都指都邑，君子指国王的亲兵，都君子即从都邑征发而来的国王亲兵。王马之属：杨伯峻《春秋左传注》释为国王所属的马匹。

④沙汭：沙指沙水，古代汴水支流。沙汭指沙水入淮处，在今安徽怀远县东北。

⑤堀（kū）室：堀即窟，即地下室。

⑥铍（pī）：刀鞘中的剑。

⑦羞：进献食物。

⑧锺吾：春秋时小国，在今江苏宿迁市东北。

吴国国王想乘楚平王去世的机会而征伐楚国，派公子掩余、公子烛庸率军包围楚国的潜地，派受封于延陵、州来的季札出使中原各国，于是（季札）聘使到晋国，并观察诸侯各国。楚国的莠尹然、主管王宫内事务的麇率军去援救潜地，左司马沈尹戌率领国王亲兵和管理公马的部属来增援楚军，同吴国军队相遇在穷地（今安徽霍邱县西南）。楚国的令尹子常带水军到达沙汭后就回去了，左尹郤宛、工尹寿带领着军队到了潜地，吴国军队没有退路了。

（在吴国国内的）公子光说："这是好机会，不能丧失。"他对鱄设诸说："中原国家有句话说：'不去求索，能有什么收获呢？'我，本是吴国国王的后嗣，我想取得王位。事情如果成功，季札虽然回来，也不会把我废掉。"鱄设诸说："吴王是可以杀害的，可我的母亲年老、儿子幼小，我对他们怎么安排呢？"公子光说："我，就是你的身子。"

（鲁昭公二十七年）夏季四月，公子光把甲士埋伏在地下室而设宴请吴王。吴王让甲士们坐在通往公子光住处的道路上一直到达住处的门口。公子光的宫门前、台阶上、小门前、坐席上，都是吴王的亲兵，他们都带着裹套的剑夹护吴王。公子光派的进献膳食的人都要在门外脱得赤身露体，改穿服装，接送膳食的人都要跪着行走而进入厅堂，由带剑的亲兵夹在中间，剑锋接触到这些人的身体，让他们互相传送膳食。公子光假装有腿病，进到地下室。鱄设诸把短剑放到鱼腹中来进献，抽出短剑来刺杀吴王，两旁吴王亲兵的剑锋一起刺到他的胸上。于是杀害了吴王。公子光用鱄设诸的儿子为卿。

季札回来后，说："只要先前的国君没有被废除掉祭祀，人民没有被废除了他们的主人，社稷有人承奉，国家没有倾覆，就是我们的国君了，我敢怨恨谁呢？我们只能是哀痛死者服侍生者，用以等待上天的命令。不是我发动的动乱，立为君主的人我们就要服从他，这是先人们遵循的道理。"他到吴王僚的墓上哭着汇报了出使情况，又回到原来的位置等待公子光的命令。吴国的公子掩余逃到徐国，公子烛庸逃到锺吾。楚国的军队听到吴国内乱就返回国了。

齐有彗星

鲁昭公二十六年(公元前516)齐国上空出现彗星，齐景公要禳祭，晏婴认为彗星是一种天象，无须重视，而要重视自己的政治。这表现了他重民轻天的思想。

齐有彗星，齐侯使禳之。晏子曰："无益也。祇取诬焉①。天道不謟②，不贰其命，若之何禳之？且天之有彗也，以除秽也。君无秽德，又何禳焉？若德之秽，禳之何损？《诗》曰：'惟此文王，小心翼翼。昭事上帝，聿怀多福。厥德不回，以受方国。'君无违德，方国将至，何患于彗？《诗》曰：'我无所监，夏后及商。用乱之故，民卒流亡③。'若德回乱，民将流亡，祝史之为④，无能补也。"公说，乃止。

①祇（zhī）：适，正好。　诬：欺骗。
②謟（tāo）：疑惑。
③卒：终于。
④祝史：古代掌管祭礼之官。

齐国的上空出现了彗星，齐景公要让人禳祭消灾。晏子说："这样做是没有用的，只不过是受人欺骗。天命是不可怀疑的，它不会错下命令。如何能禳祭就使它消灾呢？况且天上出现彗星，是用来扫除污秽的。你没有污秽的德行，又为什么要禳祭呢？如果你有污秽的德行，禳祭又怎么能减损这种秽德呢？《诗经》说：'只有这周文王，小心谨慎，坦白地对待上帝，想要得到很多幸福。文王的德行不违背上天，所以四方的国家都归服了他。'你如果没有违背上天的德行，周围的小国会归服你，还怕什么彗星呢？《诗经》说：'我用不着别的借鉴，只要以夏、商为借鉴就可以了。因为他们政治混乱，人民最终背叛离开了他们。'如果你的德行奸邪而又混乱，人民就会离开你流亡，祝史的禳祭，也无所补救。"齐景公听了很高兴，就不让禳祭消灾了。

◎ 定 公

吴入郢

【题解】

鲁定公四年(公元前506),吴国联合蔡国、唐国,向楚国发动进攻,攻克了楚国郢都。楚国大臣申包胥到秦国请求援救,大哭七日七夜,终于感动了秦王,答应派兵援救。

【原文】

冬,蔡侯、吴子、唐侯伐楚。舍舟于淮汭,自豫章与楚夹汉①。左司马戌谓子常曰:"子沿汉而与之上下,我悉方城外以毁其舟,还塞大隧、直辕、冥阨②。子济汉而伐之,我自后击之,必大败之。"既谋而行。武城黑谓子常曰③:"吴用木也,我用革也,不可久也,不如速战。"史皇谓子常:"楚人恶子而好司马。若司马毁吴舟于淮,塞城口而入④,是独克吴也。子必速战,不然,不免。"乃济汉而陈,自小别至于大别⑤。三战,子常知不可,欲奔。史皇曰:"安求其事,难而逃之,将何所入?子必死之,初罪必尽说。"

十一月庚午,二师陈于柏举⑥。阖庐之弟夫槩王晨请于阖庐曰:"楚瓦不仁,其臣莫有死志。先伐之,其卒必奔;而后大师继之,必克。"弗许。夫槩王曰:"所谓'臣义而行,不待命'者,其此之谓也。今日我死,楚可入也。"以其属五千先击子常之卒。子常之卒奔,楚师乱,吴师大败之。子常奔郑。史皇以其乘广死。吴从楚师,及清发⑦,将击之。夫槩王曰:"困兽犹斗,况人乎?若知不免而致死,必败我。若使先济者知免,后者慕之,蔑有斗心矣。半济而后可击也。"从之,又败之。楚人为食,吴人及之,奔。食而从之,败诸雍澨⑧。五战,及郢⑨。

己卯,楚子取其妹季芈畀我以出,涉雎⑩。𬴊尹固与王同舟,王使执燧象以奔吴师。

庚辰,吴入郢,以班处宫。子山处令尹之宫,夫槩王欲攻之,惧而去之,夫槩王入之。

左司马戌及息而还,败吴师于雍澨,伤。初,司马臣阖庐,故耻为禽焉,谓其臣曰:"谁能免吾首?"吴句卑曰:"臣贱,可乎?"司马曰:"我实失子,可哉。"三战皆伤,曰:"吾不可用也已。"句卑布裳,刭而裹之,藏其身,而以其首免。

楚子涉雎,济江,入于云中。王寝,盗攻之,以戈击王,王孙由于以背受之,中肩。

王奔郧⑪。锺建负季芈以从。由于徐苏而从。郧公辛之弟怀将弑王,曰:"平王杀吾父,我杀其子,不亦可乎?"辛曰:"君讨臣,谁敢雠之?君命,天也。若死天命,将谁雠?诗曰,'柔亦不茹,刚亦不吐,不侮矜寡,不畏强御',唯仁者能之。违强陵弱,非勇也;乘人之约,非仁也;灭宗废祀,非孝也;动无令名,非知也。必犯是,余将杀女。"斗辛与其弟巢以王奔随。吴人从之,谓随人曰:"周之子孙在汉川者,楚实尽之。天诱其衷,致罚于楚,而君又窜之,周室何罪?君若顾报周室,施及寡人,以奖天衷,君之惠也。汉阳之田,君实有之。"楚子在公宫之北,吴人在其南。子期似王,逃王,而已为王,曰:"以我与之,王必免。"随人卜与之,不吉,乃辞吴曰:"以随之辟小,而密迩于楚,楚实存之。世有盟誓,至于今未改。若难而弃之,何以事君?执事之患不唯一人,若鸠楚竟,敢不听命?"吴人乃退。炉金初官于子期氏,实与随人要言。王使见,辞,曰:"不敢以约为利。"王割子期之心,以与随人盟。

　　初,伍员与申包胥友。其亡也,谓申包胥曰:"我必复楚国。"申包胥曰:"勉之。子能复之,我必能兴之。"及昭王在随,申包胥如秦乞师,曰:"吴为封豕、长蛇,以荐食上国⑫,虐始于楚。寡君失守社稷,越在草莽⑬,使下臣告急,曰:'夷德无厌,若邻于君,疆埸之患也。逮吴之未定,君其取分焉。若楚之遂亡,君之土也。若以君灵抚之,世以事君。'"秦伯使辞焉,曰:"寡人闻命矣。子姑就馆,将图而告。"对曰:"寡君越在草莽,未获所伏⑭,下臣何敢即安?"立依于庭墙而哭,日夜不绝声,勺饮不入口七日。秦哀公为之赋《无衣》⑮。九顿首而坐。秦师乃出。

①豫章:在汉水与淮水之间,难以确指。
②大隧、直辕、冥阨:杨伯峻《春秋左传注》释曰:"今豫鄂交界三关,东为九里关,即古之大隧,中为武胜关,即直辕;西为平靖关,即冥阨。冥阨有大小石门,凿山通道,极为险隘。"按此,大隧、直辕、冥阨在今河南信阳与湖北应山之间。
③武城黑:武城,今河南信阳东北。黑为武城县大夫。
④城口:即注②三关的总名。
⑤自小别至于大别:大别、小别皆指今大别山脉中的山峰。大别指今安徽霍邱县西南安阳山,或湖北英山北之大别山。小别指今河南光山县与湖北黄冈市之间的山峰。
⑥柏举:今地不详。
⑦清发:水名,在今湖北安陆市。
⑧雍澨:指今湖北京市山西南的溾河。
⑨郢:楚国都城,即今湖北荆州市北的纪南城遗址。
⑩睢:即沮水,当在今湖北枝江市东北。
⑪郧:在今湖北京山市、安陆市一带。
⑫荐:屡次。
⑬越:流落。
⑭伏:居处。

⑮《无衣》：秦哀公援楚所赋的诗，诗中说："王于兴师，修我戈矛，与子同仇。与子偕作，与子偕行。"

译文

（鲁定公四年）冬季，蔡昭公、吴阖庐、唐惠侯联合进攻楚国。把战船停在淮水旁边，从豫章同楚国隔汉水对阵。楚国左司马戌对楚军统帅子常说："你沿着汉水同吴军上下抵抗，我用方城以外所有的人来毁坏他们的船只，回来堵塞大隧、直辕、冥阨这三道关隘。你渡过汉水进攻他们，我从他们的后面打击他们，一定会大败吴军。"他们谋划好正要行动，武城县大夫黑对子常说："吴国战车全用木头制成，我们的战车用皮革包装，我们的战车不能维持很长时间，不如赶快进行战斗。"楚大夫史皇对子常说："楚国人憎恶你而对司马戌有好感，如果司马戌把吴国的船只毁坏在淮河中，封闭三道关隘而进入吴地，就会单独战胜吴国。你一定要速战，不速战，你不会免于罪过。"子常就渡过汉水设阵，楚军摆在自小别山到大别山的战线上。（楚军向吴军）发动了三次进攻，子常知道这样做不能取胜，想要逃奔。史皇说："还是安静下来，寻求获胜的办法。遇到困难就逃避，将有什么地方可进入呢？你一定要死在这次战事中，这样当初的罪过才能全部免去。"

十一月庚午这天，楚军和吴军在柏举布开阵局。吴王阖庐的弟弟夫槩王早晨向吴王说："楚国统帅子常不讲仁义，部下没有拼死的决心。先进攻他们，士兵一定奔逃，而后大军继续进攻，一定取胜。"没有答应。夫槩王说："有所谓'臣下依据道义做事，就不等待命令'的话，它正是指的这种情况了。今日我去战死，楚国就可以进入了。"他用他的部属中的五千士卒先攻击子常的士兵。子常的士卒逃奔了，楚国军队混乱了，吴国军队大败楚军。子常逃奔到郑国。史皇带着子常的兵车战死了。吴军追击楚军，到了清发河，正准备进击楚军，夫槩王说："被围困的野兽还要争斗，何况是人呢！他们如果知道不能免死而拼命，一定会打败我们。如果让先头渡过河的知道可以免死，后继者就会效仿他们，没有斗志了。等到他们（一部分）到达河中后就可以攻击了。"夫槩王率军追击楚军，又打败了他们。楚军做饭吃，吴军追上他们，他们都逃奔了，吴军吃了他们的饭又追击他们，在雍澨击败了楚军。经过五次进攻，吴军打到了郢都。

己卯日，楚昭王带了他的妹妹季芈畀我逃出郢都，渡雎水。针尹固与楚昭王坐着一条船，楚昭王让人在大象尾部系上火把冲向吴军把他们吓退了。

庚辰日，吴军进入郢都，按照他们的职位居住楚国的宫殿。吴王的儿子子山住进了楚国令尹的宫中，夫槩王就要攻打他，子山惧怕而退出去了，夫槩王进入这座宫殿。

楚国的左司马戌到达息县后就回楚国，在雍澨打败了吴国的一部分军队，但受伤了。当初，司马戌是阖庐的臣属，所以他耻于被阖庐擒获，对他的臣下说："你们谁能不让我的尸首被吴军取走呢？"跟随他的吴国人句卑说："我地位低下，可以保存你的尸首吗？"司马戌说："我以前实在是不知道你有贤才，当然可以了。"他几次战斗都受伤了，说："我是不可用了。"句卑把他的衣裳铺开，割下他的首级裹起来，把他的身子掩藏好，而带着他的首级逃走，没有让吴人得到。

楚昭王渡过睢水，又渡过长江，进入云梦泽中。他在泽中睡着了，强盗来进攻他，用戈刺他，王孙由于用背阻挡强盗，被击中了肩膀。楚昭王逃奔到郧国。锺建背着季芈跟随着。王孙由于慢慢苏醒过来也追赶他们。郧县县公斗辛的弟弟怀打算杀害楚昭王，说："楚平王杀了我的父亲，我再杀他的儿子，不是也可以吗？"斗辛说："君主讨伐臣下，(臣下)谁敢与他敌对？君主的命令，就是上天。如果死于上天的命令，将对谁仇恨？《诗经》说，'柔弱的也不吃掉，坚硬的也不吐出来，不侮辱弱者，不畏惧强者'，只有仁义的人能做到这些。逃避强者欺凌弱者，不是勇敢；趁别人困难的机会，不是仁义；使宗族灭绝而废祭祀，不是孝道；行动得不到美好的名声，不是聪明。你一定要违反这些，我就会杀了你。"斗辛同他弟弟斗巢伴随着楚昭王逃奔到随国。吴军追击着他们，对随国人说："周朝的子孙们在汉水流域的，楚国实际都把他们消灭尽了。上天发了它本来的善心，把惩罚加到楚国，你们却把楚国君臣藏匿起来，周朝有什么罪？你们君主如果还顾及报答周王朝，把这种报答分给我们一些，让上天保佑我们，那是你们君主的福惠。汉水以北的土地，你们就会拥有。"楚昭王在随君宫殿的北面，吴军在宫殿的南面。楚昭王的兄长子期相貌与他相似，逃到昭王这里，而自己穿上了昭王的服装。子期说："把我送给吴军，君王一定会免遭俘虏。"随国人占卜把子期送给吴军，结果是不吉利，就拒绝吴军说："因为随国僻远弱小，而紧密靠近楚国，楚国让它存在下来。世代与楚国有盟约誓言，到今天没有改变。如果有危难就互相抛弃，我们将还用什么来服侍你们君主呢？我们执掌政事者的忧患不只是楚王一个人(而在楚国大众)，如果你们能安定楚国境内，我们还敢不听从你们的命令？"吴国军队撤退出随国。随国的炉金当初在子期家做家臣，实际是他与随国人相约(保护楚王和子期)。楚昭王让他来见，炉金辞谢了，说："不敢因为这一约言而图谋私利。"楚昭王割破子期的心口取血与随国人进行了盟誓。

当初，楚国大夫伍员与申包胥是朋友，伍员逃亡出楚国时，对申包胥说："我一定要倾覆楚国。"申包胥说："努力去做吧！你能倾覆它，我一定能兴起它。"到楚昭王在随国的时候，申包胥就到秦国请求援军，对秦哀公说："吴国就像封豕、长蛇一般的危害别人，以致数次蚕食中原，这种暴虐就是从楚国开始的。我们君主丧失掉守护社稷的地位，流落在草莽之中，让下臣我来告急，说：'蛮夷的心肠是不能满足的，如果他们与你秦君做了邻居，那是你们边境上的祸患。趁吴国还没有占领楚国,你秦君可以取得一部分。如果楚国很快灭亡,那是失掉了秦君的土地。如果用秦君的神灵存恤楚国,楚国将世代服侍秦君。'"秦哀公让人推辞他,说:"寡人知道你的命令了,你暂且住到旅馆中,我们考虑后再告诉你。"申包胥回答说:"我们君主流落在草莽中,没有得到居住的地方,下臣我哪里敢到安静的居所?"他站着,靠在秦国宫廷的墙上哭泣,哭声日夜不断,七天内连一勺水都没有入口。秦哀公为申包胥诵了一首《无衣》的诗,申包胥向秦哀公九次磕头才坐下来。秦国终于出师到楚国。

晋卫鄟泽之盟

题解

鲁定公八年(公元前502),晋国与卫国在鄟泽订立盟约,卫灵公在盟会上受到晋国大夫的侮辱。卫灵公回国后,用此事实激起朝中大夫和国人的愤慨,君臣上下团结一心,不甘受辱,决定叛离晋国。晋国也畏缩了。

原文

晋师将盟卫侯于鄟泽①,赵简子曰②:"群臣谁敢盟卫君者?"涉佗、成何曰:"我能盟之。"卫人请执牛耳③。成何曰:"卫,吾温、原也④,焉得视诸侯⑤?"将歃,涉佗捘卫侯之手⑥,及捥⑦。卫侯怒,王孙贾趋进⑧,曰:"盟以信礼也,有如卫君,其敢不唯礼是事而受此盟也?"

卫侯欲叛晋,而患诸大夫。王孙贾使次于郊⑨。大夫问故,公以晋诟语之,且曰:"寡人辱社稷,其改卜嗣,寡人从焉。"大夫曰:"是卫之祸,岂君之过也?"公曰:"又有患焉,谓寡人'必以而子与大夫之子为质'。"大夫曰:"苟有益也,公子则往,群臣之子敢不皆负羁绁以从⑩?"将行,王孙贾曰:"苟卫国有难,工商未尝不为患,使皆行而后可。"公以告大夫,乃皆将行之。行有日,公朝国人,使贾问焉,曰:"若卫叛晋,晋五伐我,病何如矣?"皆曰:"五伐我,犹可以能战。"贾曰:"然则如叛之,病而后质焉,何迟之有?"乃叛晋。

晋人请改盟,弗许。

①鄟(tuán)泽:卫地,所在不详。
②赵简子:晋国国卿赵鞅,谥号简子,自晋定公十五年(公元前497)至三十七年(公元前475)执政。
③执牛耳:诸侯会盟,地位卑下者执牛耳。这里是说卫灵公请晋国大夫执牛耳。
④温:晋国县名,在今河南温县南。 原:晋国县名,今河南济源市西北。

⑤视：比拟，等同。
⑥拨（zùn）：推。一说用手指按。
⑦捥：同"腕"。
⑧王孙贾：卫国大夫，王孙牟之后。
⑨次：驻扎，停留。
⑩羁绁：指绳索。

　　晋国军队要在鄟泽跟卫灵公订立盟约，赵简子说："诸位臣下谁敢去跟卫君订立盟约？"涉佗、成何两位大夫说："我能去。"在盟会上，卫国请晋国大夫抓住牛耳朵取血。成何说："卫国是小国，就像我们晋国温县、原县一样，怎么能等同诸侯国家？"将要歃血涂抹嘴唇，卫君先歃上血，涉佗按住他的手，血流到手腕上。卫君发怒了，王孙贾急步走上前去，说："盟誓是用来申明礼义的，像我们卫君，哪里敢不遵照礼义却接受盟约呢？"

　　卫君受到侮辱，想要叛离晋国，却担忧大夫们不听从他。王孙贾让他驻在郊外，不进都城。大夫们问他为什么这样，卫君告诉他们受到晋国侮辱的事，并且说："我身为国君，却让国家受到侮辱，请另选继位者吧，我服从他。"大夫们说："这是卫国的灾难，难道是国君的过失吗？"卫君说："又有灾难呀，命令我'一定要用你的儿子和大夫们的儿子送来晋国当人质'。"大夫们说："如果这样对卫国有益处，国君的儿子前去的话，诸位大夫的儿子敢不都背着绳索跟着前去？"准备出发，王孙贾说："假如卫国发生动乱，工匠、商人未尝不闹事，驱使他们一起前去才好。"卫君把这个意见告诉了大夫们，便带上这些人一起来。出发的日期定下来，卫君接见国内百姓，派王孙贾问他们，说："如果卫国叛离晋国，晋军五次进攻我们，能有多大危害？"百姓们都说："五次进攻我们，我们还可以抗战。"王孙贾说："这样说来应当叛离晋国，陷入危难而后再送人质，有什么晚的？"于是叛离晋国了。

　　晋国人要求改立盟约，卫国没有答应。

◎哀 公

越及吴平

【题解】

鲁哀公元年(公元前494),吴王夫差率军攻入越国,越王勾践退守会稽山,只剩下五千兵马了,被迫求和,吴王夫差不听劝谏,便答应了。这就埋下了亡国杀身的祸根。"一日纵敌,数世之患。"教训是深刻的。

【原文】

吴王夫差败越于夫椒①,报槜李也②,遂入越。越子以甲楯五千保于会稽,使大夫种因吴大宰嚭以行成。吴子将许之。伍员曰:"不可。臣闻之,树德莫如滋,去疾莫如尽。昔有过浇③,杀斟灌以伐斟鄩④,灭夏后相⑤。后缗方娠⑥,逃出自窦,归于有仍,生少康焉⑦。为仍牧正⑧。惎浇⑨,能戒之。浇使椒求之,逃奔有虞,为之庖正⑩,以除其害。虞思于是妻之以二姚⑪,而邑诸纶⑫。有田一成,有众一旅,能布其德而兆其谋,以收夏众,抚其官职。使女艾谍浇,使季杼诱豷⑬,遂灭过、戈,复禹之绩,祀夏配天,不失旧物。今吴不如过而越大于少康,或将丰之,不亦难乎?勾践能亲而务施,施不失人,亲不弃劳,与我同壤而世为仇雠。于是乎克而弗取,将又存之,违天而长寇雠。后虽悔之,不可食已⑭。姬之衰也⑮,日可俟也。介在蛮夷而长寇雠,以是求伯,必不行矣。"弗听。退而告人曰:"越十年生聚而十年教训,二十年之外,吴其为沼乎!"

三月,越及吴平。

①夫椒:地名,据考在今浙江绍兴市柯桥区北。
②槜(zuì)李:越国地名,接近吴国。鲁定公十四年(公元前496),吴、越在此交战,吴国战败,吴王阖庐(夫差之父)受伤而死。
③过:夏代国名,是浇的封国。
④斟灌:古代部落之一。在今山东范县北。斟鄩:古代部落之一,在今河南偃师市东北。
⑤相:夏启之孙,失国后依附斟灌、斟鄩。
⑥后缗:夏后相之妻,有仍氏女。
⑦少康:夏代帝王。
⑧牧正:管理畜牧的长官。
⑨惎:嫉恨。

⑩庖正：管理膳食的长官。
⑪虞思：有虞氏国酋长。　二姚：两个女儿（有虞氏姓姚）。
⑫邑：作为封邑。　纶：在今河南虞城县东南。
⑬豷（yì）：浇之弟，封国为戈。
⑭食：消除。
⑮姬：指吴国（吴为姬姓封国）。

吴王夫差率军在夫椒打败了越国，为槜李之役报仇雪耻，于是进入了越国。越王勾践带领五千兵马退守会稽山，派文种大夫通过太宰伯嚭请求议和。吴王夫差准备答应他。伍员说："不可以。臣下听说，树立德义不如多上加多，消除疾患不如彻底干净。从前有个部落酋长过浇，占领斟灌氏，讨伐斟鄩氏，把他们的酋长杀害了，依附他们的夏后相也完蛋了。相的妻子后缗正在怀孕，从墙洞里逃出去，回归了有仍氏，生下少康。少康做了有仍氏的牧正。他嫉恨过浇，能戒备他。过浇派部属椒搜寻少康，少康逃奔到有虞氏，做了庖正，为有虞氏消除灾害。酋长虞思于是把两个女儿嫁给他，用纶地给他做封邑。少康有长宽各十里的田地，有五百兵马，能够广泛施行恩德，开始实行复兴国家计划，以便收聚夏国的民众，建立官职。他派女艾前去侦察过浇，派季杼引诱过浇的弟弟戈豷，于是灭亡了过国、戈国，恢复了禹王的业绩，祭祀夏代祖先，同时祭祀天帝，不让以往的典制失传。如今吴国不如过国，可是越国大于少康，上天或者将使越国强大起来，放过他们，不就难对付了吗？勾践能够亲近臣民，而且尽力施给恩惠，所施给恩惠的没有不该赏赐的人，所亲近的都是有功劳的，跟我们吴国同在一块地方，却又世代为仇。在这时候打败了越国不加占领，又将让他保存下来，这就叫做违背天意助长仇敌。以后虽然悔恨，不能消除祸害了。姬姓国家衰亡，指日可待了。处在蛮夷之间，却助长了仇敌，这样追求称霸诸侯，必定行不通。"吴王不听他的。伍员退出宫廷后告诉人们说："越国用十年繁育人口、积聚财富，用十年教育子弟、训练军队，二十年后，吴国宫苑将会变成水坑了！"

三月，越国和吴国达成议和。

宋桓魋之宠害于公

春秋末期，诸侯国君与执政大臣之间矛盾加剧，斗争激烈，公室地位动摇，大臣日益骄横，于是演出了一幕幕君、臣互相残杀的惨剧。鲁哀公十四年（公元前481），宋景公追杀向魋就是其中一例。

原文

宋桓魋之宠害于公①，公使夫人骤请享焉②，而将讨之。未及，魋先谋公，请以鞌易薄③。公曰："不可。薄，宗邑也④。"乃益鞌七邑，而请享公焉，以日中为期，家备尽往⑤。公知之，告皇野曰⑥："余长魋也，今将祸余，请即救。"司马子仲曰："有臣不顺，神之所恶也，而况人乎？敢不承命！不得左师不可⑦，请以君命召之。"左师每食击钟，闻钟声，公曰："夫子将食。"既食，又奏。公曰："可矣！"以乘车往，曰："迹人来告⑧：'逢泽有介麋焉⑨。'公曰：'虽魋未来，得左师，吾与之田⑩，若何？'君惮告子，野曰：'尝私焉。'君欲速，故以乘车逆子。"与之乘，至，公告之故，拜，不能起。司马曰："君与之言。"公曰："所难子者⑪，上有天，下有先君。"对曰："魋之不共⑫，宋之祸也，敢不唯命是听。"司马请瑞焉⑬，以命其徒攻桓氏。其父兄故臣曰"不可"，其新臣曰"从吾君之命"。遂攻之。

子颀骋而告桓司马。司马欲入，子车止之，曰："不能事君，而又伐国，民不与也，只取死焉。"向魋遂入于曹以叛⑭。

六月，使左师巢伐之，欲质大夫以入焉。不能，亦入于曹，取质。魋曰："不可。既不能事君，又得罪于民，将若之何？"乃舍之。民遂叛之。

向魋奔卫。向巢来奔，宋公使止之，曰："寡人与子有言矣，不可以绝向氏之祀。"辞曰："臣之罪大，尽灭桓氏可也。若以先臣之故，而使有后，君之惠也。若臣，则不可以入矣。"

注释

① 桓魋（tuí）：向魋，又称桓魋，宋国执政大臣，曾任司马（执掌军队）。
② 夫人：宋景公母亲。骤：急忙。享：设宴招待。
③ 鞌：原为齐地，后为宋邑。薄：即"亳"，今河南商丘市北。
④ 宗邑：祖庙所在之地（商汤建都于亳）。
⑤ 家备：私家护卫。
⑥ 皇野：宋国大臣，字子仲，时任司马。
⑦ 左师：宋国武官。这里指左师向巢，向魋之兄。
⑧ 迹人：官名，执掌田猎足迹，辨认禽兽去处。
⑨ 逢泽：在今河南商丘市南。介麋：单个的麋鹿。
⑩ 田：打猎。
⑪ 所：如果（用于誓言）。难：为难。
⑫ 共：同"恭"。
⑬ 瑞：玉制的符节，古代调兵的凭证。
⑭ 曹：春秋时诸侯小国，被宋灭亡。

宋国执政大臣桓魋依恃尊宠骄横放纵,危害公室,景公让母亲赶快宴请他,准备乘机进攻他。还没有来得及宴请,桓魋先已阴谋害死景公,请求用鄑邑交换薄邑。景公说:"不可以。薄邑,那是宋国祖庙所在的地方。"于是给鄑加了七个乡邑。桓魋接受赏赐,并且请求设宴答谢景公,宴会定在中午,桓魋把私家护卫全带到那里。景公知道了他的阴谋,告诉司马皇野说:"是我助长了桓魋的势力,今天桓魋将要加害我,请你立即救援。"皇野说:"作为臣下,却不顺从,这是神明所厌恶的,何况人呢?哪里敢不奉命!得不到左师向巢,这事办不成,请用国君的命令召他前来。"左师向巢每次吃饭一定撞钟奏乐,听到钟声,景公说:"向大人要用餐了。"向巢已吃过饭,又奏乐。景公说:"可以去了!"皇野乘着兵车去见向巢,说:"负责寻找野兽足迹的官吏前来报告说:'逢泽有单个的麋鹿。'国君说:'虽然桓魋没有来,左师能来,我跟他一起打猎,怎么样?'国君不好意思烦劳你,我说:'让我试着说一下吧。'国君想要快些,所以用兵车迎接你。"向巢跟他一起上了车,到了景公那里,景公告诉了召他救援的事,向巢跪下叩拜,吓得站不起来。皇野说:"国君要跟你盟誓。"景公便宣誓说:"如果我为难你,上有老天,下有先君,可以作证。"向巢回答说:"桓魋对国君不恭敬,这是宋国的灾祸,我敢不听从命令。"皇野让他交出调兵的玉制符节,用符节召集他的部下进攻桓氏家族。向巢的父老兄弟老部下们说"不可以",他的新部下们说"服从国君的命令"。于是前去进攻桓魋。

　　桓魋的弟弟子顷骑马疾驰,前去报告桓魋。桓魋想进去攻打宫廷,他的另一弟弟子车阻止他,说:"不能侍奉国君,却又进攻国都,民众不会跟随你的,只是白送性命罢了。"桓魋便进入曹邑发动叛乱。

　　(鲁哀公十四年)六月,景公派左师向巢率军讨伐他,(向巢不愿攻击桓魋,)想用桓魋的大夫做人质回都城去。没有抓到大夫,也进入曹邑,想抓一些百姓做人质。桓魋说:"不能这样。既不能侍奉国君,又得罪了百姓,将有什么结果?"便把百姓放走了。当地百姓于是都叛离了他。

　　桓魋逃奔到了卫国,向巢逃往鲁国来,景公派人阻止他,说:"寡人我跟你有言在先,不能让向氏断绝香火。"向巢拒绝了,说:"臣下我罪过大,灭绝向氏家族也应当呀。如果因为我们先人给您做过臣子,使他们有后代,这是国君的恩惠。至于臣下本人,就不可以回国了。"

◎ 附 录

《左传》所记大事记

公元前722年(鲁隐公元年,东周平王四十九年)

春秋开始。郑国庄公平定其弟太叔段夺取王位的叛乱,太叔段出奔共(今河南辉县市)。

公元前719年(鲁隐公四年,周桓王元年)

春,卫国州吁杀其君卫桓公而自立。九月,卫国卿大夫石碏杀其子石厚及州吁。史称"大义灭亲"。

公元前686年(鲁庄公八年,周庄王十一年)

齐襄公为齐大夫所杀,齐国公子纠与管仲奔鲁,公子小白与鲍叔奔莒。

公元前685年(鲁庄公九年,周庄王十二年)

齐国公子小白回到齐国,杀公子纠,立为国君,是为齐桓公,任管仲为相,与鲍叔等共治齐国国政,齐国开始富强。

公元前678年(鲁庄公十六年,周僖王四年)

周僖王封晋国的曲沃武公为晋侯,至是,武公完全吞并晋国。

公元前656年(鲁僖公四年,周惠王二十一年)

正月,齐桓公率诸侯之师伐楚,齐、楚订立盟约。十二月,晋国有"骊姬之乱",太子申生自杀,公子夷吾、重耳出奔。

公元前655年(鲁僖公五年,周惠王二十二年)

十二月,晋国借道虞国灭掉虢国,回师又灭掉虞国。

公元前651年(鲁僖公九年,周襄王二年)

九月,齐桓公与各国诸侯盟于葵丘(今河南兰考县境内),确立了霸主地位。晋献公卒。齐桓公率诸侯之师平定晋国内乱,迎纳夷吾回到晋国,立为国君(晋惠公)。

公元前647年(鲁僖公十三年,周襄王六年)

秋,齐桓公因戎族攻伐东周而派各诸侯国去保卫东周。冬,秦国运送粮食到晋国,帮助晋国救灾。

公元前645年(鲁僖公十五年,周襄王八年)

秦国、晋国发生韩原(在今山西河津市境内)之战,晋国失败,晋惠公被秦国俘虏。晋国作爰田、作州兵。

公元前643年(鲁僖公十七年,周襄王十年)
    齐桓公卒,齐国内乱。
公元前639年(鲁僖公二十一年,周襄王十四年)
    秋,宋襄公会诸侯于盂(今河南睢县境内),楚国俘虏了宋襄公并攻打宋国。
公元前638年(鲁僖公二十二年,周襄王十五年)
    十一月,宋国与楚国交战于泓(在今河南柘城县境内),宋国失败。
公元前636年(鲁僖公二十四年,周襄王十七年)
    晋公子重耳回国即位(晋文公)。
公元前635年(鲁僖公二十五年,周襄王十八年)
    晋文公平定东周王室之乱,取得南阳(今河南济源市、温县等)之地。
公元前632年(鲁僖公二十八年,周襄王二十一年)
    夏,晋国、楚国发生城濮(今河南滑县)之战,楚国失败,晋国称霸中原。
公元前621年(鲁文公六年,周襄王三十二年)
    秦穆公卒,殉葬者77人。
公元前607年(鲁宣公二年,周匡王六年)
    赵穿杀其君晋灵公。
公元前606年(鲁宣公三年,周定王元年)
    楚庄王伐陆浑之戎,至于洛水(今河南洛阳市北),问九鼎轻重。
公元前597年(鲁宣公十二年,周定王十年)
    晋、楚两国发生邲(今河南郑州市西北)之战,晋国失败。
公元前594年(鲁宣公十五年,周定王十三年)
    鲁国实行税亩制。晋国灭赤狄潞氏。
公元前590年(鲁成公元年,周定王十一年)
    鲁国作丘甲,增加军赋。
公元前589年(鲁成公二年,周定王十八年)
    齐国、晋国在鞌(今山东济南市西)发生大战,齐国失败。
公元前585年(鲁成公六年,周简王元年)
    晋国将都城由故绛(今山西翼城县)迁到新田(今山西侯马市)。
公元前578年(鲁成公十三年,周简王八年)
    秦国、晋国在麻隧(今陕西泾阳县北)发生大战,秦国失败。
公元前575年(鲁成公十六年,周简王十一年)
    晋国、楚国发生鄢陵(今河南鄢陵县)之战,楚国失败。
公元前573年(鲁成公十八年,周简王十三年)
    晋国卿大夫栾书、中行偃杀晋厉公,晋悼公立。

公元前562年(鲁襄公十一年,周灵王十年)
　　鲁国季孙氏、孟孙氏、叔孙氏三家瓜分公室的三军,各得其一。晋国与楚国争霸,再次率齐、鲁等国军队攻打与楚结盟的郑国,迫使郑国服从晋国。

公元前555年(鲁襄公十八年,周灵王十七年)
　　冬,晋国与鲁国攻伐齐国,进入齐国都城临淄。

公元前548年(鲁襄公二十五年,周灵王二十四年)
　　齐国大夫崔杼杀其君。

公元前546年(鲁襄公二十七年,周灵王二十六年)
　　晋、楚、齐、鲁、郑等国的卿大夫在宋国举行弭兵之会。

公元前544年(鲁襄公二十九年,周景王元年)
　　吴国公子季札聘使鲁、卫、晋等国,吴国始与中原国家交往。

公元前538年(鲁昭公四年,周景王七年)
　　郑国作丘赋。

公元前536年(鲁昭公六年,周景王九年)
　　三月,郑国将刑书铸于大鼎,以为国家常法。

公元前529年(鲁昭公十三年,周景王十六年)
　　楚国内乱,楚灵王被杀,楚平王立。

公元前516年(鲁昭公二十五年,周敬王四年)
　　东周王室动乱,周大夫王子朝及召氏、毛氏、尹氏、南宫氏奉周之典籍奔楚。

公元前515年(鲁昭公二十七年,周敬王五年)
　　吴国公子光用刺客鱄设诸刺杀吴王,自立为王,是为吴王阖庐。

公元前514年(鲁昭公二十八年,周敬王六年)
　　晋国灭掉祁氏、羊舌氏两族,六卿势力增强。

公元前506年(鲁定公四年,周敬王十四年)
　　吴国攻打楚国,进至楚国郢都,楚王奔随。

公元前494年(鲁哀公元年,周敬王二十六年)
　　吴国灭越国,越王勾践保于会稽(今浙江绍兴市)。

公元前482年(鲁哀公十三年,周敬王三十八年)
　　吴王夫差北上与鲁哀公、晋定公在黄池(今河南封丘县南)会盟。

公元前481年(鲁哀公十四年,周敬王三十九年)
　　鲁哀公出猎获麟。

公元前473年(鲁哀公二十二年,周元王三年)
　　越国消灭吴国。

《左传》重要研究著作

1. 《春秋左传注疏》(在《十三经注疏》中),又称《春秋左传正义》
   [晋]杜预注　[唐]孔颖达疏　1980年中华书局影印本
2. 《春秋左传集解》
   韩席筹编注　1977年上海人民出版社出版
3. 《春秋左传读本》
   王伯祥选注　1959年中华书局出版
4. 《春秋左氏传旧注疏证》
   [清]刘文淇撰,子毓崧、孙寿曾续　1959年科学出版社出版
5. 《春秋左传注》
   杨伯峻编著　1981年中华书局出版
6. 《春秋左传词典》
   杨伯峻　徐提编　1985年中华书局出版
7. 《左传选译》
   瞿蜕园选译　1982年上海古籍出版社出版
8. 《左传选》
   徐中舒编注　1963年中华书局出版
9. 《春秋经传引得》
   洪业　聂崇岐　李书春　马饬用编纂　1983年上海古籍出版社出版
10. 《春秋左传释文》(在《经典释文》中)
    [唐]陆德明撰　[清]纳兰性德刊《通志堂经解》覆宋刻本　1980年上海古籍出版社影印本
11. 《左传述闻》(在《经义述闻》中)
    [清]王引之撰　道光七年(1827)京师寿藤书局重刻本　1985年江苏古籍出版社影印本
12. 《春秋左传平议》(在《群经平议》中)
    [清]俞樾著　同治五年(1866)刻本
13. 《左传译文》(在《群经平议》中)
    沈玉成译　1981年中华书局出版

《左传》名言警句

△ 多行不义，必自毙。(《郑伯克段于鄢》)(第001页)
△ 骄、奢、淫、泆，所自邪也。四者之来，宠禄过也。(《石碏谏宠州吁》)(第004页)
△ 臣闻以德和民，不闻以乱。以乱，犹治丝而棼之也。(《石碏谏宠州吁》)(第005页)
△ 夫兵，犹火也；弗戢，将自焚也。(《石碏谏宠州吁》)(第005页)
△ 礼，经国家，定社稷，序民人，利后嗣者也。(《郑伯伐许》)(第009页)
△ 政以治民，刑以正邪。既无德政，又无威刑，是以及邪。(《郑伯伐许》)(第009页)
△ 国家之败，由官邪也。官之失德，宠赂章也。(《臧哀伯谏纳郜鼎》)(第012页)
△ 信不由中，质无益也。(《王以诸侯伐郑》)(第014页)
△ 肉食者鄙，未能远谋。(《曹刿论战》)(第025页)
△ 夫战，勇气也。一鼓作气，再而衰，三而竭，彼竭我盈，故克之。(《曹刿论战》)(第025页)
△ 国将兴，听于民；将亡，听于神。(《有神降于莘》)(第029页)
△ 不去庆父，鲁难未已。(《不去庆父，鲁难未已》)(第030页)
△ 一薰一莸，十年尚犹有臭。(《晋太子申生之死》)(第041页)
△ 辅车相依，唇亡齿寒。(《宫之奇谏假道》)(第042页)
△ 皇天无亲，惟德是辅。(《宫之奇谏假道》)(第042页)
△ 公家之利，知无不为，忠也；送往事居，耦俱无猜，贞也。(《晋献公卒》)(第045页)
△ 欲加之罪，其无辞乎？(《晋惠公之立》)(第047页)
△ 天灾流行，国家代有，救灾恤邻，道也。行道有福。(《秦输粟于晋》)(第049页)
△ 皮之不存，毛将安傅？(《秦乞籴于晋》)(第049页)
△ 无信患作，失援必毙，是则然矣。(《秦乞籴于晋》)(第049页)
△ 重怒难任，陵人不祥。(《晋侯及秦伯战于韩》)(第051页)
△ 明耻教战，求杀敌也。(《子鱼论战》)(第057页)
△ 淫刑以逞，谁则无罪？(《晋怀公立》)(第058页)
△ 怀与安，实败名。(《晋公子重耳出亡》)(第059页)
△ 窃人之财，犹谓之盗，况贪天之功以为己力乎？(《介之推不言禄》)(第063页)
△ 耳聋、从昧、与顽、用嚚，奸之大者也。弃德、崇奸，祸之大者也。(《天王出居于郑》)(第065页)
△ 信，国之宝也，民之所庇也。(《晋文公始启南阳》)(第068页)
△ 《诗》《书》，义之府也；礼、乐，德之则也；德、义，利之本也。(《楚子围宋》)(第

072页)

△有德不可敌。(《晋侯及楚人战于城濮》)(第074页)

△师直为壮,曲为老,岂在久乎? (《晋侯及楚人战于城濮》)(第074页)

△因人之力而敝之,不仁;失其所与,不知;以乱易整,不武。(《烛之武退秦师》)(第081页)

△一日纵敌,数世之患也。(《晋人及姜戎败秦师于殽》)(第084页)

△出门如宾,承事如祭,仁之则也。(《晋侯败狄于箕》)(第086页)

△死而不义,非勇也。(《晋侯及秦师战于彭衙》)(第089页)

△介人之宠,非勇也。损怨益仇,非知也。以私害公,非忠也。(《晋杀其大夫阳处父》)(第093页)

△先人有夺人之心,军之善谋也。逐寇如追逃,军之善政也。(《晋人及秦人战于令狐》)(第095页)

△裹粮坐甲,固敌是求。敌至不击,将何俟焉? (《晋人、秦人战于河曲》)(第099页)

△毁则为贼,掩贼为藏。窃贿为盗,盗器为奸。(《季文子使大史克对》)(第109页)

△杀敌为果,致果为毅。(《宋、郑战于大棘》)(第112页)

△人谁无过,过而能改,善莫大焉。(《晋灵公不君》)(第113页)

△夫武,禁暴、戢兵、保大、定功、安民、和众、丰财者也。(《晋荀林父帅师及楚子战于邲》)(第127页)

△进思尽忠,退思补过。(《晋荀林父帅师及楚子战于邲》)(第128页)

△川泽纳污,山薮藏疾,瑾瑜匿瑕,国君含垢,天之道也。(《宋人及楚人平》)(第137页)

△天反时为灾,地反物为妖,民反德为乱。(《晋师灭赤狄潞氏》)(第139页)

△贪色为淫。淫为大罚。(《楚庄王欲纳夏姬》)(第154页)

△圣人与众同欲,是以济事。(《晋栾书救郑》)(第164页)

△勇夫重闭,况国乎? (《申公巫臣假道于莒》)(第169页)

△仁以接事,信以守之,忠以成之,敏以行之,事虽大,必济。(《晋侯观于军府》)(第169页)

△备豫不虞,善之大者也。(《楚子重自陈伐莒》)(第172页)

△人所以立,信、知、勇也。(《晋杀三郤》)(第189页)

△"大上有立德,其次有立功,其次有立言。"虽久不废,此之谓不朽。(《叔孙豹如晋》)(第199页)

△虽楚有材,晋实用之。(《声子通使于晋》)(第201页)

△善为国者,赏不僭而刑不滥。赏僭,则惧及淫人;刑滥,则惧及善人。若不幸而

过，宁僭，勿滥。与其失善，宁其利淫。(《声子通使于晋》)(第201页)

△《谗鼎之铭》曰："昧旦丕显，后世犹怠。"(《晏子如晋》)(第213页)

△凡有血气，皆有争心，故利不可强，思义为愈。义，利之本也。(《陈氏始大》)(第226页)

△好恶不愆，民知所适，事无不济。(《晋荀吴帅师伐鲜虞》)(第230页)

△树德莫如滋，去疾莫如尽。(《越及吴平》)(第242页)

图书在版编目（CIP）数据

左传/（春秋）左丘明著；马玉山译注．—2版．—太原：三晋出版社，2008.9（2024.5重印）
（中国家庭基本藏书．史著选集卷）
ISBN 978-7-5457-0020-6-01

Ⅰ．左… Ⅱ．①左…②马… Ⅲ．①中国—古代史—春秋时代—编年体②左传—译文③左传—注释 Ⅳ．K225.04

中国版本图书馆 CIP 数据核字（2008）第 157714 号

左 传

著　　者：	（春秋）左丘明	译注者：	马玉山
责任编辑：	落馥香	审订者：	马玉山
封面设计：	敬人工作室	版式设计：	敬人工作室
责任校对：	落馥香	责任印制：	李佳音

出版发行：山西出版集团·三晋出版社
地　　址：太原市建设南路 21 号
电　　话：（0351）4956036（咨询）　　4922268（邮购）
传　　真：（0351）4922102
网　　址：www.sxskcb.com
邮　　编：030012

印刷装订：山西新华印业有限公司
（本书如有破损、缺页、装订错误，请与本社联系调换）

开　　本：787mm×960mm　　1/16
字　　数：270 千字
印　　张：16.75
版　　次：2008 年 10 月第 2 版
印　　次：2024 年 5 月第 2 次印刷
书　　号：ISBN 978-7-5457-0020-6-01
定　　价：65.00 元

版权所有，翻印必究。本书图文未经书面授权，不得以任何方式转载或公开发表。